칼럼으로 본 일본 사회

한림신서 일본학총서 46

칼럼으로 본 일본 사회

야스에 료스케 지음
지명관 옮김

한림신서 일본학총서 46
칼럼으로 본 일본 사회

초판 1쇄 발행　2000년 2월 15일
2판 1쇄 발행　2006년 9월 5일

지은이 | 야스에 료스케
옮긴이 | 지명관
발행인 | 고화숙
발　행 | 도서출판 소화
등　록 | 제13-412호
주　소 | 서울시 영등포구 영등포동 7가 94-97
전　화 | 2677-5890
팩　스 | 2636-6393

ISBN 89-8410-307-1 (04330)
ISBN 89-8410-105-2(세트)

잘못된 책은 언제나 바꾸어 드립니다.

값 7,000원

역자의 말

야스에 료스케(安江良介) 씨가 일본과 현대 사회를 애정어린 눈으로 비판한 『칼럼으로 본 일본 사회』(원제 『同時代を見る眼』, 岩波書店, 1998)를 번역해서 내놓는다. 그는 1935년에 출생하여 1998년 1월 6일에 62세로 세상을 떠났다. 실제로는 96년 7월에 뇌졸중으로 쓰러졌으니까 그의 활동기간은 1년 반 정도 줄어드는 셈이다.

그는 1989년 10월부터 쓰러지기 직전까지 『시나노마이니치신문』(信濃毎日新聞)에 한 주일에 한 편씩 칼럼을 썼다. 그것이 그가 작고하자 그가 오랫동안 몸담고 있던 이와나미서점(岩波書店)에서 1998년에 출간되어 많은 감동을 불러일으켰다. 그의 1주기인 1999년 1월 6일에는 그와 사귀어 온 여러 사람들의 추도문을 모은 『安江良介 — 그 인간과 사상』이 출간되어 이것도 수많은 사람들에게 감동을 안겨주었다.

여기에 수록한 것은 이 두 권의 책에서 역자가 임의로 선택한 글들이다. 『칼럼으로 본 일본 사회』에 수록된 글들은 정말 주옥과도 같은 글들이나 한국 독자들에게는 쉽게 전달되지 않는 점 등을 매우 애석하게 생각하면서 상당한 분량 누락시키지 않을 수 없었다. 추도문집에서도 정말 가슴을 뜨겁게 해 주는 글들이 많았지만 거의 제외하고 김대중 대통령의 추도문과 장례식 날 눈물로 낭독된 사카모토 요시카즈(坂本義和), 오에 겐자부로(大江健三郎)와 본인, 세 사람의 조사를 번역 수록하는 데 그쳤다.

이렇게 야스에 료스케 씨의 인간과 사상을 한국에 꼭 소개해야 한다고 생각한 데는 정말 셀 수 없이 많은 이유가 있다. 한두 가지만 들어도 누구나 그래야 할 충분한 이유가 있다고 생각하게 되리라고 본다.

무엇보다도 그는 한국의 진정한 벗이었다. 일본의 조선 지배를 부끄러워했고 그러한 과거를 전후에도 청산하려고 하지 않는 일본에 분노하고 있었다. 그래서 더욱더 분단된 한국의 운명에 대해서 아파했고 민주화 운동이야말로 냉전 체제에서 벗어나려는 민족적인 몸부림이라고 눈물겨워하면서 지원을 아끼지 않았다.

그는 일본에서 드물게 보는 뛰어난 편집자로서 그야말로 필자들을 발견하여 키워 왔다고 할 수 있다. 그러므로 거의 모든 필자가 다할 수 없는 애정과 경의를 가지고 그를 추모한다. 그는 매일 아침 1남 1녀의 도시락을 손수 조리하여 싸줄 정도로 자상하고 다정한 인간성의 소유자였다. 이것이 필자나 독자들에게 대한 그의 자세이기도 했다.

그는 일본 최고의 출판사 이와나미서점을 사랑하고 일본을 대표하는 월간지 『세카이』(世界)를 일본 사회는 물론 아시아를 위한 양심적인 지성의 장(場)으로 만들려는 정열에 불타고 있었다. 이러한 그의 혼신적 노력 때문에 그의 생애는 단축될 수밖에 없었던 것 같다.

역자 개인에게는 한국에 돌아와 연구소 책임을 지게 됐을 때 제일 먼저 물심양면으로 지원해 주신 분이 바로 야스에 료스케 씨였다. 한국이 크게 발전하고 한일 양국 사이에 양식의 연대가 넓고 깊게 성장하기를 그는 진심으로 바라고 있었다. 그가 지금도 살아 있다면 아마도 이 땅과 일본을 왕래하면서 수많은 일을 이 나라를 위해서 해 주실 텐데 하는 아쉬움이 항상 내 마음을 떠나지 않고 있다.

무엇보다도 한국의 많은 독자들이 그의 날카로운 비판의 글에서 일본을 더 알게 되고 우리가 현대를 어떻게 살아가야 하는가에 대하여 지혜를 발견할 수 있기를 기원한다. 이 번역을 흔쾌히 허락해 주신 야스에 도모코 부인에게 깊은 사의를 표한다.

2000년 1월 6일 2주기에

지명관

차례

일본의 평화외교
(1989년~1990년)

오카자키(岡崎) 선생을 생각한다/관료 사회의 교육/산림의 수지타산(收支打算)/오쿠노토(奧能登)의 표정/유엔의 호소/슈미트의 우려/그렇지 않은가/총탄은 어디서 왔는가/글래드스턴/서씨 형제의 어머니/일본은 동지가 아니다/본회퍼/침묵의 봄/20세의 간호사들/한일 관계의 취약성/국어와 역사 교실/자동차 사회에 대한 탄식/고전을 다시 읽는다/학교의 철문/소란과 고독/고투(苦鬪)하는 아시아/기무라 도시오(木村俊夫) 외상의 선견/도쿄의 태만

오카자키(岡崎) 선생을 생각한다

오카자키 가헤이다(岡崎嘉平太) 선생이 가신 지 한 달이 되었다. 지금도 생각하면 슬픔에 잠기게 된다.

선생 자신도 "중일 관계를 일생의 일로 삼아왔다"라고 말씀하셨지만 선생은 생애를 중일 관계를 위해서 바친 분이었다. 오카자키 선생은 주은래(周恩來)를 가장 존경하고 주은래 역시 오카자키 선생에 대해서 깊은 신뢰감을 품었다. 두 사람 사이에는 많은 에피소드가 있다.

그러나 오카자키 선생의 위대함에는 일중 문제에 대한 헌신으로만 헤아릴 수 없는 데가 있다. 오카자키 선생은 외교관이 거울로 삼아야 하는 분이기도 했다. 독일 시대와 상하이 시대의 발자취를 보면 그런 점이 분명히 드러난다. 게다가 뛰어난 경영인이기도 했다. 이케가이(池貝) 철공업의 재건을 비롯한 여러 가지 면에서 볼 수 있었던 그의 실천과 철학은 사업과 인간이 어떻게 관계하는가에 대해서 우리들에게 교훈이 된다.

자신에게는 엄격했지만 남에게는 부드러웠으며 이상을 말하면서도 매우 실천적이었고 근면함과 함께 마음의 온화함도 귀중하게 생각한 분이었다. 기골이 있는 분이었으면서도 천진난만한 심성의 소유자였다. 이러한 오카자키 선생이 언젠가 마쓰시로(松代) 번의 가로(家老: 지방 영주의 측근인 신하—역자주) 온다 모쿠(恩田

木工, 1717~1762)를 참배하러 나가노(長野)를 찾아가 마쓰시로 번의 지취를 더듬었는데, 한 번은 그때 느낀 감동을 이야기하신 적이 있었다. 온다 모쿠의 공적을 기록한 「히구레 스즈리」(日暮硯)를 거듭 사람들에게 권하셨지만 내게는 모쿠와 오카자키 선생의 이미지가 하나가 되어서 떠오른다.

1973년 8월 오카자키 선생에게서 편지를 받았다. 그 달 초에 나온 『세카이』(世界)에 게재된 한국의 지도자 김대중 씨에 대한 내 인터뷰를 읽고 갑자기 펜을 들고 싶어졌다고 했다. 그 편지의 일절을 여기에 소개한다.

"일본 민족의 영원한 평화, 안정, 발전은 아시아의 평화, 안정, 발전에서만 확보된다고 생각하는 소생은 불민하지만 오랜 세월 중국 문제에 대해 애써 왔고 그동안에 조선에 관한 일을 잊은 적이 없습니다. 그리고 대 조선 정책에서 우리 정부는 잘못을 범하고 있다고 생각하면서도 역부족으로 손을 쓸 수가 없었습니다. 그러던 차에 이 대담에 접하여 계몽을 받은 점이 많았고 또한 귀형처럼 열의를 가지고 그것을 타개하려는 길을 가는 분이 있다는 것을 알고 마음 든든하게 생각합니다…."

내게는 과분한 말씀이었지만 "조선에 관한 일을 잊은 적이 없었다"라는 선생의 말씀에 나는 감동했다. 그 편지를 나는 보물처럼 간직하고 있다. 아직도 조선과 일본 두 민족이 화해하는 길은 열리지 않고 있다.(89. 10. 21)

관료 사회의 교육

열흘쯤 전에 「지구발 19시」라는 TV 프로를 보았다. 「고교 중퇴 반항아 열혈선언」이라는 제목에 끌려서 보았지만 거기에는 젊은 마음을 짓밟는 황폐와 그것을 구출해 낼 가능성이라는 교육의 두 가지 얼굴이 스며들어 있다고 느꼈다.

무대는 홋카이도(北海道) 사립 호쿠세이요이치(北星余市) 고등학교였다. 각기 자신의 체험과 자신의 느낌을 말하는 반항아들의 말에 나는 머리를 끄덕이면서 화면으로 끌려들어 갔다. 고등학교 중퇴자들을 적극적으로 받아들이는 이 학교에는 홋카이도뿐만 아니라 전국 각지에서 찾아드는 전입생이 많아서 작년부터는 도쿄(東京)나 오사카(大阪)에서 교육 상담회도 열고 있다는 작은 기사를 다음날 신문에서 읽었다.

10월 30일에 문부성(교육부)이 집계한 조사에 의하면 초 · 중학교의 등교 거부 학생은 4만 2천 385명, 이제까지 최고라고 한다. 7월 7일에 발표된 또 하나의 문부성 조사에 의하면 전국 초 · 중 · 고 학생의 부모가 자녀들의 과외를 위하여 쓰는 비용은 연간 4천 600억 엔(87년도)이니까 같은 해 문부성 예산의 1할에 해당한다. 두 가지가 모두 공교육(公教育)이 제구실을 하지 못한다는 것을 보여 주는 숫자다.

잡지 『세카이』는 금년에 두 번에 걸쳐 교육 특집을 다루었다.

각 신문의 논단시평은 이것을 별로 주목하지 않았다. 나도 크게 변화하는 국내외의 정치 상황을 제쳐놓고 지금 새삼스럽게 무슨 교육 특집이냐고 생각했다.

그러나 이것은 작년 봄에 『세카이』 편집부를 떠나서(『세카이』의 편집 책임자에서 사장으로 취임 — 역자주) 현장 감각이 무뎌진 내 불명(不明) 탓이었다. 특집호는 두 달 모두 매진되었고 편집부에 많은 전화가 걸려 왔다고 한다. 거의 대부분이 오랜 시간에 걸친 개인 상담이었다고 한다. 교육이 병들었다는 것을 우리가 알게 된 지 오래지만 상태는 더욱 심각해진 것 같다.

9월에 본지(이 칼럼을 6년여에 걸쳐 게재한 『시나노마이니치신문(信濃每日新聞)』 — 역자주)에 연재된 「우리가 하지 않았어 — 검증 모자강살(强殺) 원죄(冤罪)」는 법에 의해서 보호를 받아야 할 소년들을 경찰이 폭력과 협박으로 없는 죄를 자백하게 하고 재판관이 경찰 조사를 그대로 받아들인 과정을 보여 준다.

관료 사회를 밀고 나아가는 경찰 행정과 교육 행정 — 이 두 가지 그릇된 모습이 손을 맞잡고 있다고 생각했다.

좋은 기사였다. 그러니까 더욱 몸서리칠 수밖에 없었다. 일본 사회의 기반이 무너지는 소리가 들려오는 느낌이었다.(11.4)

산림의 수지타산(收支打算)

화요일에 본지에 연재중인 「북 알프스」(도쿄 동북쪽의 일본 알프스—역자주)에 마음이 끌린다. 본지를 읽어가다 이 페이지에 실린 산의 맑은 모습을 접하면 얼마 동안은 몸이 속세를 떠나 고요에 감싸이는 듯하다.

그러나 이번 주 그 페이지를 읽고 받은 느낌은 아침해에 빛나는 아름다운 미쓰마다 렌게다케(三俣蓮華岳) 씨의 컬러 사진과는 반대로 속세의 일이 얼마나 어리석은가 하는 것이었다. 임야청은 국유림인 야마고야(山小屋: 산속에 있는 등산객들을 위한 편의 시설—역자주)에서 받는 임대료를 새로운 산출방식으로 고쳐서 반발을 사고 있다고 한다. 새로운 방식이란 한마디로 말해서 야마고야의 수입과 설비투자비를 기준으로 한 것인 듯하다. 말하자면 판매세금을 징수하자는 것이다.

일본산악회 시나노(信濃) 지부장 아카바네 고이치로(赤羽孝一郎)는 "독립채산제를 해야 한다는 요구에 임야청의 수입을 늘리려는 대책이겠지만 빌딩의 임대료를 산출하는 것 같은 발상에는 의문을 느낀다"라고 하면서 국민의 재산인 국유림에 대해서는 그것에 걸맞은 관리를 해야 한다고 말한다. 동감이다.

지난날 나는 산림노동자의 생활을 조사 · 취재한 적이 있다. 사슬톱(chain-saw)으로 벌채하는 작업에 따른 백납병(白蠟病 : 사슬톱의 진동 때문에 손가락에 흰 어루러기가 생기고 아픈 직업병—역자 주)으로 인한 통증, 산간벽지에서 살기 때문에 생기는 어린이들의 교육 문제에 대한 고민, 국유림과 민유림에 따른 산림노동자들의 처우의 격차 그리고 무엇보다도 산림노동자가 처한 전근대적인 분위기—그들의 절실한 고뇌가 지금도 마음에 걸린다.

그로부터 4반세기, 산림 행정은 독립채산제 · 수익 증대라는 요즘 세대 다운 생각을 선택한 모양이지만 나는 이 발상이야말로 시대착오라고 생각하지 않을 수 없다.

마음을 써서 쓸모없는 나무를 솎아내지 않으면 삼림은 잘 자라지 않는다. 거기서 일하는 사람들의 삶의 터전은 말할 것 없이 어렵다. 삼림을 키우고 보호하는 일은 자연을 사랑하고 존경하는 많은 노동자 없이는 불가능하다. 그렇지만 삼림 노동자는 압도적으로 부족하다.

나는 이전부터 우리 나라 산림 행정에 대한 방침을 근본적으로 전환해야 한다고 주장해 왔다. 수자원을 확보하고 산사태를 막아주는 숲의 힘, 신록과 단풍과 낙엽으로 우리를 위로해 주는 자연의 아름다움—이러한 헤아릴 수 없는 은혜를 정부는 산림 행정 예산으로 계산하고 임야청을 독립채산제에서 해방시켜야 한다. 내가 주장하는 것이다. 정부가 정말로 국토보전 · 환경보호를 주장한다면 당연히 산림 행정을 근본적으로 개선해야 할 것이다.(11. 18)

오쿠노토(奧能登)의 표정

늦가을에 오쿠노토(노토는 도쿄 동북부 동해안의 조그만 반도—역자주)를 여행했다. 겨울 노토의 바다는 거칠고 험하다. 그렇지만 지금은 물결이 잔잔하고 고요하다.

단풍으로 물든 산들은 고대문명을 가슴에 품고 드러내 놓으려고 하지 않는 오쿠노토를 상징하는 것처럼 온화하고 그윽하다.

노토는 바다와 산과 인정의 땅이고 우리 나라 고대문명의 원류이기도 하다. 내가 찾아간 몬젠마치(門前町)와 그것에 이어지는 도기(富來) 후쿠라(福浦) 항구는 그 옛날 동해를 '해상 길'(야나기다 구니오〈柳田國男〉)로 삼아서 동아시아 대륙과 교류하는 거점이었다.

역사학자 아사카 도시키(淺香年木)는 문화교류의 간도(幹道)였던 노토의 의의를 입증한 사람이었다. 애석하게도 53세로 세상을 떠났지만 아사카는 이렇게 말했다.

"(이 땅과) 대안인 발해와의 교류는 그들이 찾아온 것이 35회, 우리가 사신을 파견한 것이 14회에 이른다. 게다가 신라와 빈번한 교류가 있었다. 중국에서 직접 건너온 문화보다는 중국에서 한반도로 가서 거기서 뿌리를 내린 후에 일본에 전해진 문화가 훨씬 더 커다란 영향을 주었다는 것은, 의심할 여지가 없는 사실이다"(『붉은 색깔의 일본해 문화』).

노토에 전해진 문화는 거기에 뿌리를 내려서 하나의 문화권을 이루면서 중앙에 전해졌을 것이다. "그럼에도 불구하고 일본해 연안 지역의 문화 현상 중 많은 것이 '중앙' 정부에서 지방으로 전달된 것이라고들 생각하고 있다"(위의 책).

이러한 역전은 연구가 제대로 되지 못한 탓일까, 아니면 메이지(明治) 이래 계속된 중앙집권의 폐단 때문일까.

몬젠마치는 인구 1만 천여, 이곳도 작은 인구 때문에 고민하는 지역이다.

그러나 요즘 예부터 이어져 오는 문화전통을 밑바닥부터 다시 보고 그것을 발판으로 해서 '중앙'에 의존하지 않는 자주성을 확보하려는 움직임이 있고 그것이 성과를 거두어 가고 있다.

'몬젠주쿠(塾)'는 그 핵심을 이루는 것 중 하나다. 나는 몬젠 고등학교 학생들에게 강연을 하고 나서 몬젠주쿠의 월례회에 참석했다. 청년, 장년, 노인을 망라한 숙생(塾生)들의 이야기는 활달하고 재미있었다. 그들은 "생각은 지구 규모로, 행동할 때는 지역에 뿌리를 내리고"라는 슬로건을 내걸었다.

그러나 그들의 '청운의 뜻'을 도와주려는 정책이 정부에는 없다. 귀에 들려오는 것은 다른 인구가 적은 지역에 대한 정책과 마찬가지로 골프장이니 리조트 개발이니 하는 이야기뿐이다.

원자력 발전소 문제로 고통을 겪고 있는 노토에 또 자위대 기지를 옮겨 온다는 소문조차 있다.(12. 2)

유엔의 호소

유니세프(유엔아동기금)가 처음으로 『세계아동백서』를 낸 것은 1980년이었다. 그것은 국제아동의 해 다음해였지만 그 전해에 출생한 어린이 1억 2천만 명 중에서 열 명 중 한 명은 이미 이 세상에 없다고 백서의 첫머리에 기록했다.

이번 주 12일에 발표된 『세계아동백서 1990』은 아프리카나 아시아의 저개발국에서는 하루에 4만 명 가량의 어린이가 목숨을 잃는다고 한다. 홍역, 백일해, 설사에 의한 탈수증 등, 즉 선진국에서는 죽지 않아도 되는 병이 그 주요한 원인이라는 것이다.

12월 13일의 본지 석간 서평란에는 『어린이의 권리』(일본평론사)라는 책이 소개되어 있지만 이 책 속에서 유니세프 주일대표 폴 이그나체프 씨는 이렇게 말했다.

"…소금 한 줌과 설탕 한 줌을 섞어서 물에 타 먹이기만 해도 탈수증으로 고통을 겪는 어린이를 구할 수 있다는 것을 70년대 초, 캄보디아에서 알았다. 여기에 영양소 등을 첨가해서 과학적으로 만든 ORS(경구수액제)라는 분말을 영국의 권위 있는 잡지는 '금세기 최대의 의학적 발견' 이라고 했다. ORS가 될 수 있는 대로 많은 어린이들에게 쓰일 수 있도록 노력하고 있다…."

ORS 한 봉지는 10센트. 이것이 저개발국에 보급되면 어린이의 죽음은 대부분 방지할 수가 있다. 그 비용은 연간 25억 달러라고

백서는 전한다. 미국이 개발한 스텔스 폭격기 5대분에 해당하는 금액이다. 일본의 경우라면 국세청이 적발한 법인이 숨긴 소득의 4반기분에 지나지 않는 금액이라고 쓴 신문도 있었다.

나는 유엔이 1980년에 제기한 '물의 해(1981~1990년)' 캠페인을 기억한다.

그 캠페인에 의하면 저개발국 인구의 5분의 3이 안전한 물을 얻지 못해 고통을 겪고 있으며 연간 2천 5백만 명이 그 때문에 죽는다. 그러나 세계의 연간 군사비의 3주분만 물의 공급과 위생시설을 위하여 전용할 수 있다면 '1990년까지 모든 사람들에게 안전한 물을' 이라는 캠페인의 목표가 달성된다고 호소해 왔다.

내년(1990년)이 그 목표의 해인데 이 중요한 사업의 성과는 어떻게 될 것인가.

그간 세계의 총군사비는 5천 100억 달러에서 1조 달러로 불어났다.(12. 16)

슈미트의 우려

헬무트 슈미트 전 서독 총리는 매우 뛰어난 정치가로 알려져 있다. 동시에 지일(知日) 인사이기도 하다.

나카소네(中曾根) 정권 하에서 치른 더블 선거(중의원과 참의원 양원 선거—역자주) 직후에 자민당의 압승에도 불구하고 도리어 일본의 정치는 혼미의 정도를 더해 갈 것이라는 논평을 그는 자신이 주관하는 『디 차이트』에 썼다. 그 후 다케시타(竹下)·우노(宇野)·가이후(海部)에게로 넘어간 정권을 보면 그의 뛰어난 예견에 감탄하지 않을 수 없다.

2년 전에 간행된 『슈미트 외교 회상록』을 읽어 본 사람이라면 그의 현실 감각이 깊은 역사적 통찰과 이념에서 비롯된다는 것을 여기 저기서 찾아볼 수 있었을 것이다. 그것은 요즘 우리 나라를 뒤덮고 있는 '현실주의' 같은 현실추종(이하 점은 모두 인용자가 찍음)과는 거리가 먼 것이다.

지난 가을 슈미트 전 총리가 일본에 왔을 때 두 시간 가량 이야기를 나누었다. 슈미트 부부 외에 세 사람이 자리를 함께해서 흉금을 털어놓고 한 대화였지만 1990년대에 시작되는 글로벌한 과제는 무엇이겠는가 하고 그는 묻고 스스로 이렇게 대답하는 것이었다.

"누구나가 경제를 걱정한다. 그러나 나는 가장 큰 문제는 환경

파괴와 인구 폭발이라고 생각한다. 지구 환경은 확실하게 악화되고 있다. 인구 문제는 더욱 우려할 일이다. 가난한 저개발국에서 인구가 급증한다. 사람들은 선진국으로 옮겨 가려고 싸우고 저개발국 사이에서는 자원과 경제를 둘러싸고 싸운다…. 지금까지 볼 수 없었던 형태의 분쟁이 많이 일어나는 것이 아닐까."

현재 지구 인구는 53억. 그중 40억이 저개발국에서 산다. 20세기말에는 총인구 63억, 저개발국 인구는 50억이라고 추정되며 2025년에는 저개발국이 68억, 선진국이 14억 합계 82억이 될 것이라고 말한다.

확실히 환경 파괴가 진행되는 가난한 저개발국에서 급증하는 인구는 이전에는 생각하지 못했던 제반 문제를 분출시킬 것이다.

그러한 문제에 대해서 우리들은 현실적인 해답을 가지고 있지 못하다. 슈미트 씨는 말을 이었다.

"이제부터 글로벌한 문제가 무엇인가라고 묻는다면 나는 철학과 종교 또는 인간성의 문제라고 말하고 싶다. 인간이란 어디까지 정말로 양보할 수 있는 동물인가, 어디까지 협조할 수 있는 동물인가. 이것이 문제가 되리라고 생각한다."

아주 인상적인 말이었다.(90. 1. 6)

그렇지 않은가

이번 정월에는 도치기(栃木)현 산중에서 일주일 가량 지냈다. 정월이나 여름에 쉴 때는 보통 때와는 조금 다르게 책을 읽으려고 생각한다. 금년에는 요시카와 고지로(吉川幸次郎) 선생의 저작을 집중적으로 읽고 그 뒤에 오규 소라이(荻生徂徠)의 『정담』(政談) 같은 책을 읽었다.

대개는 다시 읽는 것이었지만 그 깊은 학식에서 새삼 많은 것을 배우고 학문의 참다운 힘에 경외하는 마음을 느꼈다.

요시카와 선생은 일본의 한학풍, 즉 직관적 또는 개략적인 방식으로 읽는 것을 배척하고 실증적으로, 즉 "언어의 사실에 충실하게" 읽어야 한다고 거듭 말씀하신다.

그 자신 그러한 연구 방법으로 중국의 학자들도 감탄할 만한 업적을 남겼다. 특히 두보(杜甫)의 교주(校注) · 연구는 고금의 연구자를 능가할 만큼 탁월하다.

사서(史書), 철학서, 시, 이러한 저자들이 그때 어떤 생각으로 말씀을 남겼을까. 모든 말은 말하는 그 순간에 한해 일회적 의미를 띠고 등장한다. 그 일회성의 의미를 추구하는 것이 연구자가 해야 할 일이다. 요시카와 선생은 이렇게 말하면서 이어간다.

"예로 논어 첫머리의 유명한 말을 들어보자. 子曰 學而時習之不亦說乎. 문제는 '역'(亦)이라는 글자에 있다. 이것은 일반적인 경우 '배우고 때로 익히면' 이것 역시 '기쁘지 않겠는가'로 해석된다. 즐거운 것은 여러 가지 있지만 공부하는 것도 즐거움의 하나다라는 것이다. 그러나 나는 그런 정도가 아니라고 생각한다. '이것은 공부야말로 즐겁다. 그렇지 않은가'라는 뜻이어야 한다. 『논어』 전체의 사상에서 생각한다면 그렇게 된다고 나는 생각한다"(『문약(文弱)의 가치』).

뛰어난 고전이 석학에 의해 재해석되어 현실에서 울리는 말씀이 된다. 그런 정경을 눈앞에서 본 것 같은 느낌이 들었다.

동시에 나는 생각했다. 지금 우리 나라의 정치에서 필요한 것은 바로 "그렇지 않은가! 그렇지요!"라는 강한 확신에 넘친 말, 정치에 관계하는 사람들이 마음속 깊이에서 발하는 솔직한 음성이 아니겠는가라고. 정부 여당은 물론 야당으로부터도 그런 음성은 들려오지 않는다.

이번 4월은 요시카와 선생이 가신 지 10년 되는 해이다.(1. 13)

총탄은 어디서 왔는가

나가사키(長崎) 시장이 총탄을 맞았다. 살인미수 사건이고 천황제 국가를 둘러싼 테러다. 그 총알은 어디서 왔는가.

나는 근래 일본 정치에서 판치는 말의 혼란을 걱정하고 있었다. 예를 든다면 작년에 국회 대표질문 때 여당 정조(政調) 회장이 "경기가 좋아지고 물가가 내려갔으며 월급이 올라가고 세금이 내려갔으며 치안을 세계 제일로 만든 정치가 어째서 나쁘단 말인가"라고 큰소리를 쳤다. 무슨 잔소리가 많으냐고 하는 이 위협 또는 배짱에 나는 놀랐다.

이 인물은 야당에 투표하는 자는 솜털낚시에도 걸려들 바보라고 함부로 말했지만 그 사람뿐만이 아니라 이런 종류의 난폭한 언동이 정치판에서 거침없이 행해지고 별로 제지를 받지 않는다.

난폭한 말은 민주정치의 잘못된 양상으로 이어진다.

사회당의 도이(土井) 위원장이 외국인 기자 클럽에서 "천황에게 전쟁 책임이 있다고 생각하는가"라는 질문을 받고 "구헌법 체계에서 보면 있다고 해야 할 것입니다"라고 대답했다. 여기에 대하여 당시의 관방장관이 "불쾌하다"라고 내뱉듯이 말했다. 나는 퍽 염려했다.

우리 나라는 '의원 내각제'를 하고 있다. 따라서 자민당원으로서 본다면 사회당은 반대당이지만 내각에 들어가면 이미 정당의 일원이 아니라 행정관이다. 행정은 가능한 한 중립성을 지키려고 노력해야 하는데 관방장관은 그 행정의 핵심이지 자민당 국회의원의 입장에 서 있는 것이 아니다.

관방장관은 "내각은 도이 위원장과 같은 견해를 취하지 않는다"라고 했으면 되었을 것이다. 만약 감히 "불쾌하다"라는 강한 말을 쓰고 싶다면 나가사키 시장에 대한 우익 기타의 폭력과 협박에 대해서야말로 써야 하는 것이었다.

그러나 정부는 재작년 12월 이래 반복되어 온 나가사키 시장에 대한 폭력—즉 민주정치 자체에 대한 공공연한 폭력에 대해서는 왜 그런지 분명한 자세를 보이지 않았다.

전쟁 책임에 대해서 언급하지 않을 수 없었던 심정을 모토지마(本島) 시장은 숨기지 않고 또한 수식도 없이 말하고 있다(예를 들면 이와나미 부크릿〈Booklet〉「나가사키 시장의 말」). 이것을 읽는 사람은 누구나 시장의 생각은 헌법 규정과 바로 일치한다는 것을 알 수 있을 것이다.

나가사키 시장이 폭력과 협박에 시달렸고 드디어 살해당할 뻔했다. 총탄은 어디서 왔는가?(1. 20)

글래드스턴

'최고의 의회인' 이라고 했던 윌리엄 글래드스턴의 전기를 다시 읽었다. 가미카와 노부히코(神川信彦) 교수의 명저『글래드스턴』이다. 1967년에 간행된, 몇 번이고 읽은 이 책을 내가 이번에 다시 서가에서 꺼낸 것은 백년이 넘은 우리 나라 의회제도의 현실을 생각하기 때문이기도 하다.

옥스퍼드대학에서 토론회를 이끌고 학생 시대부터 웅변으로 알려졌던 글래드스턴은 수석으로 졸업한 그 해 22세로 국회의원에 처음으로 당선된다. 그로부터 1898년에 88세로 세상을 떠나기 직전까지 그는 현역 정치가였다.

처음 총리에 취임한 것은 1868년, 일본에서는 바로 메이지 원년이었던 해다. 네 번째로 정권을 담당한 것은 85세 때였고 그 시대는 산업혁명, 자유무역으로의 이행 그리고 대중의 시대로, 이렇게 엄청난 변화가 일어나던 시대였다. 이 변화에 글래드스턴은 의회제도의 원칙에 따라서 성실하게 그리고 정력적으로 대응했다.

그는 사명감이 투철한 정치가였다. 자신의 이상은 '사회정의의 실현' 에 있다고 말했다. 그러기 위해서는 자신이 서 있던 보수세력의 기반을 위태롭게 하면서도 선거제도의 개혁과 재정 개혁을 비롯해서 지속적으로 개혁작업에 손을 댔다. 또한 제국주의적인 분위기에 선동되는 민중에게 여러 번 고립되면서도 외교 면에서는 정의와 화평을 추구했다. 예를 든다면 아편전쟁에서 자국의 태도를 비난하고 정의는 청국측에 있으며 "청국인이 영국인에게 보복하기 위하여 우물에 독을 투입하는 일이 있다고 해도 그것을 허용할 수밖에 없다"라고 주장하는 정치가였다.

그러나 바로 그것 때문에 그는 '인민의 윌리엄'이라고 불렸으며 보수 정치가의 모범적인 이미지를 우리에게 남겨 줬던 것이다.

43세에 재무장관이 되었을 때 그는 극도의 재정 곤란 속에서 예산 편성을 수행해야만 했다. 그러나 그는 "우리는 우리가 처한 곤란을 회피하려고 하지 않았다. 곤란에 대하여 폭이 좁은 단편적인 땜질로 대처하려고 하지 않았다"라고 말했다. 이때 예산은 영국 정치의 암이라고 했던 재정을 새로운 사상으로 개혁했고 그 후 이 방침은 계속 이어졌다.

정말로 위대한 정치가와 가미카와 교수의 깊은 통찰이 하나가 되어서 이루어진 훌륭한 전기다. 이번에도 감탄하면서 마지막까지 읽었다.(2. 10)

서 씨 형제의 어머니

19년이라는 세월을 옥중에서 보낸 서승(徐勝) 씨가 석방되었다. 마찬가지로 1971년에 체포되었던 동생 준식(俊植) 씨는 재작년에 석방되었다. 두 사람이 모두 전향하라는 권유에도 굴하지 않고 자신의 의사와 국내외의 여론 그리고 한국 정치의 변화에 의하여 얻은 자유다.

그러나 형제가 매달리다시피 사랑했던 어머니 오기순(吳己順) 씨는 이미 가고 없다.

1980년 5월 연휴가 끝나자 나는 교토(京都)로 오기순 씨를 찾아가 병문안을 했다. 그러고 나서 열흘 후에 그분은 세상을 떠났다. 59세였다.

이 어머니는 두 아들을 면회하기 위하여 60여 회나 바다를 건넜다. 어떤 때는 만나지도 못했고 어떤 때는 몇 시간이나 기다려 겨우 3분간의 면회였다. 아들들은 옥중에서 어머니를 생각하고 인간의 삶의 의미와 민족의 장래를 생각하는 편지 쓰기를 계속했다.

그 편지들을 내가 관계하던 잡지 『세카이』(世界)에 발표할 수 없느냐는 강한 권고가 있었다. 읽는 사람의 가슴을 울리는 문자 그대로 주옥과도 같은 편지였다. 그러나 나는 이 원고를 거듭 거절했다.

불행하게도 『세카이』는 한국의 군사 정부가 '적성잡지'로 여기고 있었다. 옥중서신을 게재함으로써 서 씨 형제가 예측하기 어려운 불이익을 받아야 할 것을 나는 두려워했다. 더욱이 그들은 고문을 받는다, 나는 안전한 곳에 있다. 이 생각 때문에 나는 계속 거절하지 않을 수 없었다.

그런데 어느 날 오기순 씨에게서 전화가 걸려왔다. "배려해 주시는 뜻은 알겠습니다. 그러나 선생의 잡지에는 조국의 뛰어난 애국자들의 행동과 발언이 소개되고 있습니다. 저 아이들도 그분들과 같은 생각입니다. 발표되어서 비록 구타를 당한다고 해도 우리 애들은 원망하지 않을 것입니다. 꼭 발표해 주십시오."

이렇게 해서 옥중서신은 발표되었고 후에 이와나미신서(岩波新書)로 묶어졌다.

서 씨 형제의 막내동생 서경석 씨는 형들이 체포되었을 때 20세였다. 지금은 39세. 그는 청춘을 어머니와 형들을 지원하는 데 바쳤다. 경석 씨는 이런 글을 썼다.

"내 어머니의 마음 아픔은 우리나라 어머니들의 그것과 연결되어 있다. 거기에는 우리나라 어머니들 누구나가 피할 수 없이, 누구나가 정면으로 받아들이고 있는 갈등이 있고 슬픔이 있다. 그리고 그 슬픔의 앞날에는 언젠가 반드시 우리나라의 무수한 어머니들과 함께하는 위대한 기쁨도 있을 것이 틀림없다."(3. 10)

일본은 동지가 아니다

매년 가을에 행해지는 '프랑크푸르트 도서전'은 세계 최대 규모의 도서전이다.

제2차 세계대전 직후 황폐와 동서 분할 속에서 서독일의 프랑크푸르트에 생겨난 이 도서전에 지금은 93개국, 8천 2백이나 되는 대표적인 출판사가 참가하고 있다. 이 일주일 동안은 프랑크푸르트 시내에 호텔을 잡기가 얼마나 어려운지 모른다.

40회째를 기록한 재작년부터 한 나라를 주제로 해서 한 해 동안 줄곧 그 나라의 문화 · 사회를 소개하게 되었다. 첫 회는 이탈리아의 해, 작년은 프랑스혁명 200년을 기념하는 프랑스의 해였다. 금년은 일본의 해다. 일본 정부를 비롯해서 각계의 지원을 얻어 30여 개의 기획이 준비되어 있다.

얼마 전에 도서전 주최 단체회장 페터 바이트하스 씨가 일본을 방문하여 '일본의 해'를 위한 협의를 했지만 이 자리에서 바이트하스 씨는 "미국에서 일본 비판이 한층 강하게 일어나는 것 같지만 유럽에서도 마찬가지다"라고 말문을 열었다.

나는 재작년 가을에 프랑크푸르트에서 밤 깊도록 일본 연구가들과 토론한 것을 생각했다. '일본의 해'를 위한 간담회였지만 독일측 출석자가 한 사람씩 이어가면서 말하는 일본 이미지는 매우 비판적인 것이었다.

어떤 일본 문학 번역가는 “유럽에서의 일본 이미지는 불가해(不可解)한 것 또는 공포의 대상이다. 언제 여기까지 뻗쳐 들어왔을까? 하고 놀랄 정도로 일본의 세력이 유럽까지 뻗쳐 있어서 이제는 일본인은 유대인과 같다고 수군거린다”라고 했다.

나는 이 독일인의 “유대인과 같다”라는 경솔한 말투를 나무랐지만 다음과 같은 일본 사상 연구가의 탄식 섞인 말을 듣고 나도 탄식하지 않을 수 없었다.

“우리들은 일본을 연구하면서 일본에 대한 존경을 더해 간다. 그러니까 더욱 슬프게 생각한다. 그것은 유럽 지식인들이 글로벌한 과제에 대해서 토론을 할 때 누구도 일본인을 고려하지 않는다. 일본인은 지구 사회의 어려운 문제를 타개해 가는 데 동지라고는 생각하지 않는다.”

최근 미일간의 교섭을 보고 통감하는 것도 거기에는 ‘대일’ ‘대미’ 또는 ‘공격’과 ‘양보’가 있을 뿐 글로벌한 문제를 앞에 놓은 연대감이란 전혀 찾아볼 수 없다는 것이다.

미일 관계에만 매달려서 걸어온 결함이 거기에 분명하게 나타나 있다.(3. 24)

본회퍼

디트리히 본회퍼가 세상을 떠난 지 45년이 된다. 그의 『옥중서간 증보신판』을 읽었다.

21세에 뛰어난 성적으로 베를린대학에서 신학박사 학위를 받은 '천재적인 신학자' 라고 했던 본회퍼. 이 영재는 나치스가 정권을 탈취했을 때 이것과 대치한 고백교회 속에서 가장 날카로운 나치스 비판자였지만 드디어 비장한 결의를 하고 국방군 정보부 내 반나치스 · 화평 지하 운동에 참가하여 히틀러 암살 계획에 가담했다.

계획이 드러나서 본회퍼는 히믈러가 인솔하는 비밀국가경찰에 의해서 1943년에 체포되어 1945년 4월 9일 교수형으로 목숨을 잃었다. 39세였다. 그러고 나서 한 달 후 5월 8일 나치스는 붕괴했다.

본회퍼가 양친이나 친구에게 보낸 편지는 고통스러운 옥중에 있으면서도 고요하고 투명한 밝음으로 가득차 있다. 그것은 검열을 전제로 했기 때문이기도 했겠지만 "무엇보다도 아들의 체포에 놀라고 슬퍼하면서 75세의 노구에도 아들의 석방을 위하여 동분서주하며 전시 하의 물품 부족에 시달리면서도 힘을 다해서 차입을 계속하는 부모를 안심시키고 위로하고 격려하려는 마음에서 나온 것이라고 해야 한다."

이 말은 옥중서간 구판『저항과 복종』의 역자 해설에 의한 것이지만 나도 역시 마찬가지로 생각했다.

본회퍼의 신학은 전후 독일의 평화사상에 크게 영향을 주었을 뿐만 아니라 조직에 의한 억압에 대항하는 사상적 기반으로서 현대 세계에도 널리 살아 있다.

바이츠제커 서독 대통령도 그 고백교회의 정신을 계승한 사람이다.

5년 전 독일 패전 40년에 연방의회에서 행한 그의 연설은 "과거에 대해서 눈을 감는 자는 결국은 현재에 대해서도 눈을 감는 것입니다"라는 말과 함께 유명하다.

돌이켜 생각해 볼 때 우리는 어떠한가. 거듭된 물음 앞에 서서 우리는 아직도 대답을 가지고 있지 못하다.

한쪽에서는 자신의 역사적 잘못에 대한 청산을 거부하거나 또는 그러지 못하게 하면서 또 한쪽에서는 교육현장에서 '기미가요'(45년 패전 전의 국가)와 '히노마루'(45년 패전 전의 국기)를 강제하려고 한다. 이러한 교육 행정의 현 사태를 보면서 본회퍼의 옥중서간을 읽은 내 심정은 정말 어둡다.(3. 31)

침묵의 봄

몇몇 사람이 조용하게 지극히 당연한 것처럼 말했다. 폭력배가 이들에게 총격을 가했다. 거리의 사람들은 아무 일 없었던 것처럼 아무 말도 하지 않는다. 그러면서 이 거리는 세계에서 가장 풍요롭고 활기에 차고 안전한 거리라고 한다. ―이 기이한 거리란 어디를 두고 말하는 것인가?

4월 12일 네 개의 기독교계 대학총장이 이번에 천황 대물림의 의식에서 정부가 헌법을 위반하는 일이 없기 바란다는 성명을 발표했다. 그 취지는 대략 다음과 같은 것이었다.

메이지 헌법 하의 천황제는 정치권력의 근거를 아마테라스오미카미(天照大神: 일본 신화에 나오는 國祖神―역자주)의 신칙신화(神勅神話: 天照大神이 내렸다는 말―역자주)에 근거를 두고 이러한 국체관(國體觀)을 국민에게 강요하는 분위기에서 군부의 독주가 일어났으며 국민의 자유를 억압하고 이웃 여러 나라를 침략하다가 드디어 그 자체의 파멸을 초래했다. 따라서 현행 헌법이 규정하는 상징천황제를 운용하는 데는 무엇보다도 신권(神權)천황제와 구별을 분명하게 하고 그것을 역전시키는 듯한 일이 없도록 신중을 기하는 것이 당연한 일이며 천황의 대물림은 이 헌법과 현행 황실전범에 따라서 행해져야 한다.

이 논지는 헌법에 충실하려는 것이고 천황제를 조금도 부정하려는 것이 아니다. 전 천황이 육군의 횡포에 시달린 적이 많았다는 것은 낡은 사서(史書)가 기록하고 있는 것이고 현 천황은 즉위에 즈음하여 "국민과 함께 헌법을 지켜 가겠다"라고 했다. 네 명 총장의 성명은 천황의 생각과도 일치하는 것이다.

이 성명을 보도한 신문은 매우 적었다. 그 후 10일이 지난 4월 22일 심야에 성명에 참가한 유게(弓削) 페리스여학원 대학총장을 향해 총탄 두 발이 날아들었다. 네 명의 총장은 의연한 자세를 지키고 있지만 대학에는 동요도 있다 한다. 이 사태를 우려하는 대학인은 많지만 그것이 대학의 의사 표시로는 나타나지 않는다. 정부도 침묵하고 있다. 무엇보다도 언론의 자유에 대한 책임을 지고 있으며 그 자유에 의해서만 존재할 수 있는 언론기관의 목소리가 너무나 약하다. 이 침묵을 어떻게 생각할 것인가. 이 나라는 과연 어떤 나라인가. 성명은 "정부의 재고(再考)를 요청하고 아울러 널리 자유로운 검토를 호소하는 바"라고 맺고 있다. 성명 참가자 중 한 사람인 후쿠다 간이치(福田歡一) 메이지 학원대학총장은 "나라의 명예를 위해서도 테러행위는 이것이 마지막이기를 바란다"라고 언급했다.(4. 28)

20세의 간호사들

신입사원다운 젊은이들의 표정이 거리에 더해지면서 어딘지 모르게 활기가 느껴지는 계절이다. 학교를 졸업하고 처음으로 의료 현장에 들어선 간호사들을 취재한 TV 프로를 보고 나는 가슴이 뭉클해지는 느낌이었다.

"아프십니까", "조금…", "죄송합니다"라고 하면서 주사를 놓는 방법을 익히는 그녀들. 지시를 받은 의료기구나 약품을 곧 찾아내지 못해 당황하는 그녀들. 이러한 흐뭇한 훈련을 방해하려는 듯이 빈사 상태의 구급환자가 실려 들어온다. 훈련장은 전쟁터로 변한다. 신참이지만 간호사로서 무언가를 하고 싶다. 그러나 아무것도 할 수가 없다. 멍하니 서 있는 그녀들의 표정.

작은 전쟁터는 막이 내리고 하나의 생명이 고비를 넘겼다는 기쁨이 퍼진다. 그렇지만 필사의 노력도 헛된 것이 되는 경우도 있다. 신참 간호사들은 흐느끼며 운다. 어디론지 사라진 간호사를 찾으니까 그녀는 탈의실에 숨어서 울고 있었다. 큰 수술이 진행되는 동안 정신을 잃고 쓰러지는 간호사. 정신을 차리고는 몸을 웅크린 채 용서를 비는 그녀에게 선배 간호사가 "나도 10년 전에는 그랬어" 하고 위로한다.

삶과 죽음의 절박한 장소, 희비의 갈림길을 목격하는 20세 아가씨들의 표정을 통하여 나는 자신의 직업에 정성껏 헌신하는 인간이 얼마나 훌륭한가를 새삼 실감할 수 있었다. 그리고 이러한 사람들이야말로 귀하게 생각하는 사회가 되어야 한다고 강하게 느꼈다.

현실은 어떤가.

일본 간호사들이 얼마나 어려운 노동환경에 놓여 있는가는 벌써부터 알려져 있는 사실이다. 입원 환자는 의사 이상으로 간호사들의 친절함과 신중함에 기대를 건다. 그러나 그 간호사들이 의사와 간호사의 신분 차와 남녀 차에 따른 차별에 고통을 겪는 때가 적지 않다.

입원 환자 한 사람에 대한 간호사 수는 미국의 절반이라고 한다. 그래서 근무는 여간 어렵지가 않다.

현재의 의료법에 따르면 환자 4명에 간호사 1명으로 되어 있지만 그 기준은 종전 직후의 계산이고 그 기준도 지켜지지 않을 때가 많다. 그런 어려움으로 많은 유능하고 뜻있는 간호사들이 직장을 떠나고 있다.

신참 간호사들은 처음 경험에 쩔쩔매면서도 "멋있는 간호사가 되고 싶어서" 지망했다고 말한다. 그녀들의 마음을 받아들이지 못하는 사회가 계속되어도 되는 것일까. 정부에 묻고 싶다.(5. 12)

한일 관계의 취약성

노태우 대통령은 일본을 방문한 후에 미국, 캐나다, 멕시코를 방문할 예정이었지만 5월 초가 되어 일본 이외의 3국에 대한 방문은 연기했다.

불황, 노사분규, 정국 혼란과 같은 "국내의 난국을 타개하는 것이 보다 중요하다고 판단해서"(한국 정부의 말)라고 말하고 일본에 대해서는 어느 정도의 성과가 있을 것이라고 생각되기 때문에 기정 방침대로 준비하게 되었다고 한다. 실제로 다케시타(竹下) 전 총리의 방한을 시작으로 일본측은 전과는 달리 한일 관계 개선에 노력해 왔다.

그럼에도 불구하고 '천황의 말씀' 때문에 한일 양국은 교착 상태에 빠져 있다. 여기에 한일 관계의 기본 구조, 즉 그 취약성과 모순이 확실히 드러난다고 생각한다.

일본의 패전은 한국의 독립이고 패전 후의 일본에 주어진 과제는 조선에 대한 식민지 지배의 청산이었다. 이것이 누구의 눈에도 확실한 일본과 조선 사이에 놓인 기본적인 관계였다. 그렇지만 패전 전후의 일본 지배층이 염두에 두었던 것은 '국체'(國體: 일본의 천황제 — 역자주)의 존속이 가능한가 어떤가 하는 한 가지 점이었고 그 외의 전후 구상이란 없었다. 더욱이 혼란과 궁핍 속에 놓였던 국민에게는 남을 되돌아볼 여유가 없었다.

당시 일본인의 의식 속에 있었던 것은 한국인에게 보복을 받을지 모른다는 '공포' 였다. 오늘에도 일본인의 조선에 대한 이미지는 '귀찮고' '위협적이고' '복잡하다는' 것이 아닌가 생각된다.

식민지 지배에 대한 청산이 공적으로 행해진 것이 1965년의 한일조약 체결이었지만 이것도 미국의 아시아 정책에 나타난 거센 힘에 의한 것이었고 일본 스스로가 요구한 것은 아니었다. 그 내용도 '청산' 과는 상당히 거리가 먼 것이었다. 그래서 지금에도 '과거의 청산' 이 초점이 되는 것이고 그 와중에서 "반성하고 있으니까 경제협력을 하고 있는 것이 아닌가. 무릎을 꿇고 사과할 필요는 없다" 라는 자민당 간사장의 발언도 튀어나온다.

자신의 잘못을 사과한다는 것은 스스로의 정의를 위하여 하는 것이고 남이 요청해서 하는 것이 아니다. 이 단순한 사실을 일본측은 모르고 있다. 더욱이 조선민족의 절반인 북조선에 대해서는 그런 일본식의 사과도 하지 않고 있다.

또 한편 이러한 정부의 자세를 국민은 이상하다고 생각하지 않는다. 기괴한 일이 아닌가.(5. 19)

국어와 역사 교실

몇 해 전 일이지만 딸이 다니는 공립중학교 '아버지 참관일'에 갔던 때의 일이 생각난다.

국어 시간이었다. 다자이(太宰治, 1909~1948년)의 「뛰어라 메로스」가 교과서에 나와 있었다. 교실에서 어떻게 전개되어 갈 것인가. '아버지'라는 입장과 '취재'하는 입장에서 관심이 일어났다. 그런데 참 놀라운 일이었다.

교사는 학생을 지명해서 한두 줄 읽게 한다. 그리고 나서 다른 학생에게 "메로스는 그 다음에 어떻게 했는가"하고 묻는다. "네, 넘어졌습니다" "다음은?" "네, 일어났습니다" "그러고는?" "네, 달리기 시작했습니다"

문장의 힘도 말의 음향도 아닌 사실만을 확인했다. 이리하여 다자이의 문장은 잘려서 조각이 되어 갔다. 학생들의 눈에는 빛이 없었다.

한자를 읽고 쓰는 것을 확실하게 학습하도록 한 뒤 이 소설 속에서 번져 나가는 인간의 세계와 소설을 읽는 즐거움—이것을 가르치는 것이 문학작품을 교과서에 실은 목적이 아니겠는가.

이 목적에 충실하게 따르는 교사라면, 때로는 아니 얼마든지 교과서를 떠나서 자기 자신이 젊은 시절에 읽었던 책이나 자기가 좋아하는 작가나 작품에 대해서 이야기할 수 있지 않을까. 또는 시를 음미하듯이 「뛰어라 메로스」를 읽게 할 수도 있다. 다자이의 문장은 그럴 만한 것이다.

그러나 교사들은 그렇지 않다. 교육 행정에 꽉 매어 있기 때문이다. 작은 자유조차도 교실에 맡기지 못하는 교육 행정 — 그것은 정부가 자기들의 사회를 신뢰하지 못하는 증거라고 할 수 있다.

노태우 대통령의 국회 연설에 감동했다는 사람이 많다. 그렇지만 한국 국민이라면 누구도 그 정도의 생각을 가지고 있다. 우리들이 감격했다면 그것은 우리들의 한국에 대한 인식이 얼마나 잘못되어 있어서 그랬을까. 노 대통령의 연설은 그것을 비추어 주는 거울이었다고 말해야 한다.

정부는 당황해서 학교에서의 역사 교육 내용을 고친다고 말한다. 환영하고 싶다. 그러나 교실의 자유를 두려워해서 바른 역사 교육을 금해 온 것은 누구였던가.

이제 간신히 개선하는 것을 보면서 나는 안타까운 느낌을 금할 길이 없다.

총리는 노 대통령에게 거듭 사과한 것 같지만 오늘날까지의 잘못과 그것을 다른 나라가 강하게 요구해 오지 않으면 고칠 수 없는 정치 상태에 대해서 정부는 자기 국민에게 사과해야 하는 것이 아니겠는가.(6. 2)

자동차 사회에 대한 탄식

자동차로 인한 문제가 심각한 지경에 이르렀다. 그 속에서 사람들은 갈팡질팡한다.

도쿄와 오사카는 주차난에 빠져 있고 도로는 움직이지 않는 자동차로 점령당하고 있다. 지방 주요 도시가 당면한 공통된 문제도 시내 중심부의 교통 체증이다. 이렇게 된 직접적인 이유는 정부 · 행정이 이 문제에 성의 있게 대처하려고 하지 않았으며 진정으로 경고를 하려고 한 적이 없었던 데 있다.

주차위반을 예로 들면 경찰도 이제는 본격적으로 단속하려고 하는 것 같지만 지금까지는 일시적이거나 방치하는 것으로 대처해 왔다. '위법' 이라면 구속해야 하고 그렇지 않으면 법에 대한 신뢰가 사라져서 사태에 대한 경고가 되지 못한다.

요즘 자동차 산업이 번창하는 가운데 도로가 2차선이 1차선으로, 3차선이 2차선으로밖에 사용되지 못함으로써 방대한 시간과 에너지를 우리 사회는 줄곧 낭비해 왔다.

보다 본질적으로 문제되는 것은 도시 정책의 빈곤이다. 도시의 기능은 거리가 아니라 시간에 의해서 결정된다. 그리고 대량 수송기관이 정비 · 보급되어 있지 않은 지역에서는 필연적으로 자동차에 의존하게 된다. 산간 오지에 차가 느는 것은 하는 수 없다.

그와 반대로 도쿄와 같은 지하철을 중심으로 대량 수송망이 정비되어 있는 지역에서는 자동차 보유에 대담한 제약을 가해야 하고 중소도시는 소형 지하철이나 모노레일 등을 도입해서 도시 기반의 정비를 우선해야 한다. 국철(國鐵)을 분할, 민영화할 때 정부는 이것으로써 각 지역의 교통망을 정비한다고 했다. 그렇지만 실제로는 아무것도 이루어지지 않았다.

레스터 브라운이 주재하는 월드워치(Worldwatch) 연구소의 최신 연보에는 다음과 같은 숫자가 나타나 있다.

현재 세계가 보유하고 있는 자동차는 4억 대, 교통사고로 죽는 사람은 연간 25만 명이고 도시 면적의 3분의 1이 도로나 주차장 등 자동차를 위하여 사용되고 있다. 중국과 인도 두 나라는 세계 인구의 38퍼센트를 차지하고 있으나 자동차의 보유대수는 전체 중 0.5퍼센트에 불과하다.

이 중국 · 인도도 서방측 선진국의 수송 시스템을 모델로 하고 있어서 점점 자동차가 늘어나고 있다. 거대한 자동차 사회가 새롭게 출현하는 것은 지구환경에 대한 커다란 문제가 아닐 수 없다. 그렇지만 우리들 자신은 자동차의 혜택을 누리면서 "당신들은 자동차 사회가 되지 말라"라고 말할 수 있을 것인가.(6. 9)

고전을 다시 읽는다

나는 아침 4시에 일어난다. 6시까지는 책을 읽는 시간이지만 근래에는 젊었을 때 읽은 책을 서가에서 꺼내 다시 읽는 경우가 많다. 20~30년 전에 읽은 고전에서 요즘 커다란 느낌을 되씹고 있다.

독서라는 행위는 일회로 끝나는 것이 아니라 다시 읽음으로써 그때마다 새로이 무엇인가를 얻는다는 사실은 누구나 감득하는 것이다. 그렇다고는 해도 30년 전에 읽은 책을 지금 하나씩 하나씩 꺼내서 다시 읽고서는 신선한 인상을 받는다는 것은 젊었을 무렵 내가 얼마나 깊이 읽지 못했는가 하는 그야말로 내 부족했던 공부를 눈앞에 보는 듯한 느낌이 들어 쓴웃음을 머금게 한다.

그러나 또 이렇게도 생각하게 된다. 거대한 전환의 시대에는 고전이야말로 현실적인 힘을 가지는 것이 아닌가 하고. 왜냐하면 전환의 시대에 문제가 되는 것은 직접적으로는 사회의 여러 가지 시스템이지만 정말 문제가 되는 것은 인간이 무엇을 왜 선택하는가 하는 인간성이기 때문이다. 예를 든다면 2천 5백 년 전에 살았던 공자의 말씀이 오늘 우리에게 끝없이 새로운 가르침을 주는 것도 이 때문일 것이다.

실제로 오늘 이 시대는 우리가 실감하는 것보다 훨씬 더 큰 전환의 때가 아닐까.

작년 12월 폭풍우 속에서 행해진 미소 수뇌회담은 "알타에서 볼타로"라고 불리는 것처럼 제2차 세계대전 후에 나타난 세계질서의 종언을 고하는 것이었다. 다음해 1990년은 20세기의 마지막이 시작하는 해이기도 하다. 나아가서 근대 국민국가라는 구조도 근본적으로 문제가 된다.

기나긴 역사라는 시간대(時間帶)에서도 커다란 전환의 시대를 우리들은 살고 있지만 그 무대인, 지구 자체가 더욱 위기에 빠져들고 있다.

이러한 여러 가지 전환의 모습을 보면서 나는 실존철학자 칼 야스퍼스가 남긴 말을 되씹고 있다.

"겉으로는 평온무사한 일상으로 보이지만 그 아래서 오늘 무서운 위협이 되는 발전이 진행되고 있다. (그런 속에서는) 무엇이 정치 현실에서 가능한지, 또 무엇이 돌연 현실적으로 있을 수 있는지에 대해서 현실주의자 자신이 속는다."

이것은 일본 정치에 대한 충언이기도 할 것이다.(6. 16)

학교의 철문

놀랐다. 그리고 심한 분노를 느꼈다. 분노는 지금도 사라지지 않는다.

고베(神戸)의 공립고등학교 여학생이 선생이 닫은 교문에 머리가 끼여서 사망한 사건 말이다. 누구나가 한 목소리로 분노하고 있다. 지각이나 복장 위반이 죽음을 불러야 하는가.

뉴스 진행자인 구메 히로시(久米宏) 씨는 "살인이다"라고 했다는데 나도 동감이다.

이 학교는 1천 5백 명이나 되는 학생이 다니는 거대한 고등학교이지만 학군이 넓은데다 교통편이 좋지 않아 한 시간 이상 걸려서 통학하는 학생도 많다. 가장 가까운 역에서도 걸어서 15분은 걸린다고 한다. 이날은 기말시험 첫날이기도 해서 철문이 닫히려는 시간에 학생들이 속속들이 도착했는데 그 소동 속에서 1학년인 이시다 료코(石田僚子) 양이 머리뼈 골절로 사망했다(본지 7일).

나도 고등학생 때 등교 시간이 다 되어서 집을 나와 영어 단어 같은 것을 암기하면서 학교로 달려가곤 했다. 료코 양의 경우는 어땠을까. 어쨌든 서둘러 달려간 학교가 자신이 죽을 장소라고는 꿈에도 생각하지 못했을 것이다.

결과적으로 그녀를 죽음에 이르게 한 학교측. 교장을 비롯해서 교사들도 학교가 죽음의 무대가 될 것을 생각하지 못했을 것이다. 그러나 선생들은 매일 아침 "폐문 3분 전!" "2분 전!" "남은 시간 1분, 뛰어라" 라고 마이크로 소리질렀다고 한다.

이래서야 학생은 인간이 아니라 가두어 키우는 양이나 돼지가 아닌가.

그런데 자기네 학교는 다르다고 할 수 있는 학교가 얼마나 있을까. 이 슬픈 사건만큼 오늘의 학교 교육의 본질을 구체적으로 나타내는 것은 없다고 생각된다.

문부성은 "자세한 보고를 받아 안전 관리 면에서 문제점을 해명하려고 한다" 라고 말한다.

문부성에 묻고 싶다. 이 사건은 '안전 관리' 의 문제인가? '관리 교육' 이라는 본질적인 문제라고는 생각하지 않는가?

오늘의 교육이 얼마나 아이들을 묶어 두고 있으며 얼마나 많은 젊음을 죽음에 이르게 하고 있는가. 문교 행정의 담당자는 어째서 그 현실을 보지 못하는 것일까. 만약 현실을 보면서도 관리 교육을 계속 추진해 왔다면 이번 사건은 문교 행정의 미필적 고의(未必的 故意: 어떤 사실이 일어나도 하는 수 없다고 생각하고 하는 행위 — 역자주)에 의한 살인이라고 해야 하는 것이 아닐까.(7. 14)

소란과 고독

일본에서 "꽃과 같다"라고 말하면 그 사전적 의미는 때를 타고 있다거나 번창하고 있다거나 겉치레만 있고 내용은 없다는 의미이다.

'꽃 만국박람회' 입장자가 이미 한 달 전에 천만을 넘었다고 한다. 전국민을 동원하는 듯한 박람회가 꽃과 어떻게 연결되는가 했더니 사전에서 꽃과 같다는 뜻을 찾고는 그럴 수도 있겠다고 생각했다. '꽃 만국박람회'는 '꽃과 같은 만국박람회'라는 뜻이 아닐까.

그건 그렇다 치고 우리는 왜 그렇게도 소란 속에서 살고 있는 것일까.

번쩍거리기만 할 뿐 재생지로도 쓸 수 없는 낭비라고밖에 생각할 수 없는 카탈로그 같은 잡지의 범람. 전력이 부족한데도 한밤중까지 방영되는 TV, 그것은 경박한 방담과 주간지적 정보의 세계다.

엔(円)화는 국외에서는 강세여서 세계 각지에서 빈축을 사고 있다. 그러나 국내에서는 엔은 극도로 약해서 물가지수만 보아도 국민은 다른 나라에 비해서 훨씬 가난한 생활을 강요당하는 것을 알 수 있다(경제기획청, 『물가 리포트 90』).

편차치(偏差値: 성적이 평균에서 얼마나 떨어져 있는가를 나타내는 수치로서 학교 선정에 사용됨—역자주)와 관리에 쫓기는 교육. 그 해답이 교문에 의한 살인이었다. 학생을 죽음에 이르게 한 교사는 "문이 무거워서 아래를 보면서 밀었다. 앞은 보지 못했다"라고 말하고 있다(점은 필자). 매우 상징적인 말이 아닌가.

나는 탄식하면서, 이미 몇 번이나 읽은 책 한 권을 서가에서 꺼낸다. 백 페이지밖에 안 되는 조그만 책이다. 그러나 우리를 이끌어 주는 주옥같이 빛나는 책이다. 『어린이가 혼자 있는 시간』—저자는 엘리스 볼딩. 저명한 경제학자 케네스 볼딩의 부인으로 사회학자다. 이 책을 일본에 소개한 역자인 마쓰오카 교코(松岡享子) 씨와 출판사 고구마(こぐま)사에 나는 깊은 경의와 감사를 느끼고 있다.

"창조적 행동에는 도중에 방해되는 일 없는 긴 시간이 필요하다"라고 말하는 볼딩 부인은 고독—조용히 생각하는 시간—은 고립이 아니라 어린이가 마음속에 있는 보물을 꺼내고 밖에서 얻은 경험을 살리는 힘의 원천이라고 설명한다.

자유로운 것, 내면으로 향하는 것, 자기자신을 발견하는 것이 필요하다. 그것을 위한 고독을 우리는 얼마나 빼앗고 또한 빼앗기고 있는가.

산속에서 여름 밤에 빛나는 별을 바라보면서 다시 생각해 보고 싶다.(7. 28)

고투(苦鬪)하는 아시아

북경에서 아시안게임을 개최하는 것은 중국이 오랫동안 열망해 온 일이다. 그 개회식 실황을 TV로 보면서 나는 마음에 감동을 느꼈다.

국제 대회의 개회식은 점점 다채로워졌고 주최국은 기량을 발휘해서 모두를 놀라게 하려고 한다. 중국도 총력을 경주했다고 한다. 그러나 그것이 화려했다거나 또는 스포츠가 자연히 자아내는 긴장 때문에 내가 감동한 것이 아니다.

그것은 계속해서 입장하는 나라 하나하나가 아직도 제2차 세계대전 후의 무거운 과제를 짊어지고 허덕이고 있다는 생각 때문이었다. 빈곤과 인권 억압, 대립과 전화(戰火), 민족의 분단, 압정과 불신, 그리고 이 축전에서는 제외된 난민들. 이러한 현실을 선수들의 빛나는 얼굴을 보면서 생각하지 않을 수 없었다.

스스로 노력한 결과인가, 일본이 미국의 매우 중요한 전략지점이었다는 행운 때문일까—그 두 가지 모두가 원인이었겠지만 일본은 많은 모순을 가지면서도 세계 1, 2위의 국력을 키웠다. 그 결과, 40여 년 전의 일은 사람들의 의식에서 사라지고 있다. 게다가 유럽의 격동은 냉전 시대, 즉 전후가 끝났다는 인상을 우리에게 준다.

그러나 일본을 제외한 아시아의 여러 나라 민중에게는 '전후'

는 끝나지 않았다.

각각 제2차 세계대전 후 독립과 해방을 얻었지만 냉전 구조라는 강한 제약을 받고 있으며 내전과 주변국과의 항쟁으로 고통을 겪고 있으며 자립과 안정을 찾아서 시행착오를 거듭하면서 국내의 민주화를 희생할 수밖에 없었다.

주최국 중국이 바로 그러한 나라다. 성화대를 향한 세 사람의 영광스런 경주자는 중국의 금메달리스트였다. 그 성화를 둘러싼 것은 중국이 자랑하는 인해전술에 의한 연출이었다.

그것을 보면서 나는 위대한 중국이 그 실력에 걸맞은 민주화와 개방을 실현해 주었으면 하고 바라지 않을 수 없었다.

아시아는 하나다. 이것은 서구열강의 탄압 앞에 섰던 아시아 민중의 절실한 목소리였다. 아시안게임은 이것을 되새기게 하는 것이었지만 강권적인 여러 국가와 빈부의 격차를 그대로 둔 연출이 아니라 국가의 자립과 민중의 자유와 풍요로움이 하나가 된 아시아, 그 아시아의 연대 고리를 어떻게 실현하는가—아시안게임 후의 우리들의 커다란 과제라고 마음속에서 되뇌었다.(9. 29)

기무라 도시오(木村俊夫) 외상의 선견

기무라 도시오 선생은 내가 깊이 존경하는 정치가 중 한 사람이다. 관방장관, 경제기획청장관, 외상 등을 역임하셨지만 청렴·겸허한 인품과 함께 깊은 정치적 통찰과 그것에 근거해서 행동하는 용기를 가진 정치가였다. 그 실천력은 단아한 그의 용모와 함께 남다른 느낌을 주는 것이었다.

아쉽게도 1983년 첫겨울에 세상을 떠났지만 지금 살아 계셨으면 하는 생각이 언제나 내 가슴속에서 맴돌고 있다.

1974년 여름. 그때는 한일 관계가 가장 긴장된 때였다. 한국에서는 민주세력과 군정 간의 심한 대립이 있었고 그 배경에는 그 전해에 있었던 김대중 납치사건이 있었다. 또 그해에는 박 대통령 영부인 살해사건이 있었다. 그러한 긴박한 사태 속에서 기무라 외상은 야당의원의 질문에 대답하면서 "북으로부터의 위협이 있느냐 없느냐는 한국이 판단할 것이지만 일본 정부로서는 객관적으로 그런 사실은 없다고 이해하고 있다" "한국 정부가 한반도 전체에서 유일한 합법적인 정부라는 인식을 가지고 있지 않다"라고 분명히 말했다.

북한의 침략 위협이라는 냉전사고 위에서 비로소 성립해 있었던 한국 정부에게는 기무라 외상의 발언은 그 토대를 심하게 동요시키는 것이었다. 그 군정을 지지해 온 일본의 한반도 정책에서도 마찬가지였다. 즉 호랑이 꼬리를 밟는 것 같은 발언이었다 한국 정부는 기무라 외상을 격렬히 비난했고 반일 데모가 조직되고 기무라 외상의 볏짚 인형이 연일 서울에서 불탔다. 9월 초에는 '청년결사대' 라고 칭하는 30여 명이 버스로 일본대사관으로 향하고 새끼손가락을 잘라서 다나카(田中) 총리에게 보내려고 했다. 한 달 후 『뉴스위크』는 "자기 손가락을 자른 32명의 한국인은 그 연극 같은 행동으로 손가락 하나에 375달러씩 정부에서 받았다" 라고 보도했다.

기무라 외상은 의연했다. 그러나 일본의 정부, 여당은 당황했고 야당과 저널리즘은 냉전 정책을 극복하려는 기무라 외상의 선견과 용기를 지켜주려고 하지 않았다. 기무라 선생은 다음 내각에서는 떠나야만 했다. "일본의 대 한반도 정책을 기본적으로 또한 주체적으로 재고해야 할 시기는 이미 여러 해 전에 있었다—이것은 기무라 선생이 1980년에 하신 말씀이다"("보수 정치가를 우려한다"). 10년이 지난 오늘 일본 정부의 한반도 정책은 약간의 전환을 보일 뿐이다. 기무라 선생은 때때로 내 의견을 구했다. 나는 여러 번 선생의 가르침을 받았다. 전환의 시대, 일본 외교도 재검토가 필요한 지금 기무라 선생이라면 어떻게 말씀하실까—나는 마음속으로 묻는다.(10. 6)

도쿄의 태만

1971년 미노베(美濃部亮吉) 도쿄도 지사가 '쓰레기와의 전쟁'을 선언했다. 당시 도쿄 23구에서 나오는 쓰레기의 70퍼센트가 고토(江東)구 신 유메노시마(新夢の島) 매립지에 버려지고 있었는데 쓰레기를 나르는 청소차에 의한 교통혼잡과 악취 등 공해에 견디다 못한 고토구 주민들이 "더 이상 높은 데 사는 사람들의 희생양이 될 수 없다"라고 항의하기 시작했기 때문이었다.

미노베 지사는 고토 구민의 주장에 귀를 기울여 "쓰레기라는 괴물에 도민생활이 위협을 받게 된 지금 쓰레기 문제 해결은 도정(都政)의 민주주의와 관계되는 긴급과제다"라고 했다(미노베 료키치, 『도지사 12년』).

그리고 스스로 명명한 쓰레기와의 전쟁에서 고통을 겪으면서 미노베 지사는 초고층빌딩들이 우뚝 솟아 있는 신주쿠(新宿) 부도심(副都心)의 도유지에 쓰레기처리장을 짓는다는 구상을 발표했다.

"도코노마(床の間: 방안 정면 그림 같은 것을 거는 곳 — 역자주)에 쓰레기를"이라고 할 수 있는 이 생각은 지역주민의 반대로 깨어졌지만 "도쿄를 쓰레기더미로 만들지 않기 위해서는 이제는 시가지에다 쓰레기처리장을 세울 수밖에 없다는 현실을 상징적으로 호소하고 싶어서였다"라고 후에 미노베는 말했다.

그로부터 20년, 신주쿠 부도심의 도유지에는 화젯거리인 신도청 청사가 들어섰고 쓰레기와의 전쟁은 거대한 '제2차 전쟁'으로 확대되었다.

수도권의 쓰레기 대책은 생활 쓰레기의 소각이나 매립도 아주 늦어지고 있지만 생활 쓰레기의 7배나 되는 산업폐기물 처리는 불가능할 정도가 되었다. 사이타마(埼玉), 도치기(栃木) 등 매립 가능한 장소는 거의 다 매립되었고 지금 산업폐기물은 나가노(長野)와 시즈오카(静岡) 두 현(縣)에 집중되고 있다.

쓰레기의 억제와 재활용에 가장 성공한 것은 누마즈(沼津)시이며 철저한 분리수거와 그것을 위한 시민의 협력을 끌어냈다.

이 누마즈 방식을 이끌어낸 전 누마즈 시장 이데 도시히코(井手敏彦) 씨는 "죽을 힘을 다해서 또 면밀하게 시민을 찾아다니면서 설득했다. 행정기관이 호소하면 시민들은 반드시 반응한다는 확신을 가지고 있다"라고 말한다. 퍽 인상깊은 발언이었다.

효율과 이익과 소비가 제일이라는 라이프 스타일은 확실히 한계에 와 있다. 그 문명의 중심에 있는 도쿄가 왜 아무런 문제제기도 하지 못하는 것일까.(12. 8)

저널리즘에 대한 기대 (1991년)

저널리즘에 대한 기대/하라 다카시(原敬)를 회상하게 하는 것/부시 씨에게 『손자』(孫子)를 권하다/카지노 경제와 마피아 경제/두 개의 전간기(戰間期)/소련의 석유/방글라데시의 재난/니시다 기타로(西田幾多朗)와 스즈키 다이세쓰(鈴木大拙)/전쟁과 저널리즘/신사고(新思考) 정상회의?/제암리 희생자와 외무성/돈(金)본위제 사회/8월에 기류 유유(桐生悠衲)를 생각한다/민중과 여론/앰네스티 세계대회/입사시험을 끝내고/천상(川上)의 탄(嘆)/북방 영토 문제에 새로운 철학을/33년 만에 일본을 찾은 劉連仁 씨/미일 개전(開戰) 50주년에 생각한다/로자 룩셈부르크의 지적

저널리즘에 대한 기대

격동의 세계와 정체 · 퇴행하는 일본—작년의 정치를 회고하면서 이렇게밖에 말할 수 없는 듯하다.

리쿠르트(리쿠르트 회사의 부정사건—역자주)에서 소비세(소비세를 과하는 세제 개혁—역자주)까지 격동했다고 할 일본의 정치는 어느덧 애매한 안정으로 되돌아왔다. 국민 앞에 오랜만에 밀려나온 정치는 참의원, 중의원의 의석 변경을 가져왔을 뿐 다시금 나가타초(永田町: 자민당 본부를 가리킴—역자주)의 안방으로 물러갔다고 할 수 있다.

또 한편 다이조사이(大嘗祭: 천황 즉위식 때의 제사—역자주)로 상징되는 것처럼 여러 가지 형태로 국가의 권위와 의식(儀式)이 우선시된다. 관의 민에 대한 압도적인 우위다.

그 그늘에서 정치가의 부정과 폭언 · 망언이 계속된다. 공자는 "불의로 부하고 귀한 것은 내게는 뜬구름과 같다"라고 했는데 우리 나라에서는 뜬구름이 아니라 부동(不動)의 것이라는 느낌이 든다.

나는 미국의 훌륭한 정치학자, 셸던 월린(Sheldon Wolin)의 논문을 생각한다. 그는 10년 전 건국 200년이 된 미국의 '국가' 현상을 예리하게 비판했다.

"이전에는 미국에서 '국가'라는 말은 권력남용을 의미하는 말로서 전체주의적 독재 체제와 거의 같은 뜻으로 사용되었다. 그러나 지금은 '권위'가 적극적으로 평가되고 '국가'라는 말은 더 이상 기피할 말이 아니다. 시민의 부단한 정치 참여나 의원들에 대한 엄격한 감독이라는 민주정치와 연결된 일련의 정치적 가치는 오늘과 같은 복잡하고 긴장된 세계에서는 위험한 것으로 배척을 당하고 오늘의 미국에서는 시민의 역할이 제한되고 참여의 정치가 관료정치로 변해 버렸다"(『정치학 비판』).

민주정치의 전통이 짧고 국가에 대한 충성으로 근대화를 달성한 일본에서는 국가가 존귀하다는 기풍은 월린 교수가 탄식하는 미국보다 훨씬 강하다. 국가는 지금까지 국민을 제약하고 관료와 정치가를 우대해 왔지만 그 경향은 한층 더 진행되고 있다.

우리 나라의 정치가 불의한데도 안정되어 있는 이유는 국가에 대해서 국민이 압도적으로 약하다는 데 있다고 나는 생각한다.

따라서 만약 우리 나라 저널리즘이 자유와 정의를 내걸고 비판정신에 근거해야 한다고 자부한다면 국가와 정치 현상에 대한 감시를 상당히 강화하지 않으면 안 될 것이다.

새해 새날에 저널리즘의 부활을 절실히 바란다.(1. 5)

하라 다카시(原敬)를 회상하게 하는 것

금년은 하라 다카시가 죽은 지 70년이 되는 해다. 1921년 가을 '평민재상' 이라던 현직 총리가 도쿄 역 앞에서 19세 청년의 칼에 맞아 절명했다. "결국 당했는가" 라는 목소리가 당시의 신문지상에 있었지만 후에 하라 다카시의 수난은 전쟁 전 의회정치의 말로를 보여 주는 불길한 징조였다고 했다.

하라 다카시의 본질이란 오쿠보 도시미치(大久保利通) · 야마가타 아리토모(山県有朋)의 계통을 따른 절대주의 정치가라는 견해도 있다(핫도리 유키후사, 『메이지의 정치가들』). 이 날카로운 지적에 나는 크게 공감하는 바다. 하라 다카시의 시대는 금권정치의 시대이기도 했다. 그 자신 그것을 인정하고 돈이 들지 않는 정치란 있을 수 없다고 말했다.

그래도 중의원 다수당으로 정권을 성립시켜 정당정치의 원형을 이룩하려고 했고 그래서 한편에서는 작위(爵位)를 거부하기도 하고 또 한편에서는 강권을 쥐고 흔들고 술책을 구사한 그의 현실 정치가로서의 모습에는 마음을 끄는 데가 있다. 그러한 하라 다카시의 정당정치는 그가 변을 당함으로써 막을 내렸다고 해야 할 것인가—. 나는 그렇게 생각하지 않는다.

오늘의 정당정치는 민주헌법에 의해서 입법부의 우위를 보장받고 전쟁 전에는 볼 수 없었던 높은 시민의식에 의해서 뒷받침

되고 있다. 압도적으로 좋은 조건이다.

그럼에도 불구하고 정당정치는 70년 전의 수준을 넘어섰다고는 하기 어렵다. 도리어 정당의 지도력과 책임 면에서는 크게 후퇴했고 금권의 폐해는 더욱 깊어졌다고 해야 할 것이다.

집권당은 그러한 폐해를 은폐하려고 소선거구제 도입을 요구한다. 이 점에서는 절대주의 정치가 하라 다카시를 따르려고 한다.

정치사의 대가 오카 요시타케(岡義武) 교수는 일찍이 "전후에 하라 다카시 이야기가 때때로 사람들의 화제에 오르는" 것은 "정우회(政友會)를 이끌고 일사불란하게 통솔력을 보여 준 하라의 지도력을 생각해서일까. 그렇다면 이것은 전후 우리 나라 정당정치의 가장 절실한 문제가 아직도 정책에 있는 것이 아니라 실제로는 정당의 규율에 있다는 것을 의미한다. 사람들로 하여금 하라 다카시를 회상하게 하는 전후정치의 이러한 빈곤!" 하고 탄식했다(『근대 일본의 정치가』).

파벌 균형에 의했다기보다는 파벌 운영을 위한 내각 개편이 이번에도 행해졌다. 이것을 보고 또 한편 긴박하게 변해 가는 세계정세를 보면서 나는 오카 교수의 이 문장을 다시금 생각했다.(1. 12)

부시 씨에게 『손자』(孫子)를 권한다

부시 대통령은 전에 CIA국장으로 취임하기에 앞서 미중(美中) 연락사무소장으로서 1년 남짓하게 북경에 체재한 적이 있었는데 『손자』를 읽은 적은 없는 모양이다. 부시 정권의 걸프 위기 대응에서는 손자에게서 배운 것 같은 흔적을 찾아볼 수 없다.

『손자』 13편은 몇 번 읽어도 수긍하지 않을 수 없는, 함축적인 병서이지만 군사뿐만이 아니라 철저한 현실 인식에 근거한 뛰어난 정치서다. 그 첫머리에 "병(兵)이란 나라의 대사, 사생의 땅, 존망의 길이니 잘 살펴야 한다"라고 되어 있다.

'나라의 대사'란 오늘날에는 '지구의 대사'라고 고쳐서 생각해야 하겠지만 정말 잘 살펴야만 한다. 그러나 미국 정부는 지구사회의 현상과 중동 문제의 본질을 깊이 숙고하고, 숙고에 숙고를 거듭하고 개전(開戰)을 선택했을까.

후세인 대통령의 전략은 이미 분명한 것처럼 전투를 끌어서 미국에 맞고 상처를 입으면서도 그것으로 해서 아랍 전체를 끌어들이려고 하는 것이다. 리비아의 원수(元首) 카다피는 미국의 ABC TV와의 인터뷰에서 "이 전쟁에 참가하고 있는 사람들은 모두가 미쳐 있다. 전쟁을 해야 할 이유는 없다"라고 대답하고 "모든 이슬람 국가를 끌어들여 제3차 세계대전이 될지 모른다"라고 심상치 않은 경고를 보내고 있다.

손자는 말한다. "凡用兵之法 全國爲上 破國次之 — 무릇 전쟁의 원칙으로서는 적국에 상처를 입히지 않고 항복하게 하는 것이 상책이고 싸워서 굴복시키는 것은 그것만 못하다"라고 했다. 그래서 "백전백승은 선(善) 중의 선이 아니라 싸우지 않고 적병을 굴복시키는 것이 선 중의 선이다"라고 한 것이다.

따라서 또한 손자는 예를 든다면 '圍師'(군사를 포위할 때)에는 반드시 '缺함'(빈틈)이 있어야 한다고 권한다. 압도적인 병력으로 포위하고 적군을 공격할 때는 달아날 수 있게 반드시 한 곳을 열어 주어야 하는 것이고 적을 필사적이게 해서는 안 된다는 것이다. 배워야 할 교훈이다.

전쟁은 반드시 끝난다. 두 달이든 일년이든 오년이든 간에 미국측의 승리로 전쟁은 반드시 끝난다. 그러나 전쟁 후에 중동과 세계정치와 지구 사회에 남는 것은 무엇인가. 잘 살펴야 한다. 이것을 생각하면 정전, 쌍방의 철군을 위해서 정말 서로가 전력을 다해야만 한다.(2. 9)

카지노 경제와 마피아 경제

영국의 수잔 스트렌지 여사가 오늘의 경제는 '카지노 자본주의'라고 우려와 분노를 표명한 것은 5년 전이다.

그녀는 경제 저널리스트에서 런던대학 교수가 된 후 널리 국제경제 · 정치에 대해서 발언하고 있으며 그의 저서는 일본에도 몇 권 소개되어 있다.

스트렌지 교수는 이렇게 말한다.

"1970년대 이후 외환변동거래제도로 이행하여 금융시장은 세계적으로 자유화되고 새로운 금융상품도 늘고 있다. 그러므로 '선물시장'(先物市場)이 활발해지고 컴퓨터를 사용한 시뮬레이션이 이에 더해져 금융시스템은 급속하게 거대한 카지노처럼 변해간다."

말하자면 경제의 실태를 반영하는 금융시장이 아니라 도박화한 시장이 되고 미국의 적자와 국제수지 불균형 등이 불안정한 세계경제를 한층 더 불안정하게 하고 있다고 한다. 이 때문에 "장래 무엇이 일어나는가는 운에 의해서 좌우되는 것이 되었으며 숙련과 노력, 창의 · 결단 · 근면이 평가를 받지 못하게 되고 사회체제에 대한 신뢰가 급속히 사라진다"라고 스트렌지 교수는 탄식할 수밖에 없었다.

지난 주 주간 『도요케이자이』(『東洋經濟』 16일호)는 「마피아 자본주의에의 경고」를 톱기사로 다루었다. 이토만 · 자노메 · 고신 등에 관계된 부정사건이 신문을 떠들썩하게 하고 있지만 거기에는 폭력단 · 살인단 등이 개입하고 있으며 그들은 은행 · 부동산업과 공생(共生)하고 있어서 드디어 오늘날에 와서는 뒷골목 경제와 공인된 일본 경제가 일체화되어 있다는 것이다.

머지않아 창간 5천 호를 맞이하는 『도요케이자이』 편집부는 이렇게 탄식한다.

"96년간 (본지는) 일본 경제의 생태를 바라보고 일본 경제와 고락을 함께해 왔지만 차마 이런 기사를 써야 할 처지에 놓이게 될 줄이야."

근래 정치 개혁이나 행정 개혁을 소리높이 논의하였고 그것 때문에 위원회가 설치되어 왔지만 정부나 위원회는 이러한 현실을 제대로 파악하고 개혁을 찾으려고 하는 것인가. 껍데기만 있는 또는 겉포장만 그럴싸한 개혁론이 아니라고 말할 수 있는가—새삼 묻고 싶다.

카지노 경제와 마피아 경제가 함께 달리는 상황은 어디까지 가는 것일까.(3. 23)

두 개의 전간기(戰間期)

역사학자 E. H 카가 남긴 명저 『위기의 20년, 1919~1939』는 다시 읽을 때마다 깊은 감명을 준다.

그것은 이 저작의 배경이 극적이기 때문이기도 할 것이다. 카는 나치스의 야망이 커가는 시기에 글을 쓰기 시작해 글을 마무리한 시점이 히틀러가 막 폴란드를 침입하고 제2차 세계대전의 포문을 연 때였다.

'20년'은 두말할 것도 없이 제1차 세계대전이 종결되고 제2차 세계대전이 개시되기까지를 말한다. 베르사이유 체제가 상징하는 평화에서 왜 다시금 참담한 제2차 세계대전을 맞게 된 것일까. 카는 냉정한 분석을 마친 뒤 다음과 같이 결론짓는다.

"20년의 위기를 특징짓는 양상은 전반 10년의 꿈과 같은 희망에서 후반 10년의 처참한 절망으로, 즉 현실을 거의 고려하지 않는 유토피아에서 유토피아의 모든 요소를 강하게 배척하는 현실로 급격하게 전락해 간 것이다."

그리하여 카는 한쪽에서는 평화주의자 · 사회주의자의 자세를 거침없이 비판하면서도 맹목적 비이성적인 실력주의로 기울어진 당시의 유럽을 비판했다.

'힘'은 정치에는 불가결한 수단이고 국제정치는 힘을 국제화하는 것이다. 그러나 중요한 것은 '힘'에 대한 인간의 근본적인 태도다. '힘'(might)이 정의(right)를 만든다는 생각은 궁극에 가서는 인간이 받아들일 수 없는 것이다. 카는 이렇게 역설했다.

제2차 세계대전 후의 미소 양극 체제가 끝나고 중동위기에서도 볼 수 있는 것 같은 새로운 분쟁 시대의 문턱에 서 있는 지금은 제2의 전간기라고 할 수 있다.

미국 정부는 걸프위기에서 여러 가지로 할 수 있었던 연계(linkage) 외교의 가능성을 일부러 배제하고 이라크에 대한 군사적 수단에 의한 철저한 제재의 길을 택했다. 그것은 문제를 단순화시킴으로써 국제정치에서 지도력을 확고하게 하려는 계산이었다.

그 계산은 대단히 성공적이었다. 현실에서는 '힘은 정의'다. 그리고 국제정치의 현황은 바로 "유토피아의 모든 요소를 배척한다"라는 현실주의로 기울어지고 있다. 일본 정부의 자세는 그런 의미에서 보기 흉한 전형이다.

그러나 새로운 유토피아—현실을 깊이 성찰한 유토피아를 찾으려고 하지 않고서 인간에게 미래가 있다고 할 수 있을까.(3. 30)

소련의 석유

요즘 들어 3,4년 동안 '소련 · 러시아'에 관한 책을 읽을 때가 많았다. 어느 책에도 페레스트로이카의 장래를 낙관하는 기술은 없다. 나태, 부패, 대립, 적의, 폭력, 부정, 불신, 빈곤, 전근대성—페레스트로이카에 이르는 역사와 페레스트로이카의 현재에 대해 읽을 때 인간이란 어떠한 존재인가 하는 생각이 드는 것을 금할 길이 없다.

인간의 역사는 호소할 데 없는 민중의 눈물과 회한과 피로 얼룩져 온 것이라고 하겠지만 세계에서 가장 광대하고 가장 자원이 풍부한 나라에서 지금 그런 부정(否定)의 역사가 전개되고 있다는 데 우울해지지 않을 수 없다.

그럼에도 불구하고 역사를 커다란 시각에서 파악해야 한다고 생각한다. 미국의 저널리스트 헤드릭 스미스의 보고『신 러시아인』은 소련이 당면하고 있는 말할 수 없이 심각한 현 상태를 전해준 가장 뛰어난 책이지만 또한 스미스는 그 보고를 다음과 같은 말로 끝맺고 있다.

"역사에는 말을 타고 깨지기 쉬운 민주주의를 발 아래 짓밟는 사람들로 가득 차 있다. 그러나 한 지도자가 독재에서 민주주의로 평화적인 이행을 꾀한 전례는 고르바초프 이외에는 없다."

나도 마찬가지 생각이다. 아주 위태로운 그러나 용기에 가득 찬 개혁의 길을 가는 모습을 동시대의 한 사람으로서 주목하고 싶다.

이번 4월 고르바초프 대통령을 맞이한 일본의 관심은 북방 영토(제2차 세계대전으로 소련에 빼앗긴 쿠릴열도 등 4개의 섬 — 역자 주)에 집중되었다. 6회에 걸친 수뇌회담으로 가이후(海部) 총리는 "북방 영토 문제가 존재한다는 것을 확인한다"라는 언질을 얻어냈다. 성과라고 할 수 있다.

그러나 과연 그것만으로 옳았을까. "소련 경제는 위기적인 하강국면에 들어갔다"(모리모토 다다오)라고 보지만 그중에서도 석유 채굴량이 격감하고 있다는 것을 우려하고 있다. 『프라우다』는 세계 최대의 석유생산국인 소련이 93년에는 대량으로 석유를 수입하는 나라로 전락할 것이라고 전하고 있다.

그것이 소련 경제를 더욱 궁핍하게 하는 것인데 전세계적으로도 중동 석유에 대한 의존도를 높게 할 것이다. 불안정한 중동에 한층 더 의존한다는 것은 분명히 경제적 · 정치적인 위기를 의미한다.

일본은, 예를 든다면 미국에 권유해서 소련의 석유생산 시설의 개수 · 근대화와 유전탐사를 위한 대규모 기술 · 자금의 원조를 구체화해야 하는 것이 아닌가.

일본에서 지금 소리 높은 '국제화'는 자위대 소해정(掃海艇)을 파견한다는 것뿐이라는 말인가.(4. 27)

방글라데시의 재난

방글라데시를 뒤덮은 사이클론(태풍)의 참상은 비통하기 그지 없다.

본지(6일)에 따르면 재해가 발생하고 일주일이 지난 현지의 상황은 재해를 입은 사람 1천만, 생명을 잃은 사람 12만 이상이고 주민은 바나나 줄기 같은 것으로 끼니를 때우고 있다고 전한다.

위생 상태가 극도로 나빠서 안전한 물을 얻을 수 없어서 피해는 더 확대될 것이라고 한다. 생명을 잃는 사람이 20만이 넘을 것이라고.

방글라데시는 세계에서 가장 가난한 나라의 하나이고 태풍·해일이 반복되는 나라이지만 이번은 20년 이래 최대 규모의 재난이라고 한다. 이 나라가 파키스탄에서 독립한 것은 20년 전 1971년 봄이었다.

"사람 살려, 사람 살려" "약을 주세요. 다 죽어요"(본지)—이 기사를 읽으면서 나는 레스터 브라운이 이끄는 월드워치(Worldwatch)의 『지구백서』를 생각했다.

지구 온난화가 진행됨에 따라서 해면이 상승하는데 유력한 예측에 의하면 2000년까지 최악의 경우에는 세계의 해면이 217cm 상승한다는 것이다. 방글라데시의 국토의 절반은 해발 5m 이하다. 또한 그 나라에서는 지하수를 퍼올리기 때문에 지반침하가 계속되고 있어서 최악의 경우에는 230cm나 지반이 낮아진다. 해면의 상승과 지면침하를 합하년 4m 47cm가 된다.

그때는 방글라데시의 인구의 35퍼센트, 3천 800만 명이 이주해야만 한다. 사람들은 어디로 가야 하는 것일까. 내륙으로 이동해 가난한 땅에서 식량과 물과 토지를 둘러싸고 싸우게 될 것이다. 지역적 분쟁이 심해지고 인접 국가들과의 긴장도 한층 더 늘어날 것이라고 백서는 말하고 있다.

방글라데시의 재난은 20년에 한 번이라고 말할 수 있을까. 그것을 이웃의 재난이라고 동정의 눈으로 보기만 하면 되는 것일까. 동남 아시아에서는 산림이 벌채되고 무성했던 맹그로브(mangrove)가 사라지고 있는데 그렇게 되도록 이끌어 온 것은 누구인가.

나는 비통하다는 생각과 더불어 여러 가지를 생각할 수밖에 없었다.

때마침 10일 간에 걸쳐서 특별기로 아시아 5개국을 방문하고 있던 가이후 총리가 짧은 시간이라도 방글라데시에 들러 위로의 뜻을 표할 수는 없었을까 하는 생각이 든다.(5. 11)

니시다 기타로(西田幾多郎)와 스즈키 다이세쓰(鈴木大拙)

『선(善)의 연구』가 출판된 것은 1911년, 80년 전이다. 니시다 기타로가 가나자와(金沢) 구제4고(1945년 이전 6 · 3 · 3제 때 제4고등학교—역자주)에서 30대에 한 강의를 중심으로 저술한 것이지만 시모무라 도라타로(下村寅太郎) 선생은 『선의 연구』의 간행은 "우리 나라에 서구 철학 사상이 수용된 이래로 우리 나라 사람이 쓴 최초의 독창적인 철학 체계"가 나타난 것이고 "우리 나라 사상사에서의 획기적인 사건이었다"라고 하셨다.

니시다는 그 서문에서 "이 책을 특히 선의 연구라고 한 이유는 철학적 연구가 그 전반(前半)을 차지하고 있음에도 불구하고 인생의 문제가 중심이고 마지막이라고 생각했기 때문이다"라고 했다.

또한 독일의 철학자 페흐넬이 "맑은 봄날, 꽃내음 향기롭고 새가 노래하고 나비가 춤추는 목장을 바라보면서 색깔도 없고 소리도 없는 자연과학적인 밤과 같은 생각과는 달리 있는 그대로가 참이라는 낮과 같은 생각에 빠져 들어갔다"라고 말하는 것을 인용하고 "아직 고등학교 학생이었을 무렵, 가나자와의 거리를 거닐면서 꿈을 꾸듯이 그런 생각에 몰두했던 것이 지금도 생각난다. 그 무렵의 생각이 이 책의 기본이 된 것이 아닌가 생각한다"라고 덧붙였다.

몇 년 전 『선의 연구』를 다시 읽었을 때 이 서문이 내게는 가장 인상깊었다.

니시다 기타로는 1870년 5월 가나자와 근교에서 출생했다. 그 해 가을, 훗날의 친우 스즈키 사다타로(鈴木貞太郎)가 출생했다. 두 사람의 호는 잘 알려진 것처럼 슨신(寸心)과 다이세쓰(大拙)다. 가나자와에서 태어나고 자라난 내게는 존경하는 고향 스승이지만 변화가 심했던 시대를 살았던 두 사람의 생활은 곡절과 고생의 연속이었다. 이 두 철학자를 아타카(安宅) 산업의 창시자 아타카 야키치(彌吉)와 무역상 노무라 요조(野村洋三)가 도왔다. 아타카는 두 사람과 동향으로 다섯 살 아래였고 노무라는 같은 해 기후(岐阜)에서 출생했다.

얼마 전에 모리 기요시(森清) 씨의 신저 『다이세쓰와 기타로』(大拙と 幾多郎)를 읽었다. 매우 깊은 뜻을 담은 저술이었지만 내게는 각별한 감회가 있었다. 부드럽게 그러나 강하게 끊임없이 들려오는 것이 있었다. 모리 씨는 이 책을 다음과 같이 끝맺고 있다.

사람이 둘이 모여 '仁' 이라고 한다. 서로 생각해 주는 '仁' 이 몇 겹으로 쌓인 이 사람들을 나는 매우 부럽게 생각한다라고. 현대라는 격동의 시대를 살아간다는 점을 생각하면 그러한 '仁' 에서 힘을 얻었으면 하고 절실하게 느낀다고 모리 씨는 썼다. 동감이다.(6. 1)

전쟁과 저널리즘

지난 주말에 교토에서 일본신문학회 총회가 열렸다. 일정에서 마지막 공개 심포지엄의 주제는「전쟁과 저널리즘」이었다.

올해가 태평양전쟁 개전 50주년인 것을 계기로 해서 새롭게 반성한다—이것이 이전부터 준비되어 온 심포지엄의 취지였다. 나도 '문제제기'를 하는 한 사람으로 초대받았지만 마침 걸프전쟁을 경험한 터라 매우 자극적인 심포지엄이 되었다. 그렇지만 세 시간 남짓한 시간으로는 충분치 못해 많은 문제를 토의도 하지 못한 채 남겼다.

전쟁을 어떻게 객관적으로 보도할 것인가. 이것은 그 실제를 두고 생각할 때 결코 쉬운 문제가 아니다. 그러나 동시에 전쟁이라는 이상 상태는 그것이 정상이 아니라는 것 때문에 우리들의 일상 속에 스며들어 있는 잘못을 확대해 보여 준다는 측면도 있다.

영국의 정치학자 이사야 벌린(Isaiah Berlin)이 국가와 연결된 내셔널리즘의 강한 힘에 놀라고 탄식한 것은 12~13년 전 일이지만 오늘날 내셔널리즘의 힘은 더욱 강해지고 있다.

소련의 각 공화국, 동구나 중동 여러 나라에서 보는 것처럼 근대 국민국가 형성과정에서 왜곡되어 온 내셔널리즘은 지금 둑을 무너뜨린 물살처럼 세차게 흐르고 있다. 대국에 의해서 자결권을 박탈당하고 억압을 받아 온 아시아의 내셔널리즘도 그 주장이 한창 강화되고 있다. 또 한편 선진 여러 나라에서도 현상을 유지하려고 내셔널리즘에 더욱 기울어져 가고 있다.

뚜렷한 집단에 속하고 싶은 특별한 심리, 그러한 사적(私的)인 집단—민족은 필요하다면 힘에 의해서 다른 집단을 굴복시킬 수밖에 없고 그런 사적인 집단에 의해서 살아갈 수 있다는 확신을 가질 수 있다고 사람들은 생각해 버리고 만다.

벌린이 말하는 이러한 내셔널리즘에 의한 구속은 그것이 나타나는 양상은 여러 가지이지만 분명히 현대적인 특징 중 하나다.

그러나 저널리즘의 특질은 자유다. 그 존재 이유는 모든 제한을 넘어서 자유의 수호자가 되려고 하는 보편성에 있다. 그것으로 저널리즘은 스스로를 방어한다.

저널리즘은, 오늘의 저널리즘 자체가 지닌 문제를 어떻게 파악하고 있을까. 그러한 토의는 많지 않은데 그래도 괜찮은 것일까.(6. 8)

신사고(新思考) 정상회의?

선진국 정상회의가 올림픽을 닮아간다. "주인 역인 새 총리, 존재감은 약하지만 PR은 대단"이라고 신문에 보도된 것처럼 호스트를 하는 나라의 준비와 취향은 이 기회에 자국을 선전한다고 열기가 대단했다.

7백 년간 계속되고 있는 런던 탑의 '열쇠 의식'이 처음으로 공개되고 TV 방영도 되었다. 취재진도 미국과 일본이 각각 4백 명을 필두로 해서 4천 명. 작년의 휴스턴 정상회의의 3천 명을 훨씬 넘었다.

화려한 연기가 너무나 중시되는 것이지만 국제정치의 무대를 널리 볼 수 있는 것은 좋은 계기라고 생각한다. 특히 이 런던 정상회담의 분위기를 고조시키기 위하여 미소간 START(전략무기삭감교섭)에서 9년 만에 결말을 보고 핵에 의한 대량살육무기가 대폭적으로 삭감된 것은 커다란 성과다.

그러나 올림픽이 국가 스포츠를 기초로 하여 더욱 국위선양의 마당이 된 것처럼 정상회의도 냉전 후의 새로운 대국주의를 노골적으로 드러내는 것이 되었다.

'경제선언'은 '세계적인 파트너십의 구축'을 내걸지만 그 알맹이는 미국을 중심으로 한 선진대국의 우월감과 지배력을 강화하자는 것이고 환경 · 기아 · 인구 · 저개발국의 개발과 같은 글로벌한 과제에 대해서는 언급은 했지만 새로운 내용은 볼 수 없었다.

'정치선언'은 걸프전쟁에서 나타난 '미국을 위한 유엔'의 강화를 분명하게 하였으나 거기서 내셔널리즘에서 인터내셔널리즘으로라는 지구 사회의 이상에 한발자국이라도 다가서려는 자세는 볼 수 없었다.

선진국이 대폭적인 군축을 시행하고 그것에 의해서 유엔의 힘을 상대적으로 강화하며 또한 군축에 의한 경제력, 즉 '평화의 배당'을 가지고 소련 · 동구 · 저개발국에 대한 원조를 위한 재원을 확보하려고 하는 생각은 설혹 '생각'의 차원에서라도 토의되어야만 옳았던 것이 아닐까. 적어도 일본은 그것을 주장했으면 했다.

일본은 '신사고'를 입으로는 말하면서도 실제로는 낡은 질서 속을 표류하면서 돈 내는 것만을 계속하려는 것일까.

일본의 저널리즘은 런던 정상회의에서 일본의 적극성이 눈에 띄었다고 호의적인 평가를 했지만, 나는 그렇게 생각할 수가 없었다.(7. 20)

제암리 희생자와 외무성

일본의 식민지 지배하에서 일어난 3 · 1 독립투쟁에서 헌병대에 살해당한 한국인 유족이 일본 정부에 사죄를 요구하는 내용으로 도쿄지방 재판소에 제소했다.

제소한 사람은 경기도 제암리에 사는 안용웅(安龍雄) 씨 등 7명이지만 일본 시민 운동의 요청을 받고 "사건이 바르게 전달될 것을 바라서 제소하기로 결정했다"라고 했다는 것이다(16일자 『아사히신문』). 여기에 대한 외무성 북동 아시아과의 논평은 "자세한 사실은 알지 못하지만 한일간의 청구권 문제는 1965년의 한일 청구권 · 경제협력 협정으로 완전하게 그리고 최종적으로 해결되었다"라는 것이었다고 한다.

1919년 3월 1일에 시작된 독립투쟁은 조선병합과 무단정치에 대한 조선인들의 저항이었다. 비폭력적인 방법으로 전국에 걸쳐 일어난 이 사건은 한국 민족정신의 상징으로 볼 수 있는 애국투쟁이다.

조선총독부는 단호 · 가혹하게 대응하여 5월 말까지 3개월 동안에 7천 509명의 조선인을 살해했다. 이것은 일본의 관헌 자료에 의한 것이다. 제암리에서는 30여 명이나 되는 동리사람들을 교회에다 모아놓고 불을 지르고 발포하여 29명을 살해했다. 이 사실은 한국의 근현대사에는 거의 반드시 기록되어 있다.

당시의 자료는 적으니까 쉽사리 찾아볼 수 있다. 예를 든다면 미스즈서방(みすず書房)의 『현대사자료 · 조선(3 · 1 운동(一)(二))』를 보면 하세가와(長谷川) 총독이 하라(原) 총리대신에게 보낸 보고에는 "제암리 교회당에 기독교, 천도교 교도 약 25명을 모아놓고 심문훈계를 하려고 했는데 교도들이 반항하여 거의 전부를 사살하고 불을 질렀는데 강풍이 불어 28호를 태운 사실이 있다"라고 기록되어 있으며 조선군 사령관의 보고는 '제암리 사건에 대해서' 사단장 · 여단장 · 참모장 · 연대장이 책임지고 사퇴한다는 청원이 있다고 했다.

외무성이 이 사실을 모를 리가 없다. "자세한 사실은 알지 못하지만"이라는 외무성의 대응에 나는 슬픔을 느꼈다. 관료의 답변이 국익을 지키려고 하면서 그 실익(實益)은 잃는 전형이라고 생각했다.

외무성은 "법률적으로는 한일간의 배상 · 청구권 등의 문제는 이미 해결되었지만 쓰라린 역사적 사실은 언제나 엄숙하게 되돌아보겠다"라고 말했더라면 하고 생각한다.

이웃과의 화해는 금전으로써가 아니라 마음에 의하여 비로소 열리는 것이기 때문이다.(7. 27)

돈(金)본위제 사회

4대 증권의 결손거래선이 공표되고 그에 다음가는 증권의 경우도 밝혀졌다. 각 신문이 보도한 것처럼 '일 보나 이 보의 전진'이다. 그러나 문제는 물론 이제부터다. 정치가의 이름이 보이지 않는 것이 이상하다는 목소리도 있다.

거액 그리고 광범위한 결손거래선 리스트를 보면 '집안'끼리 거품 게임으로 재미를 보는 동안에 '공'(公)이라는 개념이 전혀 없어진 증권시장, 실제로는 카지노의 양상임을 쉽게 알 수 있다. 카지노에는 야쿠자(일본 마피아—역자주)가 따라다닌다. 그 야쿠자와 경찰의 유착도 보이기 시작했다.

경제학자들 사이에서는 일본 증권시장이 지닌 경쟁 불충분이 폐해를 낳았으니까 증권시장 참여 규제를 완화해야만 한다는 지적이 있다. 그럴지도 모른다. 그러나 그 정도로 정말 깨끗해질 것인가.

증권업계에 매스컴의 눈이 집중되고 카메라 플래시 세례 속에서 증권회사 사장들이 매일같이 머리를 숙인 모습을 보게 되지만 문제의 핵심은 거기에 있는 것이 아니라고 생각한다.

잘못의 핵심은 돈만 벌면 된다, 돈만 있으면 풍요롭다라는 가치관에 기업도, 사람도, 정부도 빠져 있다는 데 있다.

즉 돈(金)본위제 사회의 문제이다.

많은 기업은 증권시장을 통해서 저(低)비용의 자금을 조달하려고 하였으며 본업 이외의 이익에 마음을 쏟았다. 정부는 거품경제를 진정시키기 위해서 고금리 정책을 취했지만 이 때문에 기업은 한층 더 증권시장에 기울어졌다. 정부는 이것을 알고 있었을 것이다. 알고 있으면서도 그것이 나아갈 방향을 내다보지 못했든가 아니면 사보타주를 하고 있었든가.

'일본식 돈(金)본위제' 속에서 땅값은 줄곧 높이 뛰었다. 거기에 '스미토모은행 · 이토만(부정으로 파산한 증권사 — 역자주) · 폭력단' 형의 마피아 경제의 온상이 생겨났다.

내가 있는 회사 주변은 지가가 평당 6천만 엔이라고 들었다. 열 평의 가게라면 6억 엔. 이것을 팔아서 운용하면 1년에 3천만 엔의 이자를 얻기는 어렵지 않다. 아무 일도 안 해도 한 달에 250만 엔의 수입이다. 그렇다면 성실하게 일할 의욕이 사람들의 마음에서 사라진다.

그래도 땀을 흘리고 그 노동에 의해서 소득을 얻으려고 한다면 대단한 결의와 노력이 필요하다. 대신(大臣: 장관 — 역자주)이 되려는 사람들의 열의(熱意)는 같은 것은 여기에 도저히 미치지 못할 것이다.(8. 3)

8월에 기류 유유(桐生悠々)를 생각한다

기류 유유가 인후암으로 69년이라는 고난에 찬 생애를 끝맺은 것은 1941년 초가을, 지금으로부터 59년 전이었다. 군부와 관헌에 저항하고 탄압과 가난과 병환 중에서도 끝까지 자유주의의 붓을 꺾지 않은 유유의 생애는 우리에게 많은 교훈과 격려를 남겨 주었다.

1933년 8월 11일 본지 '평론' 난에 유유는 「간토(關東) 반공 대연습을 웃는다」라는 글을 썼다.

"장래에 만약 적기가 제도(帝都: 도쿄) 상공에 나타나 우리를 공격한다면 그야말로 우리는 인심저상(人心沮喪)에 빠져 적에게 화(和)를 구하지 않을 수 없을 것이다" — 원래 미일전쟁에 대반대였던 유유였지만 근대전쟁의 특질을 논하고 나서 본토결전에 이른다면 그것은 이미 패배를 의미하는 것인데 그렇다면 패배를 전제로 한 연습은 아무리 대규모의 것이라고 해도 아무런 소용도 없는 것이라고 지적했던 것이다. 참으로 이치에 맞는 평론이었고 10년이 지난 후 정말 그렇게 되었다.

그렇지만 자유주의에 서서 군부를 비판해 온 유유에 대한 군부·우익의 원한은 쌓이고 쌓였고 그들의 눈에는 유유는 국적(國賊)으로 보였다. 거센 군의 항의와 압력 앞에 유유는 '근신'을 표명했지만 계속 폭풍이 일어나서 그는 한 달여를 버티다가 드디어 본지 주필 자리를 물러났다. 그렇지만 그 동안 『시나노마이니치신문』은 잘 저항했고 잘 싸웠다. 그 당시의 『시나노마이니치신문』의 상무 고사카 다케오(小坂武雄)는 훗날 이렇게 말했다. "10월 어느 날이었던가, 최후의 타협을 하고 마지막 열차로 마쓰모토(松本: 마쓰모토 연대—저자주)에서 돌아올 때 오바스테(姨捨)의 차창에서 바라본 교교한 달빛이 내 전신을 차갑게 하는 듯 느낀 것을 지금도 잊어버릴 수가 없다."(『50인의 신문인』)

유유는 『시나노마이니치신문』을 떠나고 난 후에도 개인지 『他山之石』을 내면서 그의 반군(反軍) 자세를 관철한 것은 잘 알려진 사실이다.

유유는 내 고향 가나자와(金沢) 사람이지만 본지 주필로서 언론과 지조를 귀하게 생각하는 나가노(長野)의 기풍 속에서 종횡으로 펜을 들고 논하면서 불굴의 저널리스트로서의 자질을 키웠다고 생각한다. 유유는 신슈(信州: 나가노 지방—역자주)를 제2의 고향으로 삼고 있었다.

그러나 역시 가나자와 출신으로는 니시다 기타로(西田幾多郎), 스즈키 다이세쓰(鈴木大拙), 이즈미 교카(泉鏡花), 무로오 사이세이(室生犀星), 도쿠다 슈세이(德田秋聲) 등 독자적인 세계를 관철한 철학자 · 작가가 많다. 슈세이는 소년 시절부터 유유의 친구였고 그도 역시 전시 하에 군에 굴복하지 않았다.(8. 10)

민중과 여론

헬무트 슈미트 전 서독 수상은 작년 가을 내게 "소련에 쿠데타가 일어나는 것은 피할 길이 없다"라고 말했다. 슈미트 전 서독 수상은 서독 총리 시절에 브레즈네프 체제와 깊은 사이여서 그 강권 체제의 체질을 충분히 알고 있었을 것이다.

나는 슈미트 전 서독 수상의 예견에 동의하면서도 "그러나 구세력이 쿠데타를 일으킨다고 해도 그 운명은 열흘이나 한달 기껏해야 일년이 되지 않을까 생각한다. 그리고 쿠데타는 결과적으로 소연방의 해체로 연결될 것이다"라고 말했다.

내가 그렇게 말한 것은 소련의 실정을 알고서가 아니다. 페레스트로이카를 높이 평가하기 때문이라고 하겠지만 더 기본적으로는 소련에서뿐만 아니라 어디서도 민주화에 역행할 수 있는 힘은 이미 세계정치에 있을 수 없다고 보았기 때문이다.

쿠데타 직후에는 흐루시초프의 해임과 고르바초프 전 대통령의 해임에 나타난 공통점을 드는 저널리즘도 많았지만 나는 시대가 다르다고 생각했다.

안으로는 민주화를 요구하는 민중의 노력이 있고 밖으로는 국제여론이 있다면 낡은 강권정치는 스스로 지탱하지 못한다. 국제정치에서 힘의 요소를 작게 볼 수는 없지만 힘만이 국제정치를 결정하는 시대는 이미 지나갔다.

이번에는 세계 모든 사람들이 소련을 주시했다. 만약 한국의 군정에 대한 민중의 오랜 민주화 투쟁을 세계의, 적어도 미일(美日)의 여론이 주시했더라면 군정이 무너진 다음에 다시 군정이 등장하는 일은 없었을 텐데 하는 씁쓸한 생각이 든다.

또 한 가지 주목해야 하는 것은 소련의 붕괴 또는 역행이 소련 사회주의의 문제만이 아님을 전세계 사람들이 실감했다는 점이다.

사회주의에 대한 자유주의의 우위라는 견해에 머물러 있는 한, 세계의 안정은 얻을 수 없는 것이 아닐까. 게다가 기회 있을 때마다 '북방 영토'(일본이 제2차 세계대전에 패하여 소련에 할양한 쿠릴 열도 등 4개의 섬—역자주)를 기준으로 해서 사태를 보려고 하는 것은 너무나 우스운 일이다. 세계는 상호의존 체제에 들어갔다고 케네디 대통령이 말한 것이 바로 30년 전의 일이다.

나는 소련 사회가 크게 변했고 세계정치도 분명히 변하기 시작했다는 생각을 재확인하면서, 모스크바 시내로부터 철수하는 전차에서 몸을 내밀고 시민들에게 손을 흔드는 젊은 병사들을 바라보았다. 시민을 공격하지 않아서 정말 잘했다고 기뻐하는 그들의 표정이 내 마음속에 잔잔한 감동을 일으켰다.(8. 24)

앰네스티 세계대회

내일부터 일주간 요코하마(横浜)에서 앰네스티 인터내셔널 세계대회가 열린다. 앰네스티 세계대회가 아시아에서 열리는 것은 처음이고 구미에서 자리잡은 앰네스티 운동이 세계로 터전을 넓힌다는 데는 획기적인 의의가 있다. 때마침 앰네스티 탄생 30년이다.

이 대회에는 세계 70여 개 국에서 4백 명의 대표가 참가하지만 돈에는 인연이 없는 앰네스티로서는 대회를 여는 것도, 참가하는 것도 퍽 어려운 일이다. 그러나 일본지부는 세계대회를 계기로 "탄생 — 지구시민"이라는 제목으로 여러 가지 준비를 하고 있다. 대회가 끝난 다음에는 일본 각지에서 세계 앰네스티 회원들이 민박 등을 하면서 교류를 넓힌다는 것이다.

일본 지부는 1970년에 출발하여 현재 회원 7천 명이 넘게 급성장을 했지만 인구비례로 본다면 1만 8천 명 중 한 사람에 불과하다. 네덜란드에서는 160명에 한 사람이고 노르웨이에서는 2백 명에 한 사람이다. 거기에는 지역시민 그룹도 있고 법률가, 의사, 저널리스트 등 전문가 그룹도 있다. 네덜란드에서는 3년 전에 경찰관 중에서 앰네스티 그룹이 생겨났으며 그 대표는 네덜란드 경찰학교 교장이라고 한다.

그런데 앰네스티 운동은 세계인권선언정신에 근거하고 있지만 1948년에 성립된 세계인권선언의 원어가 'Universal Declaration of Human Rights'이고 'International Declaration'도 아니고 'World Declaration'도 아니라는 것은 의외로 알려져 있지 않다.

세계인권선언은 유엔 경제사회 이사회가 유네스코의 협력을 얻어 만든 것이고 원안은 '인터내셔널'(international), 즉 '국제'인권선언이라고 되어 있었다. 그러나 마지막 단계에 가서 프랑스 대표로서 후에 노벨 평화상을 수상한 르네 카상의 제안에 따라 '유니버설'(universal)이라고 하게 되었다.

'유니버스'(universe)는 사전을 찾아보면 그 원 뜻이 우주, 만유, 천지만물, 삼라만상이라는 것을 알 수 있다.

세계인권선언은 국가와 국가 사이의 관계를 뜻하는 '국제'가 아니며 또한 '세계'도 아닌 천지만물을 고려한 선언인 것이다. 오늘의 지구 사회와 인간성과 관련된 과제를 되돌아보면 정말 앞을 내다보는 선언으로 태어난 것이라고 할 것이다.(8. 31)

입사시험을 끝내고

며칠 전에 우리 회사 입사시험이 끝났다. 언제나 드는 생각이지만 사람을 택한다는 것은 어려운 일이고 "인간이 인간을 평가하고 선출한다"라는 데 두려움을 느낀다.

도리어 선택하는 쪽이 테스트를 받는 것이라고 생각하지만 한편 면접시험에 커다란 기대를 품기도 한다. 대학이나 대학원을 졸업하는 젊은이들과 의견을 교환할 수 있는 기회이기 때문이다.

그러나 요즘에는 그 기대가 조금씩 시들어 가는 것을 느낀다. 면접시험에 임해서 우리들 앞에 앉은 젊은이들은 모두가 우수하고 밝고 매우 호감을 가질 수 있는 젊은이들이다. 그러나 젊은이다운 격렬함이나 당당한 모습은 적어졌다. 이전에는 면접하는 임원과 마르크스주의에 대하여 거센 논쟁을 하다가 싸움으로 끝나고도 입사한 경우도 있는데 지금은 그렇게 논쟁하는 일이 거의 없다.

"지금 분개하고 있는 일이 있습니까" "사회 상황 또는 세계의 변화에 대해서 어떻게 생각합니까"라고 질문을 하면 당황하는 표정이나 신문 표제의 복사판 같은 대답밖에 돌아오지 않는다. 뜻하지 않게도 사람좋은 가이후(海部) 총리 같은 인상을 테이블 저쪽에 있는 학생에게서 받게 된다.

'애독' 하는 작가에 대해서 "그 작가의 어느 책을 읽었습니까"

하고 물으면 한 권이나 두 권 책이름을 댄다. "그 정도밖에?" 하고 되물으면 "그렇습니다"라고 한다. 한두 권의 책으로 '애독하는 작가'라니 옛날 같으면 그렇지 않았을 텐데 하고 탄식한다.

그러나 그렇게 될 수밖에 없을지도 모른다. 젊은이들은 심한 관리 교육에 16, 7년간 얽매어 있었고 현대사를 배울 기회도 주어지지 않았으며 사물에 대해서 깊이 생각하는 것을 경원시하는 사회에서 자랐다. 그들은 이 사회가 요구하는 청년상(像)을 만들기 위해서 각각 노력해 왔다.

입사시험을 치르는 상태 또한 한심하다. 소위 취업협정(먼저 좋은 학생을 뽑지 못하게 하는 협정—역자주)은 거의 지켜지지 않았다. "이와나미(필자가 사장으로 있는 이와나미서점—저자주)는 왜 우직하게도 정직하게 지키고 있는가"라는 질문을 종종 받았다. 내년에는 형식뿐이었던 이 협정조차도 없어진다고 한다.

기업이 앞을 다투어서 내정자(內定者)를 정하고 내정자가 다른 취직 활동을 하는 것을 단호하게 방해한다. 대학생활의 본질을 이렇게 해서 빼앗아 버리는 것이다. 이래도 되는 것일까.(9. 7)

천상(川上)의 탄(嘆)

9월에 평양을 방문했을 때 전부터 잘 알고 있는 존경하는 F 씨와의 이야기가 마음에 깊게 남아 있다.

F 씨는 조선노동당의 간부이고 뛰어난 지식인이기도 하다.

"정치와 정치학에 대한 개념을 근본적으로 재검토해야 할 시대가 아닐까요"라고 F 씨는 자신에게 묻는 것처럼 조용히 말하기 시작했다.

"나는 마르크스를 공부했다. 뛰어난 사상이다. 그렇지만 마르크스주의는 착취와 차별로 고통을 받는 민중을 해방시켜 주는 혁명의 이론으로 머물러 있을 뿐이고 해방된 후에 사회가 어떻게 되어야 하는가에 대해서는 큰 결함을 가지고 있다.

인간은 한정된 인생을 살고 있다. 개체의 삶은 그것만으로 끝난다. 그러나 인류는 서로 연결을 지으면서 지속되어 간다.

개체는 단절되고 유한하지만 연결됨으로써 무한히 산다. 따라서 개체와 집단의 관계는 어떻게 되어야 하는가, 집단과의 관계에서 개체는 어떻게 되어야 하며 전체는 개체를 어디까지나 존중하기 위하여 어떻게 되어야 하는가—이것이 우리들의 과제다. '정치'라는 말은 '통치'를 의미했다. 그러나 이미 통치라는 발상만으로는 현대의 본질적인 과제를 추구할 수 없는 것이 아닐까."

F 씨의 술회는 두말할 것 없이 소련 · 동구 사회주의의 붕괴를 배경으로 한 것이다. 나는 고개를 끄덕이면서 『논어』의 유명한 일장 '천상의 탄' 을 되새기고 있었다.

"子在川上曰 逝者如斯夫 不舍晝夜(공자가 냇가에서 말하기를 '가는 것이 모두 이와 같구나. 밤낮으로 흘러 쉬는 일이 없구나')."

이 말에 대한 해석은 고래로 비관과 낙관이라는 두 가지 입장으로 갈라져 있었다.

그 하나는 지나가는 것은 인간의 생명, 역사 할 것 없이 모든 것이 이처럼 덧없는 것인가 하고 탄식하는 것이고 또 하나는 우주의 활동은 밤낮 멈추지 않고 무한히 지속 · 발전하는 것이라는 희망적인 뜻으로 생각하는 것이다.

요시카와 고지로(吉川幸次郎) 선생은 원래 공자의 말씀에는 그 두 가지 감정이 원활하게 함축되어 있는 것이라고 생각하고 싶다고 했다.

지금과 같은 격동의 시대가 사람에 대해서도, 사회에 대해서도, 국가에 대해서도 깊이 또한 절실하게 물음을 던지고 있다는 것을 새삼스럽게 느꼈다.(10. 26)

북방 영토 문제에 새로운 철학을

미야자와(宮澤) 내각 앞에는 내정 · 외교 어느 면에서나 어려운 문제가 산적해 있다.

그러한 과제에 대하여 미야자와 총리는 종래의 우유부단한 자세를 버리고 생애를 건 결의로 임할 것인가 하는 점에 주목하고 싶다.

그런 상황에서 가장 쉽게 성과를 올릴 수 있는 것은 북방 영토 문제일지 모른다. 이 문제는 소련 체제의 붕괴로 소련이 약화됨에 따라 일본측에 압도적으로 유리하게 전개되기 시작했기 때문이다.

"280억 달러의 경제원조만 준다면 그런 작은 섬은 내줘도 좋다"라는 목소리도 소련측에 있다. 그러나 그렇게 유리하다고 해서 무턱대고 몸을 맡기고 들어간다면 그래도 괜찮을까 하는 의문이 남는다.

일본측은 이전부터 '소 · 일' 하면 '북방 영토' 라고 할 만큼 전적으로 영토 문제에 매달려 그 외의 외교적인 모습을 보여 주지 못했다.

이미 미야자와 씨는 외상으로 취임했을 때 외상으로서는 처음 '북방 영토 시찰' 을 위하여 네무로(根室)에 간 적이 있다. 국권적(國權的)인 여론에 영합하려는 것이었겠지만 그런 '무턱대고 반환' 하라는 자세를 보인다고 영토가 되돌아오는 것이 아닐 텐데 하고 나는 쓴웃음을 지었다.

이제 총리의 자리를 차지한 미야자와 씨가 바로 북방 영토 현주민의 지위와 생활보장에 마음을 쓰고 있다(조각 후 첫 기자회견).

원래 북방 영토에는 아이누족이 살고 있었고 지금의 북방 영토는 1855년(일러화친조약)에 당시의 러시아와 일본이 서로 판도를 나누어 가진 제국주의적 소산이었다.

영토는 신성불가침이라고 하는 것이 현대 국가의 원칙이지만 그렇다면 그 연원인 제국주의도 신성불가침이라는 말인가.

또한 영토, 즉 그 육지와 그것에 연결된 해역은 이미 한 나라의 절대적, 배타적 소유라고 생각할 것이 아니라 지구 사회의 귀중한 공유재산이라고 보아야 할 때가 아닐까.

국제 사회는 커다란 변화를 거듭하면서 새로운 이념을 찾고 있다.(11.9)

33년 만에 일본을 찾은 劉連仁 씨

한 달 전에 劉連仁 씨가 33년 만에 일본을 찾아왔다는 것을 신문과 TV를 통해 알았다. '劉連仁' 이라는 이름을 아는 사람보다 모르는 사람이 압도적으로 많을 것이다.

劉連仁 씨는 1944년 일본이 패전하기 전해 중국 산동성(山東省) 농촌에서 일본군에게 붙잡혀서 많은 농민들과 함께 홋카이도(北海道) 탄광에 끌려왔다. 이른바 강제연행이다. 그때 류씨는 31세, 결혼한 지 몇 달이 안 되어서였다.

강제연행된 중국인 · 조선인은 가혹한 노동과 학대와 영양실조로 한 사람씩 죽어갔다. 이것을 견딜 수 없었던 류 씨는 1945년 7월 친구 몇 사람과 함께 탈주했지만 나중에는 혼자만 남았다. 얼마 안 되어 전쟁은 끝났고 그 사실을 모르고 남의 눈에 띄는 것이 두려웠던 류 씨는 홋카이도 산속 이곳저곳을 피해 다녔다. 긴 겨울에는 동면하는 동물처럼 구멍 속에서 움직이지 않고 지냈다고 한다.

1958년 2월, 산속 눈 쌓인 굴에 숨어 있는 것이 발견되어 그는 보호를 받게 되었고 그해 봄 중국에 돌아갈 수 있었다. 13년간에 걸친 괴로운 도피행이었다.

나는 1958년 바로 그해 봄에 대학을 나와 잡지 『세카이』(世界) 편집에 관계하게 되었는데 劉連仁 사건에 말할 수 없는 충격을 받았다. 그 당시는 기시 노부스케(岸信介) 내각이 어리석게도 중국 적대시 정책을 노골적으로 실시하여 일중 관계가 긴장으로 암전(暗轉)하던 시기였기 때문에 더욱 그랬다.

중국에서는 '劉連仁' 이라는 연극이 그해에 상연되었는데 어디서나 만원이었다. 극 마지막에 연기자가 "劉連仁은 한 사람이 아니다. 수백만이나 있다. 우리는 잊지 않는다. 그리고 일본이 무엇을 하려고 하는가 감시하고 있다"라고 외쳐서 온 관중이 흥분했다고 한다. 이것을 본 한 일본 사람은 "망연자실한 채 머리속에서 우리는 도대체 무엇을 해야 하는가"라고 스스로 묻지 않을 수 없었다는 감상을 남겼다.

그 후 2년이 지나서 『세카이』는 「중국인 강제연행의 기록」을 게재하고 강제연행이 일본 정부의 각료회의에서 결정된 것이었다는 사실을 처음으로 밝혔다. 그 결정에 대한 서명자의 한 사람으로 당시 상공대신 그리고 류씨가 다시 일본에 그 모습을 나타냈을 때의 총리 기시 노부스케 씨의 이름이 있었다.

인간의 범죄는 대개가 잘못에 의한 것이지만 **국가의** **잘못**은 범죄 중에서도 가장 중한 범죄라고 해야 하는 것이 아닐까. 그것을 국가, 즉 그 구성원인 국민이 어떻게 기억해 가는가를 劉連仁 씨의 이름을 신문에서 보고 새삼 생각하지 않을 수 없었다.(11. 16)

미일 개전(開戰) 50주년에 생각한다

칠흑 속에 빛나는 촛불을 바라보던 심성이 우리들에게 아직 남아 있을까.

넘치도록 눈부시게 교차하는 빛 속에 있기 때문에 우리들은 도리어 가장 보아야 할 것을 보기 어렵게 된 것이 아닐까.

미일 개전이라는 역사적 시점을 맞이하여 언론이 이 문제를 다양하게 다루고 많은 시민과 정치가들이 발언을 하고 있다. 이 소용돌이 속에서 새롭게 생각하게 되는 것이 적지 않다. 그러나 동시에 서로 보아야 하는 것을 보고 있는 것일까, 지금 우리가 보고 있는 '과거'는 참다운 과거일까 하는 생각도 강하게 떠오른다.

미국의 매스컴은 'Remember Pearl Harbor'를 새로이 강조하고 일본의 매스컴은 미일 관계의 현재에 관심을 모으고 있다. 그러나 '미일 개전 50주년'은 두말할 것 없이 일본의 중국 침략 개시 60년과 그것에 앞서는 조선 식민지화의 귀결이고 싱가포르를 비롯한 동남 아시아 여러 지역에서 '신국(神國) 일본'이 거듭한 포악한 행위의 시작이기도 하다. 이런 사실이 우리들의 고려에 들어 있다고 할 수 있을까.

미국의 부시 대통령은 "원폭투하는 바른 결단이었다. 사죄하라는 요구를 받아들일 이유가 없다"라고 말하고 일본에서는 이시하라 신타로(石原愼太郎) 의원이 '부전(不戰)에 대한 국회결의'에 대하여 "왜 패배한 자가 승리한 자에게 사과를 해야 하는가"라고 이의를 제기했다고 한다. 어느것도 철학—즉 인간에 대해서 생각하는 행위가 부족한 발언이다.

그 부시 정권은 지금 북한에게 핵사찰을 받아들이게 하려고 애쓰고 있지만 "북한 핵시설에 미사일로 선제공격을 가해야 한다"라는 목소리가 정부 · 의회에서 거세게 일고 있다.

이러한 난폭한 대국의식을 보고 나는 지난날 주한미군 사령관이 미국 기자들에게 한 말을 생각했다. 전두환 장군이 1979년 12월 쿠데타와 1980년 5월의 광주참극으로 한국의 정권을 차지했지만 미군은 이 과정에서 전 씨를 지원했다. 그리고 그 동안의 사정에 대하여 주한미군 사령관은 "한국의 민주주의보다 이 지역의 안전보장이 중요하다. 한국인이란 어떠한 지도자라도 쥐처럼 그 뒤를 따라간다"라고 말했다.

우리들의 정치적 시야는 너무나 좁다. 또는 역사의 교훈을 무엇 하나 받아들이지 않고 있다고 해야 할 것인가.(12. 7)

로자 룩셈부르크의 지적

'소련의 소멸' 은 2년 전부터 알려져 있었다. 민족 · 종교의 대립과 서로 다른 문화를 가진 세계 최대의 국가를 묶어온 것은 '사회주의' 라는 국가이상이었다. 그 사회주의를 "포기한다" 라고 소련의 지도자가 명언했을 때부터 '소련의 소멸' 은 결정된 것이라고 나는 말했다. 그 소련식 사회주의의 붕괴과정을 보면서 나는 1919년에 독일의 반혁명군에 의해서 살해된 로자 룩셈부르크의 말을 거듭 생각했다.

1917년 러시아혁명이 일어났을 때 로자 룩셈부르크는 옥중에 있었지만 러시아 혁명의 성공을 기뻐하면서도 그 앞날을 염려했다. 그의 염려와 비판은 레닌 등의 통치가 '민주주의 일반을 제거하는 것' 이라는 데서 비롯된 것이었다.

그는 이렇게 말했다.

"아무런 구속도 없는 솟아나는 듯한 삶만이 수없이 많은 새로운 형태를 생각해 내고 창조적인 힘을 가지며 모든 잘못을 스스로 고칠 수 있다. 중요한 행위를 서두르는 인간이 부주의로 한 마리 벌레를 짓밟았다고 해도 역시 죄를 범한 것이다."

지난 주 교토(京都)에서 마쓰다 미치오(松田道雄) 선생을 찾았다. 마쓰다 선생은 "객관적으로 사회주의와 자본주의를 비교한다면 정의는 틀림없이 사회주의에 있다. 그 정의를 사회주의가 스스로 잃어버린 것은 어째서일까"라고 하면서 트로츠키는 "우리의 목표는 절대로 정당하다. 따라서 그 수단도 절대로 정당하다. 그러나 우리의 목표가 정당하다고 최종적으로 판정할 수 있는 것은 우리가 아니다. 그렇다면 우리는 역시 수단을 선택해야 한다"라고 했던 것이다.

고르바초프의 용기 있는 도전 '페레스트로이카'는 경제 정책의 실패와 그 혼란으로 패배하고 말았다. '포스트 소연방'의 행방도 파국적인 경제 체제의 장래에 달려 있다. 누구나가 지적하는 것처럼 경제가 최대의 문제다.

그러나 그래도 나는 생각한다. 사람은 '경제'에 의해서 재생될 수 있는가, 희망과 도의의 빛을 보지 않고 사람이 사회의 재건에 헌신할 수 있는가 하고.

때마침 올해가 로자 룩셈부르크가 태어난 지 120년이 되는 해다.(12. 21)

스스로를 돌아보는(内省) 시대(1992년)

스스로를 돌아보는(内省) 시대/ '청구권' 사상/정치 개혁은 실천이다/외국 국적(國籍) 공무원/전인철(田仁徹) 씨를 회상하면서/센스 오브 원더(Sence of Wonder)/새로운 사람들/도로 정비과/오키나와(冲縄)의 정서/적극 평화주의자의 군사비/격세지감(隔世之感)/분열하는 미국 사회/향상되지 않는 정치/올림픽의 폐막/ '전후' 라는 지표(指標)/한중(韓中) 정상화의 의미/보도 사진전을 보고/한 알의 밀알이 되어/새로운 미국?/좁은 문/이치카와 후사에(市川房枝) 탄생 백년/신슈(信州) 찬가/군축(Disarmament)/어느 날의 나카무라 다케시(中村武志) 선생/하뉴 산시치(羽生三七) 선생의 기일(忌日)을 앞두고

스스로를 돌아보는(内省) 시대

문명 쇠퇴의 원인을 규명한 명저 『역사의 연구』를 남긴 아놀드 토인비는 유사 이래의 여러 문명에 "철저한 검토를 가한 결과, 자살이라는 판정을 내릴 수밖에 없었다"라고 기술했다. '자기결정 능력의 상실'이 문명의 쇠퇴를 가져왔다는 것이다.

요즘 같은 격동의 시대 한가운데 서서 우리들이 국내외의 여러 가지 상황에서 볼 수 있는 것은 바로 자기결정 능력이 쇠퇴한 그림자라고 할 수 있지 않을까.

소련의 소멸과정과 그 행방은 분명히 그것을 극적으로 나타내는 예라고 하겠다. 독립을 이룩한 여러 공화국 내부에 독립했기 때문에 벌어지는 대립이나 유고슬라비아의 내전을 보고 사람들은 가슴 아파하면서도 인간의 어리석음을 생각하지 않을 수 없다.

그렇다면 소련의 붕괴로 유일한 초강대국으로 세계에 군림하는 미국 사회는 어떤가. 경제, 교육, 마약, 빈곤, 격차 — 미국의 내부에서 전해져 오는 여러 가지 보고는 상황이 얼마나 심각한가를 구체적으로 보여 준다. 그것들은 소비문명의 위기를 생각하게 하는 것이고 따라서 우리들에게도 결코 남의 일이 아니다.

일본은 어떤가. 작년 우리들은 미일 개전 50주년이라는 시점에 스스로의 모습을 거울에 비춰볼 기회를 가졌지만 그 거울을 보든지 말든지 간에 적어도 세 가지 점에서 일본 사회가 위험에 처해 있다는 것이 드러났다.

첫째는 걸프전쟁을 둘러싸고 일본의 헌법 체제가 크게 동요되고 있다는 것이고, 둘째는 우리 나라의 역사에 대한 청산을 요구하는 아시아의 목소리가 더욱 커져서 '아시아에 친구를 가지지 못한 일본'의 모습이 분명하게 나타났다는 것이다.

그리고 셋째는 거품경제와 그 파탄이다.

연말에 이르러 거품경제의 일그러진 상태가 저널리즘까지 침범해 왔으며 국가재정을 위태롭게 하고 있다는 실상이 우리에게 알려졌다.

문명 쇠퇴의 원인을 자기결정 능력의 쇠퇴에 있다고 한 토인비는 "우리는 우리 속에 있는 허위에 의해서 배반을 당한다"는 시인의 말을 소개한다.

오늘 같은 '격동의 시대'란, 스스로를 돌아보는(內省) 시대라고 나는 생각한다. 자신을 근원에서 되돌아본다 — 그런 노력이 없다면 위기는 더욱 깊어질 것이다.(1.4)

'청구권' 사상

미야자와(宮澤) 총리가 방한에 즈음하여 지난날의 식민지 지배의 잘못을 거듭 사죄했다.

그러나 그것으로 한국측의 감정이 진정된 것은 아니다. 관민(官民)이 함께 보상을 요구하는 소리가 높아지고 있다. 한편 일본측에서는 "한일조약으로 이미 끝난 것이다. 왜 사과를 하는가"라는 히스테릭한 미야자와 총리를 비판하는 소리도 들려온다.

이러한 한일 양국의 반응은 한마디로 말해서 한일조약 체제의 동요이고 주체성을 버리고 냉전 체제의 수익자(受益者)로서 일관해 온 전후 일본이 살아온 삶의 방식이 지닌 모순의 표현이라고 해야 할 것이다.

즉 1965년의 한일조약 체결은 오늘의 모순을 필연적으로 초래할 수밖에 없는 두 가지 현저한 특징을 가지고 있었다.

그 하나는 일본측이 스스로 식민지 지배를 청산하려고 한 것이 아니라는 것이다. 1951년에 시작된 한일회담은 미국 정부의 강한 요청에 의한 것이었고 그 배경에는 미국의 냉전 정책에서 비롯된 요구와 샌프란시스코 대일 강화조약의 체결이 있었다.

두 번째는 일본측에는 식민지 지배를 잘못된 것이라고 하는 인식이 없었다는 것이다.

그 대표적인 사례가 대일 청구권을 둘러싸고 일어난 구보다

간이치로(久保田貫一郎) 수석대표의 발언이었다. 구보다는 조선에 대한 식민지 지배는 꼭 나쁜 것은 아니었다. 교육과 철도와 항만 등 일본이 조선에게 해 준 것도 많다. 따라서 일본측도 한국에 대한 청구권을 가지고 있다고 했다. 이 '구보다 발언'에 한국측은 분개했고 회담은 결렬되었다.

그로부터 10여 년이 지나 결국 5억 달러의 '공여(供與)와 차관'을 한국에 제공함으로써 끝을 보았지만 한국 정부는 이것을 '배상의 요소를 가진 것'으로 본 데 반해 일본 정부는 '단순한 경제원조'라고 했다.

원래 스스로의 잘못을 고치려고 하는 것이라면 서로 청구서를 교환하고 그 차액을 지불하면 된다는 식의 청구권에 대한 발상은 있을 수 없다.

헬무트 슈미트 전 서독 수상은 전후 독일의 외교를 회고하면서 "역사의식과 국가의 의식은 불가분이다", "정치란 도덕적인 목적을 위한 실용적인 행위다"라고 말한다. 일본의 전후 정치에 깃들어 있는 정신적 취약성을 생각하지 않을 수 없다.(1. 25)

정치 개혁은 실천이다

정계개편에 대한 목소리는 예전부터 있었고 이제 그것이 점차로 현실성을 띠게 된다. 머지않아 국회를 해산하고 총선거를 실시한다는 것이다. 그러나 문제는 어떠한 방향으로의 개편인가가 명확하지 않다는 데 있다. 자민당의 파벌개편인가. 정권 일각을 차지하려는 나누어 먹기 경쟁인가 — 국민의 눈에는 분명하지가 않다.

일본의 야당세력은 미, 영, 독, 불의 반대당처럼 곧 집권당으로 변신할 수 있는 세력이 되지 못한다. 따라서 적어도 최초의 정권교체는 자민당이 진퇴양난에 빠지거나 또는 분열하지 않고서는 일어날 수 없다. 이것이야말로 단순 명쾌한 정치산술이다.

그런 의미에서 나는 이전부터 사공민(社公民: 사회당, 공명당, 민사당 — 역자주)에 의한 야당연합 집권론은 전혀 현실성을 가지지 못한다고 말해 왔다. 현실성이 결여된 이런 종류의 정권구상론은 부질없게 그들로 하여금 체제에 기울어지게 하고 집권당을 도와주게 될 뿐이라고 비판해 왔다. 서구 정계에는 "어떤 문제를 검토하기 위하여 위원회를 설치한다는 것은 그 문제를 무시하려는 것이다"라는 고전적인 정의가 있지만 지금까지의 야당 정권구상론은 이 '위원회'와 같은 것이었다.

일본은 지금 대외 정책에서는 방향을 잃었고 국내에서는 금권

정치의 전면적인 부패에 고뇌하고 있다. 자민당 정권은 진퇴양난에 빠졌으며 이 시점에서 필요한 것은 구체적인 개혁이고, '위원회' 같은 간판이나 내건다면 그것은 도리어 문제를 망각하는 것이라고 하겠다.

본지 2월 16일의「이번에야말로 정치 개혁에 활로를」이라는 사설에는 "조금씩 개선되는 방향으로 나아간다는 희망을 가질 수 있도록 실증해 보여 주는 책임을 정치가는 져야 한다"고 되어 있었다. 나도 동감이다.

정치 개혁이란 날마다의 실천이다. 증인 심문, 의회 운영, 의원 정수 시정 등, 곧 개선해서 국민의 이해와 협력을 얻을 수 있는 방법은 산처럼 많다. 이런 문제들에 대해서 누가 미야케자카(三宅坂: 일본 국회가 있는 곳 — 역자주)의 논리를 배제하고 미봉책이나 자기과시를 버리고 개혁의 대도를 걸어 나아갈 수 있게 할 것인가 — 거기에서 야당 주도의 새로운 정권이 나타나는가, 그렇지 않으면 자민당이 활력을 되찾아 미야자와 총리가 주창하는 '품격 있는 일본'을 위한 정치기반을 만들 수 있는가의 길이 갈라질 것이다.

각 당과 정치가가 그 정치 철학과 개혁 의욕을 날마다 실천을 통해 보여 주어야 할 때다. 이처럼 정치가 땅에 떨어지고 근원이 문제된 것은 지금까지 없었기 때문이다.(2. 22)

외국 국적(國籍) 공무원

가나가와(神奈川)현 즈시(逗子)시는 재일 한국인 A 씨(26세)를 4월 1일부터 일반 사무직에 채용할 것을 결정했다. 몇 발자국 전진한 셈이다.

김경득(金敬得) 씨가 처음으로 외국 국적을 그대로 가지고 사법연수생에 채용된 것은 1977년. 그래서 1979년에 한국인 변호사 제1호가 되었다. 이것은 1955년 이래로 최고 재판소가 '일본 국적을 가지지 않은 자'라는 점이 사법연수생 선고(選考)에 결격사유가 된다고 해 온 벽을 시민 운동의 지원을 받아 깬 획기적인 일이었다.

이번에 또 이데스 한슨이 표현한 '회원제 나라, 일본'이라는 벽이 조금 무너지고 새로운 길이 열렸다.

그러나 이것은 간신히 이루어진 것이다.

이번에도 자치성은 역시 즈시시의 결정에 반대하고 있다. 지방자치단체가 특정한 기능노무직 이외의 일반 직원에 외국인을 채용하는 것은 인정하지 않는다는 것이다. 이것은 1953년 이래 이어져 온 정부의 생각이지만 외국인을 "공적인 의사 형성에 참여시킬 수 없다"라는 이유에서다.

그러나 '공적인 의사 형성' 또는 '공'이란 무엇인가. '공'의 원뜻은 '국가'가 아니라 논어에서도 말하듯이 '公=公平'인데 정부가 말하는 '공' 이란 국가에 대한 무한한 충성의무라고 생각된다. 이것은 메이지(明治) 헌법 아래에서 있었던 관료관이다.

즈시 시장 도미노 기이치로(富野暉一郎) 씨에게 이 점에 대해서 물어보았다. '글로벌로 생각하고 로컬로 행동' 한다는 발상의 뛰어난 리더인 도미노 시장은 매우 온건하게 대답했다.

"지방자치법을 그대로 읽고 싶습니다. 시장이 지휘 · 감독을 하는 것이고 직원이 그것을 도울 수는 있어도 결정할 권한은 없어요. 당연히 한도가 있습니다. 어쨌든 다양한 의견을 행정에 반영하고 싶습니다."

정말 그렇다. 지방자치법과 지방공무원법은 외국인을 일반 직원으로 채용하는 것을 금하지 않는다. 법의 취지는 '민주적이고 능률적인 행정의 확보'(지방자치법 제1조)에 있고 좁은 국가주의를 요구하는 것이 아니다.

전후의 헌법과 지방자치는 처음부터 공평 · 민주의 정신으로 점차로 국제화하는 것이 필요하다. 그 법에 따르지 않고 일본 사회를 그르치고 닫아온 것은 누구인가.

나라 밖에서 열린 일본 사회라는 이미지를 얻으려고 한다면 국내에서 실적을 쌓아야 하는데 그럴 수 있느냐 없느냐는 우리들의 손에 달려 있다.(2. 29)

전인철(田仁徹) 씨를 회상하면서

작년 가을 6년 만에 북한을 방문하였다. 머무는 10일 동안, 김일성 주석을 비롯한 요인들과 만나는 데 집중하였다. 북일(北日) 정상화 교섭에 대한 북한측 수석대표인 전인철 외무차관도 만났는데, 그것은 난항이 예상되는 교섭의 북한측 책임자가 어떠한 인물인가 꼭 알고 싶어서였다.

전인철 씨는 내 일정에 맞추어서 충분한 시간을 내 주었다. 조금 둥글고 온화한 촌장(村長) 같은 느낌을 주는 그는 내 질문에 솔직하게 대답해 주었다.

내가 일본 외무 당국의 교섭 자세를 비판해도 고개를 끄덕일 뿐 내 말에 맞추어서 일본을 비난하려고는 하지 않았다.

유연한 발상과 중후하고 온화한 인품에 나는 강한 인상을 받았고 일본측 대표단이 성실하게 교섭에 임한다면 몇 가지 난제도 꼭 타개될 것이라는 확신을 얻었다.

그 전인철 씨가 베이징에서 제6차 교섭을 끝낸 한 달 후 3월 2일 암으로 세상을 떠났다. 68세였다. 지금은 그의 인품을 회상하면서 명복을 빌 뿐이다.

다음 번 교섭 때에 일본측 대표가 전 씨의 노력에 예의를 다한 말을 표명해 주었으면 하고 희망하지만 그 이상으로 성실한 교섭 자세로 전환해 주었으면 하고 충심으로 바란다.

북일 관계란 전쟁 전의 잘못된 식민지 지배와 전쟁 후의 냉전사고에 의한 일본의 북한 적내시라는 두 측면을 가지고 있는 어려운 관계다.

따라서 '정상화'란 첫째, 식민지 지배의 역사를 청산한다는 것이고 둘째는 냉전사고를 고치고 협력 · 화해의 길을 찾는 것이다. 이것은 아주 명백한 일이다.

게다가 역사의 청산은 북한의 이익을 위해서가 아니라 우리들이 스스로 잘못을 고치고 우리들 자신에게 정의를 회복하자는, 즉 일본의 이익을 위해서 하는 것이다.

그러나 외무성이 발표한 『외교청서』(外交青書, 1991년판)에는 "북한측에서 국교 정상화 교섭을 하자는 제안을 받았다. 일본측은 이에 응했다"라고 되어 있다.

여기서는 역사 인식도 주체적인 의식도 찾아볼 수 없다. 나는 이 도착(倒錯)을 크게 우려하지 않을 수 없다. 아시아의 민중 사이에서 '야랑자대(夜郎自大: 제 실력을 모르고 뻐기는 것—역자주)의 일본'이라고 지탄을 받는 것도 무리가 아니다.(3.21)

센스 오브 원더(Sense of Wonder)

미국의 스페이스 셔틀 '애틀랜티스'를 탄 우주비행사 리히튼버그는 1983년에 이은 두 번째의 우주비행에서 "지구의 대기는 이전보다 훨씬 오염되어 흐려 보였다"라고 지상에 알려 왔다(AP, 25일).

1972년에 스톡홀름에서 열린 유엔인간환경회의는 '무엇과도 바꿀 수 없는 지구'라는 인식을 세계 공통의 것으로 도출한 획기적인 회의였지만 20년 후인 금년에 리우데자네이루에서 개최하려고 준비하는 유엔 환경개발회의는 "세계에 대해서 삶이냐 죽음이냐의 양자택일을 결정하는 것이 될 것이다"라고 한다.

레스터 브라운이 주관하는 월드워치 연구소에서 보내 온 최신의 보고에는 "우리가 존속 가능한 사회를 만들려고 한다면 그것은 지금까지 인간이 경험한 어떠한 전쟁보다도 규모가 큰 체제를 동원하지 않으면 안 된다"라고 나와 있었다.

불과 20년간에 위기가 더욱 깊어진 것을 새삼 생각하지 않을 수 없다. 그러나 '이 20년간의 위기'가 아니라 거대한 시간 속에서 만들어진 인간의 본성을 근본적으로 문제삼아야 할 위기라고 해야 할 것이다.

레이첼 카슨 여사가 『침묵의 봄』이라는 책을 낸 것은 30년 전 1962년이었다. 인간이 환경을 파괴하고 있는 사실을 누구보다 먼저 고발한 이 책은 '역사를 변화시킬 수 있었던 많지 않은 책의 하나' 라고 인정받지만 1964년에 세상을 떠난 그가 남긴 최후의 메시지 『센스 오브 원더』(*Sense of Wonder*: 경이감 — 역자주)는 인간이 파멸에서 재생으로 전환할 수 있는 길을 보여 주고 있다.

현대에서는 팔팔하고 아름답고 놀람과 감격에 넘쳐 있는 어린이들의 세계가 어른이 되기 전에 사라지고 만다. 일생 동안 사라지지 않는 센스 오브 원더 — 신비나 불가사의한 것에 놀라는 감성을 온 세계 어린이들이 느낄 수 있도록 해 주기 바란다고 그는 말했다. 일본어 번역으로 불과 60페이지에 지나지 않는 작은 책이지만 커다란 파문을 던져 주는 훌륭한 책이다.

확실히 경외하는 마음을 잃기 쉬운 인간이 지구의 위기를 만들어 냈다.

지구를 구하기 위해서는 거대한 전쟁을 하는 이상으로 거대한 체제와 노력이 필요하겠지만 그와 동시에 깊이 스스로를 돌아보는(內省) 노력이 필요하다는 것도 잊어서는 안 된다.(3. 28)

새로운 사람들

메이지(明治)의 젊은이들은 자기들 스스로 부딪치고 자라난 환경에 매몰되어 있을 수는 없었다. 그들은 봉건시대 찌꺼기에 뒤얽히면서도 거기에서 헤엄쳐 나오기 위해서 다음 시대를 그들 스스로가 창조해 내야 하는 위치에 있었다(하세가와 뇨제칸〈長谷川如是閑〉).

지금, 거대한 전환기에 처한 젊은이들은 어떠한 위치에 있는 것일까.

요즘은 이공계 대학에 진학하는 것을 꺼린다고 한다. 특히 공학부는 인기 급락 상태다. 이전에는 '꽃의 이공계'라고 했는데 요즘 이공계 학생들은 우울한 모양이다. "여학생이 적어서 캠퍼스는 침침하고 실험에 쫓기어 아르바이트도 할 수 없다"라고 푸념을 한다(『마이니치신문』 2월 15일).

사법 관계자는 젊은 재판관에게 '공부만 할 줄 아는 도련님들'이 많아졌다고 탄식한다. 활력이 넘쳐야 할 직장인 신문사에는 우등생만이 모여들지만 2, 3년 안에 견디지 못하고 한 사람 한 사람씩 떠나고 만다. 최근 2년 동안에 일어난 현상이라고 한다. 뛰어난 신문기자였던 사이토 시게오(斎藤茂男) 씨에게서 들은 이야기다.

사이토 씨는 젊은 기자들의 마음을 헤아리면서 매우 동정적이다. 신문 저널리즘은 그들의 기분을 받아들여서 스스로의 체질을 바꾸어야 한다고 말한다. 그러나 불안을 직시하고 생생한 현실과 관계하면서 현실 체험을 통하여 자신을 새롭게 단련시키려고 하는 것이 젊은 기자들에게는 필요한 것이 아닌가라고도 말한다.

또한 '우등생 기자들'을 바라보면서 "지나치게 온순하다는 것은 눈치가 빠르고 계산에 능하며 처신을 잘한다는 일종의 현실주의자일지 모른다. 그것이 저널리즘의 주류를 형성해 간다면 어떻게 될 것인가" 하고 우려할 수밖에 없다고 했다. 나도 같은 염려를 하고 있다.

노동 운동의 현장을 보아도 젊은 세대의 요구는 강하지만 연대의 범위를 넓히고 여론에 호소해서 그 요구하는 바를 획득해 간다는 주체적인 노력의 과정은 피하려는 경향이 있다. 이전 세대와는 분명히 다르다.

젊은이들은 그 새로운 감성 때문에 사회의 현상에 대해서 몹시 불만을 가지고 있으면서도 결국은 그 환경에 의지하고 만다면 지나친 말일까.

기성 세대가 젊은 세대에 의문과 불만을 품는 것은 인간의 벗어날 수 없는 습성인 것 같다. 오늘의 내 '시각'도 그러한 폐단에 떨어지기 쉬운 기성 세대의 생각이라고 할지 모르지만….(4. 4)

도로 정비과

환경보전이 인류 공통의 중요 과제로서 인식되기 시작한 것은 1960년대 후반의 일이다. 불과 4반세기 사이에 나타난 가치관의 전환이다.

그동안 공장 등이 내부에서 처리해야 할 공해 물질을 외부에 유출시켜 온 것을 심하게 문책하는 데까지 변화되어 왔지만 이제는 도시의 경관을 해치는 건조물 — 그 모양이나 색채도 마찬가지로 규제해야만 하는 시기에 와 있다.

금주 초 가나자와(金沢)에 초청을 받아 앞으로의 도시 환경을 모색하는 회의에 참가하게 된 기회에 가나자와 시가를 둘러보고 그런 감회가 깊었다.

가나자와는 그 특유의 전통문화를 감싸안는 듯이 검게 빛나는 기와 지붕과 수목의 짙은 녹색이 펼쳐진 무척 아름답고 안정된 도시지만 그 기와와 녹색의 음영(陰影)을 뚫고 무질서하게 솟은 고층빌딩이 눈에 띄기 시작했다. 높은 데 올라가서 바라다보면 누구나 '가나자와'가 무너져 가고 있다고 걱정하게 될 것이다.

개개의 빌딩은 각각 그 자체의 아름다움을 지니고 있다. 그렇지만 도시 전체로 본다면 분명히 방치해 두기 어려울 정도로 외양이 비효율적이라고 할 수밖에 없다.

가나자와의 야마데 다모쓰(山出保) 시장은 당선된 이래 '가나자와'의 보전을 위해서 단호한 자세로 일하고 있다. 개발과 보전에 대한 명확한 구분, 경관보전 조례(條例)의 제정, 옥외 광고물 규제 등에 힘쓰고 있는 것이다. 시의회에서도 이번 3월에 '경관도시 선언'을 의결했다.

시청 안에는 '도로 정비과'라는 낯선 새로운 부서도 생겼다. "사람이 걸어 다니는 거리로 만들겠다"라는 것이 시장의 철학이다. 가나자와에는 많은 언덕길과 용수로(用水路)가 있지만 그것들을 정비하고 보도에 대해서도 여러 가지 구상을 하고 여기 저기에 지역 공원을 만든다면 그 모두가 기복(起伏)이 풍부한 가나자와의 도시 골격을 지탱해 줄 것이라고 생각한다.

도시경관의 보존 또는 미화에 애쓰는 것은 물론 가나자와만이 아니다. 경관과 도시 조성을 위하여 독자적인 조례를 가진 자치단체는 거의 백 개에 가깝다. 그러한 도시들이 처한 공통적인 문제는 땅값이 비싸다는 것과 범람하는 개발을 억제하는 권한이 자치단체 특히 시 차원의 자치단체 행정에는 주어져 있지 않다는 것이다.

종래의 중앙집권적 획일주의 행정으로써는 각지에 있는 아름다운 도시경관이 무너져 갈 수밖에 없다. 정부는 발상을 전환하고 자치단체를 지원해야 할 때가 아닐까.(4. 25)

오키나와(沖縄)의 정서

오키나와는 어제 본토 복귀(오키나와 행정권이 미국 군정에서 일본에 반환된 것—역자주) 20년을 맞이했다. 그것을 축하해야 할 것인가, '오키나와의 황금 시대'가 시작될 것인가로 의견이 분분하다. 오키나와는 비극의 섬이라고 이야기한다. '비극'은 오키나와의 근현대사에 기인한 것이고 그 원인은 전적으로 '일본' 또는 '본토'에 있다.

메이지(明治) 정부는 1872년에 류큐(琉球)번을 설치했다가 1879년에는 폐번치현(廢藩置縣) 정책에 따라 오키나와현이라고 했다. 이 기간 동안의 '류큐 처분'(琉球處分: 1872년에서 1879년에 이르는 동안 메이지 정부가 행한 오키나와에 대한 일련의 행정조치—역자주)은 남해에서 독자성을 유지하고 있던 횡적(橫的) 사회를 천황제 국가의 강력한 종적(縱的) 사회로 편입한 것을 의미했다. 류큐 처분 이후의 역사를 오키나와 입장에서 본다면 종속과 차별·경멸로 고통을 겪은 근현대사였다. 게다가 오키나와전(戰)에서는 15만 명이 넘는 주민이 목숨을 잃었다.

이 치열한 오키나와전이 끝난 후에는 미군 기지로서의 오키나와가 있었다. 일본을 점령한 맥아더 총사령부는 오키나와의 포기를 일본에게 요구하고 이에 대하여 천황은 '미군의 군사점령을 희망'하고 '일본의 주권을 인정받는 조건으로 장기간의 대여

(lease)' 를 제안했다. 이것이 궁내청 연락관 데라자키 히데나리(寺崎秀成)가 미 국무성에 전달한 이른바 '천황의 메시지' 이다.

이 사실(史實)을 미국의 자료에서 밝힌 것은 국제정치학자 신도 에이이치(進藤榮一) 교수였다(『세카이』 1979년 4월호). 이로 인해 오키나와 사람들은 강한 충격을 받았다. 그러나 본토 사회에는 별다른 충격이 없었다. 오키나와현 지사 오타 마사히데(大田昌秀) 씨는 류큐대학, 하와이대학 등에서 교수와 연구에 종사한 학자이고 오키나와 근현대사에 관한 많은 저술도 했지만 『검증 쇼와(昭和) 오키나와』라는 책에서는 다음과 같은 말로 끝내고 있다.

"일본의 매스컴은 눈을 뜨고도 보지 못해서 이미 '쇼와는 끝나고 헤이세이(平成)의 신시대' 라고 경제대국을 구가하는 소리를 높이 외치고 있지만 우리 오키나와는 전쟁의 악몽에서 해방되지 못하고 여전히 '어두운 쇼와에 끌려 다니는 형편' 이라고 했다…."

'오키나와의 마음' 이라는 말이 있다. 오키나와 사람들이 그칠 줄 모르고 해 온 말이다. 그 말과 그 배경이 된 시대를 본토의 국민이 어디까지 알고 있다고 할 수 있을까. 광대한 미군 기지의 반환을 요구하는 목소리가 왜 본토에서는 일어나지 않는 것인가.

일본의 내셔널리즘이란 북방만을 향한 것(러시아에 북방 4도의 반환을 요구하는 것 — 역자주)일까.(5. 16)

적극 평화주의자의 군사비

정부예산은 세모에 원안을 작성해서 국회에 넘기는 것이지만 그 대체적인 윤곽은 여름 동안에 각 성청(省廳: 한국으로 말하면 부와 청 — 역자주) 사이에서 만들어진다.

이번 여름에 작업이 시작될 때 93년도 예산의 개략이 장상(大藏大臣: 재무장관 — 역자주)과 관계 각료 사이의 절충으로 정해졌다는 보도가 있었다.

'방위비(국방비)는 3.6퍼센트 증가로 낙착, 설정 이래로 최저의 증액'(『아사히신문』 6월 23일)

이것을 보고 나는 분개하지 않을 수 없었다.

PKO(Peace-Keeping Operation: 일본 자위대의 해외파견 — 역자주) 법을 추진한 세력은 '냉전 후의 새로운 국제질서'를 강조하고 그것을 위한 PKO적인 '국제공헌'이 필요하다고 말하고 이것으로써 "군사대국이 되는 것은 아니다"라고 되풀이하면서 아시아 여러 나라를 설득하려고 다녔다.

실제로 그렇다면 정부는 PKO에 참가하는 한편 적극적으로 군축을 주장하고 그것에 착수해야 하는 것이 아닐까.

냉전 후의 새로운 국제질서에 공헌하려는 의사 표시 또는 그러한 지도력이란 일본이 종래의 냉전 사고에서 전환하는 모습을 실제로 보여 주고 군축에 발을 내딛는 것이 아니겠는가. 특히 아시아 여러 나라에 그러한 명확한 자세를 보여 주어야 하는 것이 아닐까. 아세안 여러 나라가 일본의 군사화를 억제하기 위해 미군이 남아 있기를 강하게 희망하는 현상을 일본인은 어떻게 보는가.

상한선을 설정한 이래로 최저의 증액을 한 것은 "최근의 국제 정세를 고려해서 억제할 수밖에 없었기 때문"이라고 하타(羽田) 장상은 말하지만 본지 사설(6월 24일)도 지적한 것처럼 미 · 러 · 영 등 다른 나라도 군축으로 가고 있고 세계의 군사비는 3년 연속 감소했다. 그런데 일본만이 '억제'에 머물고 실제로는 군사비 증가의 길을 걷는 셈이다. '억제'와 '군축'은 사상적으로 다르다.

원래 유럽 여러 나라의 군사비는 해에 따라서 증가 · 삭감하면서 유연한 길을 걸어왔다. 그것은 그 판단이 옳았는가 아닌가를 떠나서 자기 나라의 안전보장 정책을 자주적으로 정하는 것을 의미한다.

이에 대하여 일본의 경우는 증가일로로 일관된 길을 걸어왔다. 그 경직성은 안전보장 정책이 비주체적으로 대미추종(對美追從)에 시종했다는 것을 여실하게 보여 준다. 즉 매우 냉전적이었다.

근래 헌법의 테두리를 대담하게 넓혀서 적극 평화주의로 나아가야 한다는 목소리가 높다. 그러나 나는 묻고 싶다. 그 적극 평화주의자들이 과거 47년간 평화를 위해서 어떠한 적극적 정책을 주장하고 그것을 실천해 왔는가 하고.(6. 27)

격세지감(隔世之感)

내년 봄부터 사용할 교과서 검정작업이 끝났다고 문부성이 발표했다. 신학습 지도요령 · 신검정제도가 되고 나서 두 번째의 검정이지만 두 가지 특징이 있다는 것이 각 신문의 공통된 견해였다.

하나는 '조선 지배' 를 비롯한 '아시아 침략' 에 대한 기술이 늘어나는 등 아시아 각국에 대한 배려를 보여 준 것이다.

다른 하나는 '공민' 담당 교과서 담당관이 "한 가지 자위대에 대해서 중점을 두었다"라고 말한 것처럼(본지 7월 1일) '국가의 자위권', 즉 '자위대의 타당성' 을 강조하는 것으로 되어 있다. 여기에는 PKO 협력법 추진의 그늘이 짙게 드리우고 있다.

교과서가 이처럼 정부에 의해 심하게 규제되고 그때 그때 정부의 생각을 충실하게 반영하는 것이 교육을 위해서 바람직한 것인가 하는 지금까지의 의문이 그대로 남는다. "교서(教書)는 아름다우나 교자(教者)는 빈약하다"라는 후쿠자와 유기치(福澤諭吉)의 탄식을 생각한다.

그래도 일본의 아시아 침략이라는 분명한 사실이 결여되었던 것이 겨우 개선된 것은 환영할 일이다. 아시아 여러 나라와 상호이해의 발판이 강화되었다고 할 수 있다.

그러나 동시에 이처럼 간단한 것이 왜 오늘날까지 되지 못했던가 — 나는 개선을 기뻐하면서도 커다란 의문이 떠오르는 것을 억제할 수 없다.

아시아 사람들은 이것을 요구하면서 일본의 반성을 촉구했고 일본의 뜻있는 사람들도 이러한 개선을 주장하면서 운동을 전개해 왔다. 그것은 여러 해를 거듭해 온 운동이다. 이것에 응답하려고 하지 않은 정부의 여러 해에 걸친 사보타주, 이것을 묵인해 온 일본의 국민정신, 이런 것을 어떻게 볼 것인가. 이번 개선을 계기로 새삼 반성해야 할 일이 아니겠는가.

금년 1월에 미야자와 총리는 한국을 방문하여 때마침 일본군 군대위안부 문제도 있어서 과거의 역사에 대하여 새삼 사죄를 하였다. 이 방한으로부터 1개월 후 중의원 예산위원회에서 질문을 받고 대답하면서 주위 여러 나라에 대한 배려에서 교과서 검정 기준을 바꿨다고 말하고 지난날을 생각하면 "격세지감이 있다"라고 했다(『아사히신문』 6월 29일). 나는 이 '격세지감'을 야릇한 느낌으로 받아들이지 않을 수 없었다.

게다가 미야자와 총리의 사죄는 잘못이라고 말하는 한 그룹의 평론가들이 우리 나라에 건재해 있다. "무엇 때문에 사과하는가", "사과해서 어쩌자는 것인가"라고 여지없이 총리를 매도하는 평론가들의 발언을 TV를 통하여 듣고 쓴 입맛을 다신다.(7. 4)

분열하는 미국 사회

미국 사회의 고뇌를 말하는 책 두 권을 읽었다. 아서 슐레진저 2세의 『미국의 분열』과 케빈 필립스의 『부와 빈곤의 정치학』이다.

미국은 큰 솥 또는 도가니라고 불려 온 것처럼 놀랄 만한 다민족 혼성 사회이지만 그것이 워싱턴이 말한 '한 나라 사람' 으로 융합하여 특이한 그러나 하나의 이상적인 국가 사회를 이루었다고 생각되어 왔다.

그 놀라운 연금술의 열쇠는 "미국인의 민주주의와 자치에 대한 명확한 태도"(토크빌)에 있다고 이야기되었다.

그러나 자유와 정의와 기회를 신조로 삼아 온 이 미국의 국가 이상은 스스로의 정치적 선택에 의해서 동요되고 무너져 왔다. 베트남전쟁 이래 우리가 보아온 대로다.

게다가 1980년대에 이르러 미국 사회에서는 빈부의 격차가 더욱 확대되어 '아메리칸 드림' 을 보기 흉한 조그만 풍선으로 만들고 말았다. 한때 공화당의 두뇌였던 필립스의 저서가 공화당 정권 하에서의 미국의 실패를 구체적으로 제시하고 있다.

이런 것을 배경으로 하여 흑인 · 유색인종 간에 각기 그 뿌리에 따라 그들 나름의 교육을 요구하는 민족적 분리주의가 퍼져 가고 있다. 역사가 슐레진저는 이것은 미국 사회의 자기동일성을 위협하는 경향이라고 경고했다. 얼마 전에 일어난 로스앤젤레스

폭동은 미국 사회를 묶어왔던 '공'(公)이 찢어져 나가는 소리였다고 생각된다.

레이건 시대에 유행한 신다위니즘에 발을 딛고 성장한 금전본위 문화, 즉 돈과 부, 힘만을 기준으로 해 온 사회가 전락해 가는 모습을 이 책 두 권은 여실히 보여 준다.

그런데 이 금전본위 문화의 잘못은 미국에 국한된 것이 아니라고 필립스는 말한다. 동의하지 않을 수 없다.

뮌헨 정상회담은 장문의 정치 · 경제 선언을 발표했지만 각국의 국내 사정 때문에 전에 없이 성과가 작은 정상회담이었다는 평을 받고 있다. 이처럼 보도한 각 신문을 읽으면서 나는 앞에 말한 책 두 권을 다시 생각했다.

선진국 정상인 그들이 회의 테이블을 떠나서는 서로 속마음을 털어놓고 여러 나라가 각기 당면하고 있는 위기를 들여다보려고 하지 않았을까. 겉모양만의 정치나 눈가림의 수정만 가지고는 세계질서의 혼미가 깊어질 뿐일 텐데.(7. 11)

향상되지 않는 정치

날마다 TV에서 접하는 유고슬라비아 내전의 참상은 보기에 견디기 어려울 정도다.

내전 속에서 잃어가는 수많은 생명의 의미. 전란을 피해서 헤매는 사람들의 표정. 파괴되는 도시—무엇 때문에 싸우는 전쟁인가 하고 대상 없는 분격에 사로잡히지 않을 수 없다. 유럽에서는 '더러운 전쟁'이라고 불린다.

"유럽에서의 공산주의 체제의 붕괴로 소련을 제외하면 유고슬라비아만큼 중대하고 심각한 동요에 직면하고 있는 나라는 없다. 도대체 누가 체제 전체의 위기에 의해서 생긴 중대한 희생자가 바로 이 나라가 되리라고 생각했을까. 이 나라 지도자들이야말로 최초로 공산주의 체제의 결함을 인정하고 그것을 교정하고 개혁하려고 했었다."

이것은 동유럽 분석의 제1인자로 알려진 저널리스트 F. 페이트의 탄식 섞인 목소리다(『세카이』 2월호).

7세기에서 10세기에 걸쳐 애매한 국경을 긋고서 여러 국가가 창설된 이래로 이 지역은 종교와 문화를 둘러싸고 또한 오스만 터키와 차르의 범슬라브주의라는 대국 지배로 적의와 빈부와 우월감이 뒤얽힌 복잡하고도 심각한 대립 속에서 살아왔다.

우리는 내셔널리즘의 힘과 과오에 새삼스럽게 놀라지 않을 수 없다. 존 애덤스의 통렬한 지적을 생각하지 않을 수 없다.

애덤스는 "다른 모든 과학은 진보하는데 정치만은 옛날 그대로다. 3천~4천 년 전 상태에서 거의 벗어나지 못하고 있다"라고 탄식했다.

애덤스의 이러한 탄식에다 200년 후 고르바초프가 다음과 같은 우려를 더했다.

"러시아에도 잠재적인 민족 · 사회 분쟁이 일어날 수 있는 곳이 180곳이나 된다. 게다가 그 지역은 전투용 로켓, 핵탄두, 화학무기 저장고, 수십 곳이나 되는 원자력 발전소, 수많은 화학공장, 석유 · 가스 파이프라인 등으로 가득 차 있다"(『요미우리신문』 7월 20일).

향상을 모르는 뒤떨어진 정치의 손에 놀랍게 진보한 초근대적인 무기와 기술이 맡겨져 있다.

인간이 만들어 낸 것의 위력과 관용과 자제를 마다하는 어리석고 약한 인간의 마음, 이 비극적인 차이를 나날이 눈앞에서 보아야 하는가 하는 느낌이 든다.(7. 25)

올림픽의 폐막

한여름의 올림픽(바르셀로나)이 많은 드라마를 남기고 막을 내렸다. 나는 근래 올림픽에 의문을 품으면서도 역시 스포츠가 가지는 근원적인 아름다움에 매혹당했다.

200미터 평영(平泳)에서 우승한 이와사키 교코(岩崎恭子)의 웃는 얼굴이 아름다웠다. 소녀가 가진 아름다움이 온통 나타나 있었다.

의지와 훈련으로 은메달을 딴 아리모리 유코(有森裕子) 씨의 마라톤. 그가 달리는 모습과 표정에는 단련된 자만이 보여 줄 수 있는 아름다운 긴장이 있다.

데드 히트(dead heat: 동시 도착의 경주—역자주)를 전개하다가 애석하게도 에고로와에게 금메달이 넘어갔지만 골인한 아리모리는 곧 에고로와에게 다가가서 머리를 숙였다. 웃는 얼굴이 아름다웠다. 두 사람은 서로 껴안고 서로 칭찬하고 감사했다.

그러나 이러한 많은 감동에도 불구하고 올림픽 그 자체의 병폐는 점점 심해진다는 생각을 떨쳐 버리기 어려웠다. 이 난에서도 미즈노 하지메(水野肇) 씨가 올림픽이 아마추어의 것이 아니고 '돈에 뒤얽힌' 행사가 되었다고 탄식하였다(7월 29일).

게다가 강렬한 내셔널리즘 또는 국위선양의 색채가 더욱 짙어지고 선수들이 그 그늘에 겁을 먹고서 실력을 발휘하지 못하고 낙담하는 경우가 많았다.

돈과 국위, 그 위에 서 있는 올림픽위원회의 귀족적 권위주의가 스포츠 본래의 감동을 흐리게 하고 있다. 나는 24년 전 멕시코 올림픽 때 일을 생각한다.

육상 남자 200미터에서 1위와 3위가 된 미국 흑인 선수 토미 스미스와 존 칼로스는 시상대 위의 성조기를 향해서 검은 장갑을 낀 주먹을 쳐들었다. "보통 때는 흑인을 차별하다가 올림픽 때만은 미국을 위해서 애지중지한다. 우리는 성조기가 키우는 가축이다"라고 스미스는 말했다.

돈에는 약한 올림픽위원회는 이때 독재자의 얼굴을 보였다. 곧 두 사람은 선수자격을 영구 박탈당하고 선수촌에서 추방당했다.

그들의 행동은 이상한 것이기는 했지만 그렇다고 해서 인종 · 민족 · 지역을 넘어서 평화와 연대를 구하는 올림픽 정신에 위배되는 것이라고 할 수 있었을까.

이제는 쿠베르탱(1894년에 근대 국제 올림픽위원회 조직—역자 주)의 정신에 대해서도 듣지 못한다. 이러한 현실을 올림픽위원회는 어떻게 생각하는 것인가. 근본으로 되돌아가서 다시 생각해야 하는 것이 아닐까. 냉정한 반성(猛省)과 개혁을 올림픽위원회에 요청하고 싶다. (8. 8)

'전후' 라는 지표(指標)

"이미 전후가 아니다" 라고 처음으로 단언한 것은 1956년의 『경제백서』였다. 이 말은 당시 유행어가 되었다.

『경제백서』는 패전 이래 10년 동안 땀과 눈물을 흘려온 국민에게 격려의 빛을 던져 주었는지 모른다. 또한 실제로도, 백서가 말하는 대로 일본 경제는 기술혁신과 성장의 입구에 서 있었다.

그러나 "이미 전후가 아니다" 라는 선언이 경제 분야에서 나온 것이 지금 생각해 보면 정말 상징적이다. 이 '경제선언' 에 따라가는 것처럼 평론가들도 "전후는 끝났다" 라고 했고 일반 사람들도 또한 그렇게 생각했다. 그래서 아직 상처가 아물지 않은 사람들은 뒤로 밀려났다.

일본 사회에서 '전후' 라는 지표는 경제에 있었고 자체의 역사에 대한 청산이나 이웃 여러 나라와의 화해에 있는 것이 아니었다.

그러나 패전에서 반세기 가까운 세월이 흘러 세계에서 첫째, 둘째가는 '경제대국' 이 된 일본에게 아시아의 민중으로부터 일본의 전후보상을 요구하는 목소리가 거센 파도처럼 몰려오고 있다.

보상을 요구하는 이유는 매우 구체적이고 광범위하다. 예를 든다면 한 달 전에 간행된 『핸드북 전후보상』(梨の木社)을 보면 우리의 역사가 남긴 과오의 발자취가 어느 정도인가를 간편하게 알

수 있다. 이처럼 간편하게 알 수 있을 정도의 것을 일본인이 얼마나 자각하고 있었다고 할 수 있을까.

'전후보상' 이라는 말— 이것은 두말할 것 없이 지난날과 오늘을 이중으로 문제삼는 것이다. 즉 전쟁 전의 일본의 행동에 대해서 구체적인 청산을 요구함과 동시에 전쟁 후에도 그 청산을 소홀히 해 온 일본의 국민정신에 대해서 비판한다. 그리고 이 이중의 물음은 우리의 장래와 깊이 관련된다.

국민의 다수는 진지하게 땀을 흘려서 오늘에 이르렀다. 많은 사람들이 과거를 잊어버린 것도 아니고 다른 나라 사람들의 고통을 모르는 것도 아니었다. 그러나 밖에서는 일본인은 경제만을 알고 자기 자신만을 생각하며 눈앞의 것만을 전적으로 생각하는 국민이라고 본다.

나라 밖에 이러한 국민상을 그리게 만들어 놓고 그것에 계속 덧칠을 해 온 일본의 공(公)의 책임은 아무리 보아도 무거운 것이다. 내가 전후정치를 비판적으로 보지 않을 수 없는 이유는 근본적으로 여기에 있다.

8월 15일, 가장 엄숙한 날이다. 그리고 이날은 우리의 공을 몹시 추궁해야 하는 날이다.(8. 15)

한중(韓中) 정상화의 의미

8월 24일 한중 양국 정부는 공동성명에 조인하고 두 나라 사이에 국교가 수립되었다. 신중하면서도 분명한 중국 외교의 솜씨를 보는 듯한 느낌이었다.

이것을 본 일본의 저널리즘이 보여 준 첫 번째 반응은 '북한에 대타격' "북한, 정치적인 기둥을 잃다" 같은 식이고 두 번째 반응은 '다음은 북일(朝日)' '북일 진전을 기대' 라는 것이었다. 일본 정부의 반응도 마찬가지였다.

그러나 나는 견해가 조금 다르다.

북한의 대응이 주목되는 것은 확실하지만 이 사태는 상당히 전부터 북한 · 중국 간에 이야기되어 온 것이고 작년 봄 북한이 중국의 의향을 묻고 나서 남북한의 유엔 동시가입을 결단했을 때 대체적인 것은 양해된 것이라고 생각한다.

한중 정상화의 시기에 대해서도 베이징 외교통은 금년 말이라고 관측했다고(『마이니치신문』 8월 22일 석간) 하지만 7월 말 단계에 중국의 간부는 어떤 일본인에게 '매우 빠를 것' 이라고 시사했다는 것을 나는 전해 들었다. 그 간부는 한중 정상화는 일부에서 떠들고 있는 것 같은 교차승인에서 비롯된 것이 아니라는 것도 강조했다고 한다.

중국은 한국의 노태우 대통령을 상당히 평가하고 있으며 그의 임기중에 행해진 정상화는 노 정권에 커다란 플러스가 되었다. 이 사실이 북한의 얼굴에 그늘이 지게 했다고는 할 수 있을 것이다.

그러나 나는 그런 식의 한쪽의 플러스는 다른 쪽에 마이너스라는 제로 섬(zero-sum)적 냉전사고로 보아서는 안 된다고 생각한다. 나는 도리어 북한과 긴밀한 관계를 가진 중국이 한국과 국교를 맺음으로써 남북한은 중국을 통하여 새로이 유력한 루트를 가지게 된 것을 중요시한다.

중국은 또한 그것으로 해서 대일 · 대미 외교카드를 강화시킨 것도 된다.

본래는 일본이 북한과의 관계를 개선함으로써 남북한간의 대화를 촉진하는 데 공헌하고 한반도 문제에 대한 대응에 고민하던 중국, 미국, 구소련에 대한 외교카드를 손에 쥘 수도 있었을 것이 아닌가. 기무라 도시오(木村俊夫) 전 외상은 이러한 내 생각에 크게 찬성하면서 남북한과 일본의 관계개선에 노력하셨다.

기무라 선생은 8년 전에 세상을 떠났다. 애석하기 짝이 없다. 나는 한중 관계를 기뻐하면서도 기무라 선생을 생각하고 또한 상황을 뒤쫓아가는 데만 급급한 일본 외교를 되돌아보고 쓸쓸함을 되씹지 않을 수 없다.(9. 5)

보도 사진전을 보고

9월 초 '세계보도 사진전'을 보았다. "꼭 보세요"라고 권고를 받고 끝나기 직전에 달려가서 본 것이지만 깊은 인상을 받았다.

이 사진전은 1955년에 네덜란드의 보도 사진가들이 세계 보도 사진상 콘테스트와 전람회를 한 데서 시작되었다. 그것이 세계의 관심을 불러일으켜 네덜란드 정부와 민간의 지원을 받아 커다란 문화재단으로 성장했다.

1950년대는 미소 냉전 체제가 절정을 이룬 때였고 지금은 냉전 붕괴의 시대다. 그 사이에 일관되어 온 것은 국가와 권력을 둘러싼 갈등이고 정치 속에서 부침하는 인간의 모습이다. 그것을 현대의 지옥도라고 보는 사람도 있을 것이다.

연대에 따라서 걸린 사진—거기에는 왕실의 경사나 회담에 임하는 정치가들의 표정도 있지만 그것은 점재(点在)하는 인물 사진에 불과하다. 영상에 기록된 역사적 현실은 억압과 저항, 쿠데타와 테러, 린치, 봉기, 인종차별, 폭력, 빈곤, 기아, 에이즈, 그리고 걸프전쟁의 비참한 정경이고 유고 내전의 어리석음이다.

재회한 포로병사와 가족. 검게 타 버린 병사의 시체. 체포된 학생의 석방을 호소하면서 무장경관의 방패에 매달리는 어머니. 군사 훈련을 받는 소년소녀. 죽은 어린이들의 여러 모습들. 절망에서 환희로, 희망에서 비판으로—그 표정이 바로 우리의 동시대사다. 어느덧 엄숙해지지 않을 수 없다.

역사가 바바라 터크먼 여사의 저서 『어리석은 행위의 세계사』를 생각했다.

그는 "악정(惡政)에는 네 가지 종류가 있다. 폭정 또는 압정, 과도한 야심, 무능 또는 타락, 어리석은 행위와 고루함이다"라고 지적했다. 네 가지 악정 중에서 처음 세 가지는 누구도 알기 쉽다. 따라서 그는 '어리석은 행위'란 무엇인가를 사실(史實)의 분석으로 보여 주었지만 결론으로 다음과 같이 말했다.

"정치적으로 어리석은 행위에 영향을 주는 힘으로서 가장 중요한 것은 권력에 대한 욕망인데 타키투스는 이것을 '모든 정열 중의 최악의 것'이라고 이름지었다. 그들은 사욕(私慾)으로 기울어져 머지않아 권력을 잃어버리고 마는 것이지만."

그는 정열과 당파심이 우리 눈을 보이지 않게 한다는 것 그리고 어리석은 행위의 시대가 너무나 오래 계속되는 것을 개탄한다.

사진전을 들여다보는 만원을 이룬 사람들을 쳐다보면서 나는 이 보도 사진전을 본 정치가가 있을까 하고 생각했다.(9. 26)

한 알의 밀알이 되어

독일 파시즘을 낳았고 또한 그것을 극복하려고 몸부림친 현대 독일의 정신 구조에 대한 연구에서 미야타 미쓰오(宮田光雄) 선생의 업적은 일본 아카데미즘에서 자랑할 만한 것이다.

그러나 내가 미야타 선생에 대해서 일찍부터 경의를 품고 있는 것은 젊은 학생들과 함께 쌓아 온 '공동학습'(미야타 선생)의 마당 때문이다.

30여 년 전 도호쿠(東北)대학교에 부임한 미야타 교수는 곧 자기 집을 학생들에게 개방하고 미치코(通子) 부인과 함께 성서를 읽는 모임을 시작했다. 일요일 오후에 하는 미야타 성서연구회는 점점 커져서 지금은 몇 지역에 OB회까지 있다. 그것과 함께 미야타 교수는 학생들의 독서지도를 하게 되었다. 학생마다 독서 경력을 기록해 놓고 그 표에 따라서 그 학생이 다음에 읽으면 좋을 책을 몇 권 제시하고 조언을 해 주면서 이야기를 나눈다. 이렇게 해서 책으로 말미암아 젊은 세대의 관심이 '현대'로 향하게 된다.

미야타 교수는 자기 집과 나란히 그다지 크지 않지만 50~60명이 들어갈 수 있는 학생들을 위한 집회장소와 기숙사를 세우고 매년 여섯 사람씩 받아들이기로 했다. 미야타 부부가 사사로이 비용을 대고 돌보았던 것이다.

이 '밀알학사'가 금년으로 20년을 맞게 되어 센다이(仙台)에서 기념 모임을 가졌다. 미야타 성서연구회에서 자라난 우수한 인재들이 도쿄, 나가노(長野)와 규슈(九州) 등 전국에서 모여들었다. 문전(門前) 소승(小僧: 학문을 얻어들은 자—역자주)인 나도 초청을 받고 참가했다.

회사원 또는 대학교수도 있는가 하면 학교에서 탈락한 아이들을 모아놓고 사숙을 경영하는 사람도 있었고 양호학교 교사, 신문기자, 성실한 선생이 있었는데 이 모두가 지난날을 회상하거나 그것과 관련된 오늘에 관한 이야기를 했다.

모두가 미야타 성서연구회에서 스스로 배운 것이 자기들을 지탱해 주고 있다고 말했다. 그 교육은 엄격한 것—아니 엄격하다고 느껴지는 것이었던 모양이다. 그렇지만 "남자이건 여자이건 웃는 얼굴이 아름다워요"라고 미야타 교수는 '웃음'을 권했다고 했다.

학생들을 격려하고 자립심을 가지게 하고 그래서 서로 도와주면서 살아가는 인간다운 질서가 자연스럽게 생겨나는 교육이었을 것이다.

우리 사회의 교육에 대한 불만은 쌓이고 쌓여 이제는 깊은 실망에 이르고 있다. 그러나 참다운 교육의 무한한 힘을 나는 센다이에서 실감할 수 있어서 매우 감동했다. 아름다운 가을 드높은 하루였다.(10. 3)

새로운 미국?

미국 국민이 젊은 대통령을 선출하여 변화에 대한 의지를 나타냈지만 미국 증권 시장은 거의 변화를 보이지 않았다. "클린턴의 승리는 이미 예상했었기 때문"이라는 해설이 있었지만 정말 그런 이유만이었을까.

이번 선거는 클린턴의 승리만이 아니라 "반 부시의 승리였다"라고도 전해진다. 확실히 레이건 · 부시의 12년간은 국내 국외 정치가 모두 말이 아니었다.

따라서 클린턴은 구체적인 정책을 제시하지 않아도 '미국의 이익 우선'을 주장하기만 해도 되었다. 한편 부시는 자신의 정책을 변호하지 못하고 다만 클린턴 후보의 인신 공격에 시종했다.

분명히 변화를 구하면서도 변화의 내용에 대해서는 논쟁이 없었다고 해야 한다. 지금은 1년 동안이나 계속된 화려한 제전이 막 끝난 것이고 미국이 '세계 제일주의'라는 낡은 미국상(像)을 극복하고 새로운 세계질서를 선도하는 나라로 변해 갈 수 있느냐 하는 것은 아직은 앞날의 문제이다.

새로운 미국의 모습은 아직 보이지 않는다. 그러나 각 신문이 곧 지적한 것처럼 미국의 대일 요구가 심해질 것이라는 것만은 알 수 있다.

클린턴은 선거일 직전에 있었던 『뉴욕타임스』와의 인터뷰에서도 일본 시장의 개방을 강하게 요구하고 "우리는 일본에 대한 일관된 정책을 아직 가지지 못했다. 참다운 파트너로서 일본인을 존경할 수 있는 상태를 구축하는 대일 정책을 가지지 못했다"라고 말했다.

그러나 사실은 미일 관계에 대한 정책도 철학도 가지지 못한 일본이었다. 기무라 도시오(木村俊夫) 전 외상이 "전후 일본에는 외교란 없었다. 있었다면 미일 관계뿐이었다"라고 술회하셨던 것이 생각난다. 그렇지만 이러한 일본의 정책 없는 대미 추종 자세를 좋게 생각해 온 것은 도리어 미국 정부가 아니었던가.

구 소련을 '악의 제국'이라고 보고 유럽을 핵위기에 빠뜨린 레이건 정권은 극동에서는 광주 참극까지 연출해서 정권을 빼앗은 한국의 전두환 정권에게 '전면적인 지지'를 약속하고 한미 양쪽을 축으로 해서 일본에 압박을 가했다. 부시 정권은 미국의 위신을 회복한다고 걸프 위기에 철저한 군사적인 제재로 임했다.

이러한 레이건 · 부시 정권의 실정(失政)에도 따라가지 않을 수 없었던 일본의 고뇌를 어떻게 보는가, 새로운 대일 정책을 추구하고 싶다는 클린턴에게 묻는다.(11. 7)

좁은 문

북일(朝日) 정상화 교섭은 이달 초 베이징에서 제8회 회담을 열었다. 반년 만에 열린 것이지만 첫날 중단되어 회의는 그대로 시간만 끌다가 '결렬' 되고 마는 것이 아닌가 생각된다.

보도에 의하면 실무자협의 서두에 일본측이 이은혜(李恩惠: 일본 여성으로 납치되어 공작원에게 일본말을 가르친다는 여성—역자주) 문제를 다시금 거론하여 북한측이 일제히 퇴장했다고 한다. 북한측이 이러한 강경한 자세를 취하는 배경에는 한중 정상화에 의한 북한의 고립이나 북한 내부의 의견 대립이 있다는 견해도 있고 12월의 한국 대통령 선거 결과를 기다려 보려는 점도 있다는 견해도 있다.

나는 본란(本欄, 9월 5일)에서 지적한 바와 같이 한중 정상화의 결과를 '북한의 고립' 과 단순하게 결부짓는 것은 얄팍한 견해라고 생각하지만 물론 북한측에는 여러 가지 사정이나 계산이 있으리라고 본다.

그러나 이 '결렬' 상태에는 북한측만이 책임이 있다고 생각하고 그렇다면 결렬도 하는 수 없다(『요미우리 신문』 11월 8일 사설)고 하는 것은 본질을 보지 못한 것이라고 하지 않을 수 없다.

북일(朝日) 정상화의 제1의 목적은 일본 식민지 지배의 청산과 그것에 의한 양국 민중의 화해에 있다. 이것은 제2차 세계대전 후

될 수 있는 대로 빨리 일본측에서 요구했어야 했다. 그러나 일본은 47년이나 이것을 사보타주해 왔다. 국민의 대다수도 이것을 이상하다고 생각하지 않았다. 객관적으로 본다면 매우 기이한 일이라고 하겠다.

이은혜 문제의 진위(眞僞)는 우리들로서는 판단할 수 없다. 남북 분단, 대립은 이러한 음모 · 모략을 계속해 왔다. 그러한 정보가 사실이었던 적도 있고 헛소문에 불과했던 적도 있다.

그런 확실치 않은 문제를 일부러 정상화 교섭의 좁은 문으로 삼고 있는 일본측의 자세를 이해할 수가 없다. 먼저 일본이 사죄해야 하는 것이 아닌가.

즉 문제는 자기 역사를 성실하게 청산하려고 하는 자세가 일본측에 없고 도리어 북한측을 굴복시키려는 자세가 우세하다고 북한측에는 보이고 있다는 데 있다.

10월에 애석하게도 세상을 떠난 독일의 브란트는 1970년 서독 총리로서 처음 폴란드를 찾았을 때 게토 앞에서 아무 말도 없이 쓰러질 듯하면서 눈물을 흘렸다. 그 성실한 태도가 폴란드 민중의 마음을 열었다. 우리들 일본 국민을 대표하는 사람들에게 그러한 자세를 찾아볼 수 없다는 슬픔이 오랫동안 내 마음을 우울하게 한다.(11. 14)

이치카와 후사에(市川房枝) 탄생 백년

그날은 온종일 날씨가 추웠고 나는 도쿄 요요기(代々木)의 부선(婦選: 여성 참정권 — 역자주)회관에 있었다. 일본 부인유권자동맹과 이상(理想) 선거 추진 시민의 모임이 1963년 이후 매년 성인의 날(1월 15일)에 모인 '신유권자와 젊은이의 회'에서 강연해 달라는 이치카와 후사에 선생의 요청 때문이었다.

오전중에는 내 이야기가 있고 오후에는 전원이 참가해서 토론을 했다. 모두 끝난 다음에 이치카와 선생은 나에게 남으라고 하고는 도(都)지사 선거에 대해서 의견을 물으셨다. 이미 밖은 어둠에 싸여 있었다.

다음날 이치카와 선생은 심근경색으로 입원하셔서 2월 11일 87세의 생애를 마감하셨다. 그 1981년의 성인의 날이 이치카와 선생이 공적인 장소에 나오신 마지막이 되고 말았지만 나는 지금도 그날의 추위가 선생의 몸에 좋지 않았던 것은 아닌지 하고 생각한다.

금년은 이치카와 선생 탄생 백년이어서 몇 단체가 기념행사를 했지만 10월 말 가나가와(神奈川) 현립 가나가와 여성센터는 "이치카와 후사에 탄생 백년 — 권리 위에서 잠자지 말라"라는 집회를 했다. 에노시마(江の島)의 아름다운 회장에, 늦가을임에도 불구하고 좋은 날씨여서 많은 사람들이 모였다. 좋은 모임이었다.

나도 심포지엄에 참가했지만 나는 '이치카와 후사에의 특성'으로서 '메이지(明治) 시대의 사람' '국제성' '실천' '초심'(初心)이라는 네 가지를 들었다.

이치카와 선생은 메이지 출생들에게 공통되는 향상심 · 노력 · 검소 · 금욕 · 완고한 사람이며 또한 넓은 국제적 시야와 실천에 의한 유연성을 가진 분이었다. 매우 깔끔하신 분이기도 했다. 뭐 이건 연락을 하면 곧 회답이 돌아왔다. 「나의 국회보고」라는 꾸밈없는 팸플릿에는 국회에서의 행동과 각지에서 한 강연에 대한 보고와 함께 '나의 회계보고' 라고 하는 1엔(円) 단위까지 자세하게 기록된 보고가 있었다.

이치카와 선생은 봉건유제(封建遺制) 속에서 인내를 강요당한 어머니에 대한 깊은 회상을 자서전 모두에다 기록해 놓으셨다. 그 생각이 초심이 되어서 '여성 참정권(婦選)이 바로 열쇠다' 라고 하는 생애를 일관한 운동을 지탱해 주었을 것이다.

이치카와 선생은 정치의 정화와 이상선거를 내걸었고 그래서 도쿄 도정(都政)의 부패를 따지고 미노베(美濃部) 도정(1967~1979년—역자주)을 지원해 주셨다. 미노베 도정에 참여했던 나는 많은 신세를 졌다.

평등과 공정을 위해 무엇보다도 유권자의 자각을 촉구했던 이치카와 선생은 오늘의 정치가들과 그들을 선택한 사람들에 대해서 어떻게 말씀하실 것인가.(11.21)

신슈(信州) 찬가

만추의 신슈를 알 수 있는 기회가 두 번이나 찾아왔다.

11월 중순, 스자카(須坂)시를 찾았다. 스자카는 처음 찾은 사람에게도 무엇보다도 그 풍요로움을 보여 주는 조용한 거리였다.

이번 주 처음에는 오부치자와(小淵沢)에서 스와(諏訪) 쪽으로 갔다. 만추 최후의 선물이라고 할까, 날씨가 좋아 오부치자와에서는 정면에 선명하게 후지산(富士山)의 모습이 나타났다. 그 왼쪽에 야쓰가타케(八ヶ岳), 오른쪽에 가이(甲斐)의 고마가타케(駒ヶ岳)를 볼 수 있었다. 가이 고마는 바라본다기보다는 당당한 푸른 낭떠러지에 압도되어 나는 물끄러미 서 있기만 했다.

스와 호(湖)의 아침은 조용하지만 그러나 한없는 변화를 보여 주었다. 홍엽만중(紅葉萬重)의 산 너머 멀리 눈이 있는 북알프스가 보인다. 장안(長安) 교외의 소호(小湖)를 찾았을 때 두보(杜甫)의 시구, '창망(滄茫)은 모른다 신령(神靈)의 뜻' 이라는 구절을 생각했다. 만추에는 신슈보다 나은 고장은 없다는 것을 나는 알았다.

스자카를 찾은 것은 나가노(長野)현 교육연구 집회의 강연요청을 받았기 때문이었다. '연합'(1989년에 성립된 일본노동조합 총연합—역자주)의 성립과 함께 교사의 노동 운동까지도 분열해 갈 수밖에 없는 상황에서 나가노의 교육연구 집회가 통일을 지키고 있다는 데 나는 깊은 기대를 걸었다.

교육의 현실은 너무 어려운 형편이다. 그런 까닭에 무엇보다도 더욱 교사의 힘에 기대를 걸고 싶다. 우리 사회는 교육의 현장은 교사에게 맡긴다는 원칙으로 돌아가야 하는 것이 아닌가.

스와에서는 스와 시립 신슈 후주(風樹)문고의 신축 기공식이 있었다.

그 축사에 "패전 직후 누구나 곤궁 속에서 먹을 것에 굶주리고 있었지만 그와 함께 책에도 굶주리고 있었다"라는 말이 있었지만 새로운 이상을 찾는 스와의 청년들이 동향의 선배(先人) 이와나미 시게오(岩波茂雄)가 창업한 이와나미서점을 찾아와서 몇 번이고 간청하여 이와나미서점이 간행한 서적을 모두 기증할 것을 약속받았다. 이것이 후주문고의 시작이었다.

47년 전 그 청년들이 그 후에도 문고의 운영을 맡아왔다. 그러나 이제는 모두가 70세를 넘어섰다.

소장 서적도 증가했고 목조건물도 낡았다. 그래서 반영구적인 건물로 새롭게 개축하는 것이 관계자들 사이에서는 오랜 소원이었다.

이번에 가사하라(笠原) 시장의 결단과 나가노현 등의 협력에 의해서 신축이 결정되었다. 나는 이에 대해서 깊이 감사하고 있다.

준공은 내년 여름이라고 들었지만 때마침 그때 이와나미서점은 창업 80주년을 맞이한다. 후주문고의 신축은 이와나미서점에 대해서도 큰 격려가 되는 것이지만 오늘날 굶주림을 잊어버린 사회에서 문화의 퇴폐 · 혼미를 어떻게 해야 할 것인가 — 우리의 절실한 과제가 아닐 수 없다.(11. 28)

군축(Disarmament)

유고슬라비아의 내전은 더욱 심각해져서 파괴와 죽음과 증오 속에서 겨울을 맞이했다.

"혼란 속에서 무엇이 진실인가 모르겠습니다" "출생과 민족은 선택할 수 없는데…" "차라리 전쟁에서 죽는 편이…"라고 말하는 여성들의 표정(NHK「프라임 10」 11월 12일). 사라예보 동물원에서는 먹이 부족으로 동물들이 죽고 마지막으로 남은 곰은 심하게 말라빠졌다(『아사히신문』 10월 17일). 눈물 없이는 볼 수 없는 정경이었다.

강한 파괴력과 정밀도가 뛰어난 현대 무기에 비해서 그것을 가진 인간의 이성이나 감성은 너무나 빈약하다. 이 불균형과 어리석음을 자꾸 생각하게 된다.

GNP 5퍼센트 이상의 군사비를 매년 계속 투입한다면 어떠한 나라의 경제도 재생산 구조를 잃어버리고 파멸에 이른다. 이것은 경제학의 상식이다. 미소 두 초강대국은 세계에서 가장 풍요한 자원국이지만 서로 심한 군비확장 경쟁을 한 결과로 구소련은 사라졌고 미국 경제도 파탄에 이르고 있다. 그런데도 군수산업의 축소 · 실업을 두려워해서 군사비 삭감을 주저하지 않을 수 없다.

한편 군부에 의한 정치게임은 어느 나라에서나 사라지지 않고 있다. 부패한 정치가 흔히 무력을 끌어들이므로 대중은 이중으로 고통을 겪지 않을 수 없다.

주간지에 「쿠데타 용인」이라는 논문을 발표한 현직 자위관(일본 자위대 장교 — 역자주)이 징계 면직된 것은 당연한 일이지만 이 처분에 대하여 "표현의 자유도 있다"라고 한 방위청 고관이 말했다. '군'의 본질을 보지 못한 놀랍게도 천박한 발언이다.

군인 사회에 대한 충성을 어떻게 확보하는가 하는 것은 로마시대 이래의 과제이고 이것에 성공하지 못했다는 것은 역사가들이 개탄하는 바다. 그리고 "인간이란 한 번 열광의 포로가 되면 어느쪽으로도 향할 수 있으며 조정하기 쉬워지는 것이며 거기다가 본인은 조정받고 있다는 것을 조금도 의식하지 못한다"(앨런, 「마루스〈Mars: 그리스 신화의 무신 — 역자주〉— 재판받은 전쟁」).

우리는 '군'의 본질과 '군사비'의 의미에 대하여 진지하게 또한 구체적으로 고려해야 할 때에 이른 것이 아닌가 생각한다.

전쟁 전에서 전쟁 후로의 커다란 전환의 시기다. 참담한 희생과 깊은 회한을 거치고 난 새로운 서약이 필요하다. 그것에 의한 전후 사회의 안정 — 이런 것은 움직일 수 없는 사실이다. 그런데 점차로 증대한 군사비가 과연 실제로 의미 있는 것이었다고 누가 입증할 수 있을 것인가.

때마침 재정난에 직면하고 있다. 정말 군축 단행을 소리높여 외치고 싶다.(12. 5)

어느 날의 나카무라 다케시(中村武志) 선생

1987년 초여름이었다. 중의원 의원회관 회의실에서 '한국 민주화와 김대중 씨 복권을 지지하는 긴급회의'라는 모임이 있었다. 때마침 한국에서는 4반세기 이상 계속된 군정이 민주혁명 앞에 드디어 굴복하고 만 때였다.

이 집회에서 가장 강한 인상을 받은 것은 나카무라 다케시 선생의 발언이었다. 목소리는 크지 않았다. 천천히 유머를 섞은 말투였다. 그러나 그 내용은 정치가나 저널리스트 등이 왜 문제를 지속적으로 추구하지 못하는가 하는 것이고 그 정신적인 이완(弛緩)을 추구하는 매우 날카로운 것이었다. 나는 어떤 잡지 1페이지짜리 칼럼에다 몇 줄 안 되지만 이것에 대해서 언급했다.

초가을 어느 날 오후 세 시경에 나카무라 선생에게서 전화가 왔다. 특유의 정중한 목소리로 우리 집 주소를 알고 싶으시다는 것이었다. 자신의 저서를 보내고 싶다고 했다. 내가 쓴 칼럼을 보신 것 같다.

나는 감사하다고 말하면서 "내일부터 독일에 출장을 갑니다. 귀국한 다음 즐겁게 읽을 수 있는 기회를 갖게 해 주세요"라고 했다. 이것이 그만 경솔한 말이 되고 말았다.

여행 준비 때문에 좀 일찍 집에 돌아오니까 아내가 서두르면서 "지금 막 나카무라 다케시 선생이 오셔서 이 책을 놓고 가셨어요"라고 했다. "야스에 씨는 늘 바쁜 사람이니까. 하지만 비행기 안에서는 시간이 있겠지요. 그때 읽어 주셨으면 해서…"라는 메시지가 남아 있었다.

그래서 주소만 가지고 혼고(本鄕)의 알기 어려운 골목길을 찾아와 주셨다. 선생이 사시는 나카노(中野)에서라면 한 시간은 걸렸을 것이다. 아직 더위가 남아 있는 저녁 무렵이었다. 나는 잠시 동안 멍하니 서 있었다.

이처럼 나는 나카무라 선생에게 대단한 사랑을 받았다. 만나 뵈면 언제나 즐거웠다. 그것은 선생의 세심한 배려가 있었기 때문이었다.

그러나 이번 초겨울 선생은 조용히 세상을 떠나셨다.

훌륭한 인격이었다. 그러나 "높은 품성을 지닌 끝까지 자립적이었던 서민이었다. 즉 가장 뛰어난 시민이었다"라고 해야 한다고 나는 생각한다. 경쾌한 모습과 유머와 자학이 섞인 말투 — 그 밑바닥에는 성실과 강직함이 있었고 강한 정의감과 해박한 지식이 있었다. 몸집은 작았지만 큰 사람이었다.

정말 훌륭한 사람이었다. 오늘이 장례날이다.(12. 19).

하뉴 산시치(羽生三七) 선생의 기일(忌日)을 앞두고

금년은 이 난에서 일본의 정치에 대해서 비판을 거듭하지 않을 수 없었다. 실제로 한심한 상황에 빠져 있기 때문이다. 이런 짧은 글을 쓰면서 언제나 내 가슴속에는 수척해진 하뉴 산시치 선생의 모습이 있었다.

물론 본지의 독자에게 하뉴 선생의 일을 새삼 소개할 필요는 없겠지만 정치가로서 참으로 훌륭한 그의 자세에 대해서 이제 특별히 말할 필요가 있다고 생각한다.

하뉴 선생은 7년 전 12월 30일에 81세로 세상을 떠났지만 바로 그 3년 전에 하뉴 선생을 존경하는 정치기자 이시카와 마스미(石川眞澄) 씨가 『어떤 사회주의자 — 하뉴 산시치가 걸은 길』을 간행하였다. "이 책은 하뉴 선생과의 공저"라고 이시카와 씨는 기술하고 있지만 뛰어난 정치가와 뛰어난 저널리스트에 의한 듀엣이라고 할 수 있다. 나는 이 명저를 몇 번이나 거듭 읽었다.

하뉴 선생은 신헌법 하에 시행된 제1회 참의원 선거에 나가노(長野) 지구에서 입후보하여 최고 득점으로 당선되었다. 그 이후 77년에 은퇴하기까지 다섯 번 선거에서 모두 최고 득점이었다. 거기에다 그 다섯 번 선거에서 모두 법정 선거비용의 반 정도를 쓰는 청렴한 선거를 치렀다. 그 비용은 매번 6년간의 임기중에 받은 세비에서 착실하게 저축한 것이었고 하뉴 선생은 파벌, 노동조합, 선거구 그 어느 이해 관계로부터도 자유로웠다.

따라서 그의 의원 활동은 자연히 정책에 집중되었고 특히 외교 문제에 관한 국회질문은 입장을 초월하여 총리 · 외상을 비롯한 정부여당에 깊은 감명을 주곤 했다.

선거구인 나가노현이나 특히 고향인 시모이나(下伊那) 지방을 위해서 일한 적도 없고 돈도 쓰지 않았는데도 최고 득점으로 당선을 계속한 것은 "하뉴 자신의 실력을 보여 준 것이라고 하면 그만이지만 그 이상으로 그러한 하뉴에 투표한 나가노 현 유권자들의 견식이 훌륭했기 때문이다"라고 이시카와 씨는 말했다. 정말 동감이다.

미키 다케오(三木武夫) 씨는 기회 있을 때마다 "믿음이 없으면 나라가 바로 서지 못한다"(民無信不立)라는 구절을 인용한 것은 잘 알려져 있는 사실이다. 이것은 "예부터 사람은 다 죽게 마련인데 백성이 믿음이 없으면 나라가 바로 서지 못하는 법이니라"(自古 皆有死 民無不信不立)라고 한 공자의 말씀에서 온 것이다. 즉 인간은 반드시 죽을 운명에 놓여 있기 때문에 그야말로 신의 또는 신뢰가 없어서는 존립할 수 없다는 것이다.

이 말씀은 또한 유한한 삶이라고 하지만 믿음에 의하여 연결되어 있는 자는 영구한 빛을 발하는 것이라고 가르쳐 주고 있다. '하뉴 산시치와 그의 후원자'는 그러한 것을 보여 준 하나의 전형이다.(12. 26)

정당 개혁(1993년)

역사를 보지 않는 사람들/미국을 주시한다/일촌일풍(一村一風)/고백교회 운동/헌법론의 정치적 실질/김영삼 정권 일 개월/이덕보원(以德報怨)/돌을 쌓는 여성들/올바른 사람의 힘/구상력이 결핍된 '정계개편'/일본해(동해) 학회/미국과 쿠바/김대중 씨 사건 20년/이중적인 전후처리/지코 선수의 조언/정당 개혁/히로쓰 가즈오(廣津和郎) 선생의 거짓말/사회당의 내일/새로운 빛 속에서/회한(悔恨)의 30년/리프먼의 가르침/북일(朝日)협상 타개의 기회/소세키(漱石)의 선견(先見)/철학자의 말

역사를 보지 않는 사람들

"일본인은 민중혁명, 민중이 정치를 개혁해 간다는 것은 믿지 못하는 것 같다. 그리고 자기들이 소망하는 사고(wishful thinking)만으로 세상을 보고 있다."

이것은 내가 존경하는 한국 지식인에게서 들은 일본 비판이지만 작년 말 한국 대통령 선거 전후의 일본 사회의 반응을 보고 이 준엄한 비판을 새삼스럽게 회상했다.

한국 대통령 선거는 현 체제를 이어받은 김영삼 씨의 승리로 끝나고 김대중 씨는 정계를 떠났다. 예상한 대로였다.

그렇지만 이번 사태는 한국 정치사에다 커다란 획을 그은 것이었다. 한국의 역대 정권은 학생혁명으로 쫓겨난 이승만 정권, 군사쿠데타에 굴복한 윤보선 정권, 측근에 의해 대통령이 암살된 박정희 정권, 민주 세력에 압도된 전두환 정권 등, 모두가 비정상적인 종말을 고했다. 거기에 일관된 것은 억압과 부패와 폭력과 보복이었다.

이번에 처음으로 정상적인 정권교체가 이루어졌는데 이런 획기적인 전환은 끊임없이 계속되어 온 민주화 투쟁의 결과이다. 동서 냉전이 무너지기에 앞서 한국 내부의 냉전적 정치를 극복해 온 민주화 운동이 이번에 정상적인 교체를 낳았고 심각한 경제적 어려움에도 불구하고 한국 사회의 안정을 보장하고 있다.

나는 김대중 씨가 박 정권 하의 KCIA(한국중앙정보부)에 의해 도쿄에서 납치되기 직전에 내게 한 말을 분명하게 기억하고 있다.

"나는 박정희 씨 개인에 대해서 증오도 복수심도 가지고 있지 않다. 언젠가 우리가 민주주의를 회복했을 때 나는 복수를 하지 않는다. 여기서 서약을 해도 좋다"(『세카이』 1973년 9월호)

이러한 화해를 추구한 민주화의 오랜 싸움 — 당연하지만 많은 피와 눈물을 필요로 했던 민중혁명이 역사를 열어 온 현실을 많은 일본인은 보지 않는다. 한국을 대상으로 일해 온 젊은 작가는 "김대중 씨는 한국의 독재 정부를 어떻게 해 달라고 외압(外壓)을 요청하기만 하는 정치가다"라고 잘라서 말했지만(『아사히신문』 12월 19일 도쿄도내판 석간) 이것은 너무나 천박한 견해다.

다음날 고노 요헤이(河野洋平) 관방장관의 담화를 보고 나는 간신히 구출되는 듯한 느낌을 가졌다. 고노 씨는 김영삼 씨의 승리에 경의를 표하면서 "언제나 권력과 싸우고 용기 있는 행동을 해 오신 김대중 씨의 용퇴는 정말 애석하다"라고 말했다.

사람들이 어떠한 생각을 가지고 살아왔는가, 그 역사의 마음을 모르고서는 이해와 연대를 이룩할 수가 없다.(1. 16)

미국을 주시한다

빌 클린턴 대통령은 취임에 즈음하여 '재생을 위한 용기와 희생' 을 호소했다. 심야, 워싱턴에서 보내오는 TV 뉴스를 보면서 나는 크게 고개를 끄덕였다.

'재생을 위한 용기와 희생' 이란 두말할 것 없이 32년 전 존 케네디 대통령의 취임연설을 배경으로 한 말이지만 미국의 현 상태와 국제 사회의 혼미를 생각한다면 지금도 정말 절실한 목소리다.

취임식 3일 전에 워싱턴에 들어온 클린턴은 그 다음날에는 마틴 루터 킹 목사의 탄생 기념식전에 참가하고 출석자들과 손을 마주잡고 "We shall overcome" 을 불렀다. 그 다음 회장에서는 클린턴은 선거기간중에 만나 '희망의 얼굴' 이라고 부른 53명의 시민 한 사람 한 사람과 뜨거운 악수를 교환했다. 그들은 홈리스, 신체장애자, 이전에 갱이었던 사람 그리고 고통받는 사람들을 도와온 자원봉사자들로서 이날 전국 각지에서 초대되어 온 사람들이었다.

집회에서 클린턴은 감정이 격해져 몇 번이고 말을 잇지 못했다고 한다. 그곳에는 법 아래에서 평등을 찾는 미국 국민의 강한 기대가 깃들어 있으며 클린턴은 그것을 충분히 자각하고 있다고 생각된다.

그 기대는 레이건, 부시 양 정권의 실정을 경험하면서 일어난 것이다. 그들이 집권했던 12년간 상층계급은 혜택을 누렸지만 중간층 이하 국민은 생활 수준이 저하되어 괴로움을 겪어야만 했다. 국가 재정의 적자도 누적되어 작년 가을에는 2,902억 달러로 최고를 기록했다.

이 현실을 과연 클린턴 대통령이 극복할 수 있을 것인가. 그 대답은 클린턴 대통령을 포함해서 누구도 아직 가지고 있지 못하다.

다만 분명하게 보이는 것은 다원적인 미국 사회에 견고한 국민적 연대를 이룩해 온 건국 이래의 미국 정신이 이제 심각한 위기에 처해 있다는 것이다. 그 미국이 레이건 시대와 다름없이 아직도 초대국으로서 패권 회복을 꿈꾸는 것인가 또는 새로운 가치를 찾으려고 하는 것인가—'재생'의 행방은 미국뿐만이 아니라 국제정세의 동향을 결정할 것이다.

근래 미국에는 일본을 다시 보자는 수정주의자라 불리는 일군의 사람들이 있었지만 우리도 역시 미국을 확실하게 다시 보아야 할 때가 온 것이 아닐까. 다만 미국의 수정주의자들과 같은 고압적인 자세가 아니라 그들을 타산지석(他山之石)으로 삼고서 종래의 일본처럼 오로지 미국을 따라가는 것이 아니라 글로벌한 입장에서 미국을 주목해야 할 것이다.(1. 23)

일촌 일풍(一村一風)

오이타(大分)현의 히라마쓰 모리히코(平松守彥) 지사가 제창한 '일촌 일품'(一村一品) 운동은 전국적으로 모범적인 일이라고 해서 국내외에 잘 알려져 있다.

이 새로운 발상에 의한 지역 형성은 단순한 '마을 살리기, 거리 만들기' 에 머물러 있는 것이 아니라 좀더 깊은 뜻을 가진 것으로서 나는 주목해 왔다. '일촌 일품' 운동을 제창한 지 10여 년이 지나 히라마쓰 지사는 이것을 집대성해서 '일촌 일풍'(一村一風)으로 승화시키고 싶다고 말한다.

히라마쓰 지사는 "일촌 일품이 단순한 물품 만들기가 아니라 한 촌 한 문화 만들기로 변화하고 있다. 장차 이곳에서 살아갈 젊은이들이 새로운 바람을 일으키게 될 일촌 일풍이라고 할 기대해 볼 만한 싹이 움트고 있다고 생각된다. 성격이 서로 다른 도시와 시골의 풍요함을 두루 갖춘 새로운 광역도시권에 의한 품격 있는 거리 만들기를 창조하고 싶다" 라고 말한다.

히라마쓰 지사의 생각 밑바닥에 있는 것은 아마도 격동하는 현대의 '인간 형성' 이 아닐까 생각된다.

실제로 오늘날 가장 심각하게 문제되는 것은 인간의 내면이고 절실히 요구되는 것은 풍부한 인격이 만들어 내는 새로운 사회의 약속이다. 나는 이 사실을 언제나 통감하고 있다.

전문적인 연구자들은 '21세기는 두뇌의 시대'라고 말한다. 사람의 두뇌 활동을 측정하고 그 유전자를 인위적으로 만들어 내고 두뇌와 같은 활동을 하는 컴퓨터를 요구하게 될 것이라고 말한다.

이러한 과학기술의 진보에 의하여 우리들은 무한한 가능성을 가지고 있는 셈이다. 그러나 그 반면에 민족의 대립 · 인구의 급증 · 기아 · 환경파괴라는 깊은 숲속에 우리들은 몸을 두고 있다.

이러한 두 가지가 나타내는 괴리 속에서 인간은 무엇에 의해서 무엇을 선택하려고 할 것인가—정말로 인격이 문제가 된다.

히라마쓰 지사가 제창한 것처럼 "글로벌하게 생각하고 로컬하게 행동하자"라는 목소리를 사방에서 들을 수 있는데 이것도 한마디로 바꾸어 말하면 "인간의 주체성을 새롭게 단련하자"라는 것이라고 하겠다.

돌이켜보면 정치 저널리즘에서는 '개혁파 · 수구파'라는 꼬리표 붙이기가 한창인 모양인데 개혁파라는 존재의 실질은 보이지 않고 그 주체성은 천박하여 마치 물새 소리에 놀라는 것 같은 모습이다. 우리 정치에서는 참다운 신풍(新風)이란 느낄 수가 없다.(1. 30)

고백교회 운동

지난 주 토요일 1월 30일은 나치스 정권 수립 60년이 되는 날이었다. 이날 독일에서는 수십만의 사람들이 극우세력의 폭력에 반대하고 'Nie Wieder'(다시는 없게)라는 피켓을 들고 데모 행진을 했다.

작년 가을 네오 나치스의 청년들이 대거 로스톡의 난민수용소를 습격했는데 이번에 로스톡에서 있었던 행진에는 바이츠제커 대통령의 모습도 있었다. 베를린에서는 10만여 명이 참가했으며 건물 전등이 꺼진 암흑 속에서 촛불을 손에 든 그들의 행진이 브란덴부르크문을 중심으로 한 대로에 '빛의 길'을 만들었다고 한다.

60년 전 1933년은 그야말로 암흑과 빛의 갈림길이었다. 히틀러 정권은 암흑 속을 달려가 유럽을 지배했다. 많은 독일인들은 환희의 소리를 지르면서 그 길을 따랐다. 그러나 독일의 잘못을 알고 고뇌 속에서 결연하게 일어선 사람들도 있었다.

그 소수자들 속에 그리스도인들의 '고백교회' 운동이 있었다. 그들은 나치스 정권의 등장을 허용하게 된 자신들의 내면을 고백하고 신앙의 원점에 되돌아가서 하나님도 정권에 종속시키려는 나치스에 이의를 제기했다. 그 빛은 처음에는 작은 것이었다.

물론 희생이 뒤따랐다. 마틴 니뫼러를 비롯한 많은 지도자가 체포되었고 디트리히 본회퍼는 게슈타포에 의해서 처형당했다. 그렇지만 고백교회 운동은 계속되었고 전후에는 그들 자신을 포함한 독일인의 전쟁책임을 추궁하는 운동으로 확대되어 서독의 역사의식을 고치고 지탱하는 데 커다란 기둥이 되었다.

1985년 5월 8일 독일 패전 40년을 맞이하여 바이츠제커 대통령이 국회에서 행한 연설에서 "5월 8일은 마음에 새겨야 하는 날입니다" "과거에 대해서 눈을 감는 자는 결국은 현재에 대해서도 눈을 감는 것입니다"(『광야의 40년』)라고 한 말은 세계에 감명을 주었고 널리 알려져 있다. 이 바이츠제커 대통령도 고백교회 운동의 흐름 속에 몸을 두어 온 사람이다.

나치스의 대두를 눈감아 주고 그 지도자를 신격화하는 데 협력한 '독일적 기독교도들'의 잘못을 신앙고백으로 되물어 온 그 운동. 이 60년 간을 이어온 체험에 버금가는 것을 우리 일본인들은 가지고 있다고 할 수 있을 것인가.

우리 나라에서 요즘 일어나고 있는 헌법론을 보면서 일본의 국민정신 밑바닥에는 무엇이 있는가 새삼스럽게 생각해 보아야겠다는 생각이 든다. 참으로 무거운 심정으로 그렇게 생각하게 된다.(2. 6)

헌법론의 정치적 실질

일본이 근대 국민국가로 이행한 메이지(明治) 이래로 헌법이 크게 정치적 쟁점이 된 것은 세 번 있었다.

첫 번째는 대일본제국 헌법의 제정이다.

메이지 신정부가 성립된 직후부터 정부 안에는 '근대국가로서 헌법 제정의 필요'가 있다는 소리가 있었다. 그렇지만 그것은 오늘의 헌법이념처럼 국민의 정치적 자유 보장을 핵심으로 하는 것이 아니고 국가의 근본조직을 규정하는 법률을 의미할 정도의 것이었다(岡義武, 『메이지 정치사』).

그러한 정도의 헌법인데도 번벌 정부(藩閥政府: 메이지 유신 후 사쓰마 번, 조슈 번 등의 세력이 권력을 잡았던 정부—역자주)는 자유민권 운동을 두려워해서 감히 헌법 제정에 결단을 내리지 못했다. 그러나 자유민권의 여론이 거세지고 번벌 정부가 몰리게 되자 정부는 역으로 제헌을 약속함으로써 번벌 정부를 지키려고 했다.

게다가 메이지 14(1881)년에 이른바 개척사 관유물 불하사건(開拓使官有物拂下事件: 1881년에 홋카이도〈北海道〉 개척장관의 스캔들로서 여론의 반격으로 이 불하는 중지되었다—역자주)이 일어났다. 메이지 2년에서 13년까지 1천 410만 엔을 투입한 홋카이도 관유사업을 불과 39만 엔으로 삿초계(薩長系: 사쓰마 번, 조슈 번)의 무역회사에 불하한다는 스캔들이었다. 분개하는 국민의 소리가 높아지자 번벌 정부는 궁지에 몰렸다. 그래서 헌법 제정과 국회 개설을 약속할 수밖에 없었다.

두 번째는 전후의 헌법 제정으로 이것은 일본이 전쟁 전에 범한 잘못을 청산하고 재출발을 꾀하기 위해서 당연한 것이었지만 당시의 중신(重臣: 천황을 중심으로 한 총리대신 경험자 등을 주로 한 세력—역자주) · 정부 당국자로서는 '국체'를 유지하기 위한 피할 수 없는 선택이기도 했다.

세 번째는 1957년에 정권을 차지한 기시 노부스케 총리에 의한 개헌 착수였다. 기시 총리는 취임 후 반년에 개헌을 목적으로 정부기관으로서 헌법조사회를 설치 · 운영하기 시작했다. 그러고는 개헌을 지탱할 수 있는 두 팔을 구성하려는 듯 미일(美日)안보조약을 강화 · 군사동맹화하는 방향으로 개정할 것과 경찰관의 직무집행 강화를 제안했다. 도조 정권(東条政權: 제2차 세계대전중의 군부 정권—역자주)의 각료이기도 했던 기시는 '전범'(戰犯)이라는 낙인을 면할 수 없었지만 그는 전후 개혁을 역전시킴으로써 자신의 정의(正義)를 되찾으려고 생각했는지 모른다.

이처럼 당연한 일이겠지만 헌법론의 밑바닥에는 대단한 정치적 다이내미즘, 또는 실질이 있는 것이다. 헌법은 형식적인 제도 정합론(整合論)이나 시대조류의 표층(表層)에 따른 정치적인 유행에 의해서 생각해서는 안 된다.

그렇다면 요즘 일어나고 있는 개헌론은 제4기에 속하는 것이라고 보아야 할 것인가. 만약 그렇다면 그 실질은 무엇이라고 생각해야 할 것인가.(2. 27)

김영삼 정권 일 개월

한국의 김영삼 대통령이 취임한 지 일 개월이 지났다. 그간 한국 정부측 사람도 민주세력 사람들도 김영삼 정권의 장래를 어떻게 보느냐는 질문을 내게 적지 않게 했다.

나는 상당한 기대를 가지고 있다고 대답한다.

한국 사회는 민족의 분단과 독재 · 민주화 투쟁이라는 두 가지 커다란 짐을 지고 고투해 왔다. 그야말로 냉전 체제 한복판에 끼여 있기 때문에 겪어야 하는 고통이었다. 그러나 오랜 고투 — 길게는 이승만 정권 이래, 가장 가깝다고 해도 1969년 이래의 고투를 겪고 지금 민주화의 궤도를 달리고 있다.

김영삼 정권의 탄생은 그 '민주화 투쟁의 열매' 이고 김영삼 대통령이 이 역사적 문맥을 충분히 인식하고 이것을 스스로 거역하지 않는다면 장래는 크게 기대할 수 있다. 이것이 내 대답이다.

2월 25일 김영삼 대통령의 취임을 보고 많은 신문은 "정책에 구체성이 별로 없다" "방향이 분명하지 않다" 라고 평했다. 김영삼 대통령은 새로운 '한국의 봄' 을 귀중하게 생각해야 한다, 역사는 두 번 다시 기회를 주지 않는다고 한다.

1979년 10월 박정희 정권은 억압정치의 모순이 극한에 이르러 대통령이 그의 측근에 의해서 암살당하는 것으로 압정의 막을 내렸다. 그래서 '서울의 봄' 이 왔다고들 했다. 그러나 그 '봄' 은 전두환 장군의 군사 쿠데타로 반년 만에 무너졌다. 역사 인식이 천박한 일본의 저널리즘은 이 일을 잊어버리고 있을지 모른다.

내각이 발족한 지 얼마 안 되어 세 사람의 각료를 스캔들로 경질할 수밖에 없었던 김영삼 정권에 대한 불안의 목소리가 있다. "한국 사회에서 지도층이라고 불리는 사람들의 도덕적 퇴폐"(『통일일보』 3월 10일)라는 지적도 있다.

그러나 그럼에도 불구하고 나는 대한민국 건국 이래 처음으로 정상적인 정권 교체로 생겨난 문민정부라는 자각에서 행해진 조각에 의미가 있다고 생각한다. 월북하여 김일성 주석과 만남으로써 체포되어 있던 문익환 목사도 신정권 출범과 함께 석방되었고 '반체제 학자'라고 불리는 한완상 씨가 부총리 겸 통일원장관에 등용되었다는 것을 알고 '매우 좋은 일'이라고 말한다.

때마침 핵문제를 둘러싸고 긴장이 고조되었는데도 김영삼 정권은 신중한 자세를 지키고 있다. 이러한 이웃의 냉전 극복을 위한 노력에 비해서 일본 사회는 분명히 낙차(落差)를 보여 주고 있다.(3. 27)

이덕보원(以德報怨)

한일 관계에는 언제나 엇갈리는 것이 있다. '한일유착'이라고 할 만한 깊은 연결이 있으면서도 한일 관계는 언제나 긴장되어 있으며 한국 국민의 대일 혐오감은 좀처럼 해소되지 않고 있다. 게다가 이 사실을 일본측은 인식하지 못하고 있다.

3월 13일 김영삼 대통령이 "종군위안부 문제에 대하여 일본측에게 보상을 요구하지 않고 보상은 한국 정부 예산으로 행한다"라고 언명했다.

일본의 외무 당국은 대통령의 이 발언을 한일간의 보상 문제는 1965년의 한일조약 체결 때 해결되었다고 하는 일본 정부의 주장에 대해서 배려를 한 것이라고 생각하고 호감을 가지고 받아들였다고 한다(『아사히신문』 3월 14일).

이것은 정말 무신경한 반응이라고 해야겠다. 한국에서는 한일조약 체제에 대한 의문이란 정부 · 재야 어느쪽을 막론하고 일관된 것이고 나아가서 일본군 군대위안부 문제라는 "이 굴욕적인 과거사 문제를 해결하는 데 일본측에서 보상금을 받는다는 것 자체가 민족적인 치욕이라는 아픔에 넘친 목소리가 있다"(『통일일보』 3월 17일)라는 것을 일본측은 모른다. 그것을 알려고도 하지 않는다.

일찍이 중일 정상화가 논의되었을 때 일본의 중국 침략에 대해서 중국측이 얼마나 많은 보상 · 배상을 요구할 것인가, 그것은 방대한 것일 거라고 걱정을 했다. 그러나 그 요구는 억제되었다. 그것은 대만도 중국도 '이덕보원'(以德報怨)의 입장에 서기 때문이라고 일본측에서는 말했다.

그러나 이것으로써 역사 청산이 끝났다고 생각한다면 그것은 일본측의 너무나 안이한 역사 인식이라고 해야 한다.

'이덕보원' 이란 『논어』에 나오는 것이지만 이것을 가지고 공자의 가르침이라고 보는 것은 그야말로 일지반해(一知半解), 제멋대로의 해석이라고 해야 한다. 『논어』에는 다음과 같이 씌어 있다.

> 或曰, 以德報怨, 何如, 子曰, 何以報德, 以直報怨, 以德報德 (憲問 제14).

어떤 사람이 원한에 대해서 덕으로 보답하라는 말이 있는데 어떻게 생각하십니까라고 물은 데 대하여 공자는 대답한다. 그렇다면 덕에 대해서는 무엇으로 보답한다는 것인가. 솔직한 성의로 원한에 보답하고 덕에는 덕으로 보답하는 것이 도리가 아니겠는가—이것이 공자의 가르침이다.

실제로 김영삼 대통령은 이번 조처로 "금후에는 한국이 도덕적 우위에 설 수 있다"라고 말하고 있다. 일본의 도의 그리고 주체성은 어떻게 되는 것인가.(4. 3)

돌을 쌓는 여성들

4월 22일에서 5월 2일까지 "심포지엄 — 아시아의 평화와 여성의 역할"에 참석하려고 남북한의 주목할 만한 대표단이 도쿄 · 오사카를 방문하고 있다.

미키 무쓰코(三木睦子) · 도이 다카코(土井多賀子) 를 비롯해서 일본 부인회의와 재일 교포 여성들이 중간 역할을 해 온 남북한과 일본 여성들의 교류다.

제1회는 도쿄, 다음은 서울 그 다음은 평양에서 행해졌고 한바퀴 돌고나서 이번에는 네 번째다. 아직 남아 있는 냉전의 두꺼운 벽을 깨려는 군사분계선과 바다를 넘은 노력이다. 특히 이번에는 핵사찰 문제를 둘러싸고 북한이 한때 문호를 굳게 닫는 등 강경한 자세를 보이는 상황에서 열린 것이니까 여연구(呂燕九: 북한 최고인민회의 부의장 — 역자주) 등 12명의 대규모 대표단이 북한에서 일본을 방문한 것은 큰 의미를 가지는 것이었다.

남북의 대표단이 도쿄에 와서 저녁 식사 모임에 합류했을 때 그들은 환성을 올리고 부둥켜안고 눈물을 흘렸다. 나는 초청을 받고 동석해 있었지만 독일의 바이츠제커 대통령이 8년 전 5월에 독일 패전 40주년에 즈음하여 국회에서 행한 연설을 되새기지 않을 수 없었다.

"과거에 눈을 감는 자는 오늘에도 눈을 감습니다"라고 말한 그 연설에서 내가 가장 감동한 것은 나치스의 폭력과 전쟁에 쓰러진 사람들의 모습을 새롭게 애도하듯이 "강제수용소에서 목숨을 잃은 6백만의 유대인, 소련 · 폴란드의 무수한 사망자, 레지스탕스의 희생자, 총살된 인질…" 하면서 길게 구체적으로 인간 고뇌의 산맥을 들었던 것이다.

그리고는 바이츠제커 대통령은 마지막으로 여성들에 대해서 이야기했다.

"사람들이 지닌 무거운 짐 중에서 가장 커다란 몫을 짊어진 것은 아마도 각 민족의 여성들이었을 것입니다. … 말할 수 없이 어두운 날들에도 인간성의 빛이 꺼지지 않게 지켜온 것은 그들이었습니다. 싸움이 끝날 무렵부터 미래에 대한 확실한 전망도 없이 선두에 서서 돌을 하나하나 쌓아올리기 시작한 것은 그들이었습니다. 여러 민족이… 싸움이 끝난 후에 점차로 자신을 회복한 것은 무엇보다도 여성들 덕분이었습니다."

되돌아보며 나는 이렇게 생각한다.

냉전으로 인해 파괴된 것을 메우려고 하는 사람들의 모습에 일본 사회는 좀더 눈을 돌려야 하는 것이 아닌가. 자신의 인간성을 위해서도.(5. 1)

올바른 사람의 힘

2년 전에 한 번 오래간만에 일이 있어서 나라(奈良)에 다녀온 적이 있다. 도쇼다이지(唐招提寺)와 사이다이지(西大寺) 등 절을 찾아갔는데 절에서는 종루(鐘樓)나 불당(佛堂)의 수리가 한창이었다. 그때 수리를 담당하던 전문가로부터 나무가 가진 깊은 생명력에 대한 이야기를 듣고 퍽 감동했다.

오래된 건축물을 해체하면서 거기에 사용되었던 목재를 빼내어 놓아두면 구부러졌던 나무가 제자리에 돌아가 다시 곧게 된다는 것이었다. 500여 년이 되어도 나무에는 아직 생명이 있는 것이다. 이것을 들은 나는 『논어』에 있는 말을 생각했다.

"곧고 올바른 사람을 등용해서 곧지 않은 사람들 위에 놓으면 백성은 마음까지 복종하지만 곧지 않은 사람을 등용해서 곧은 사람 위에 앉히면 백성이 진심으로 따르지 않는다."

노(魯)나라 왕이 정치의 요체(要諦)에 대해 묻자 공자가 한 대답이다(爲政篇 제2 및 顔淵篇 제12).

구부러진 재목 위에다 바른 재목을 놓아두면 구부러진 재목이 교정되는 것처럼 바른 사람을 등용하면 민중은 순진하게 귀를 기울일 것이고 그렇지 못하다면 민중은 반항한다는 것이다.

나라에서 들은 말을 이것에 첨가한다면 원래 나무의 본성은 바른 것인데 특별히 구부러지게 중압을 가하지 않는다면 언제나 바르게 있다고 해야 할 것이다.

이번 주 월요일(24일) "나리타(成田) 공항 문제 심포지엄"에서 공항 반대파와 운수성 · 공항공단 · 지바(千葉)현측 사이에 합의가 성립되었다. 행정 당국에서는 깊은 반성을 보이고 공사계획을 전면적으로 재검토할 것을 받아들이고 토지강제수용 신청을 취하하였다. 이것은 심포지엄에 참석할 것을 종용하고 1년 반에 걸쳐서 조정역을 맡아 온 스미야 미키오(隅谷三喜男) 도쿄대 명예교수를 비롯한 스미야 조사단의 노력과 성의에 의한 것이다. 요청을 받아도 맡기 어려운 역할을 스스로 담당해 온 지식인들에게 나는 깊은 경의를 품고 있다.

신문은 '장대(壯大)한 실험'이라고 평가했다. 확실히 공권력이 크게 반성한 것은 전에는 볼 수 없었던 일이다.

이리하여 서투른 계획과 공권력의 오만한 자세로 일어난 4반세기에 걸친 힘의 대결이 대화에 의해서 새로운 해결을 찾아가게 된 것은 참으로 훌륭하다. 올바른 사람의 승리다.

돌이켜보건대 요즘의 개헌론이니 소선거구제 도입이니 하는 거센 목소리는 올바른 것인가, 바르지 못한 것인가.(5. 29)

구상력이 결핍된 '정계개편'

헬무트 슈미트 전 서독 수상은 일찍부터 일본의 정치가에게 깊은 정치철학이 없는 것을 유감스럽게 생각해 왔다. 그러나 작년 3월에 만났을 때는 독일을 비롯한 유럽의 젊은 정치가들도 마찬가지여서 눈앞의 일—자기가 속한 세력이나 자기 선거에 대해서만 오로지 관심이 있을 뿐이라고 하면서 정치의 후퇴 현상을 깊이 개탄했다.

당파는 다르지만 같은 우려를 품고 있는 리하르트 바이츠제커 대통령은 슈미트 전 서독 수상이 주관하는 『디 차이트』 기자의 말에 답하면서 독일이 직면하고 있는 과제에 대하여 여러 면으로 논했는데 그 기록이 작년 6월에 간행되었다(『역사의 마지막인가 시작인가』 이와나미서점). 이 책은 곧 베스트 셀러가 되었지만 한편 대통령은 민중을 선동하고 있다는 비난도 받았다.

대통령은 미국형의 '매스 미디어 국가'에서도 독일형 '정당국가'에서도 마찬가지로 "직업으로서의 정치의 매력이 사라져 가고 있다"라고 지적하고 "역사적으로 미해결된 중요한 문제에 대응하는 사명과 자격"을 정치가들이 과연 가지고 있다고 하겠는가 묻고 있다. 우리들에게도 매우 절실한, 참으로 보편적인 발언이다.

나아가서 11월에는 슈미트 전 서독 수상을 비롯한 독일의 정치 · 경제 · 언론의 각계 주요 인물에 의한 「선언—독일은 변하지 않을 수 없기 때문에」(『세카이』 6월호)가 발표되었다.

'선언' 에서는 "도덕적, 문화적, 정신적 가치보다도 주로 금전으로 계산되는 실제적인 업적이나 직업상의 성과가 존중되는 것은 슬퍼하지 않을 수 없는 현대적 징후"이고 그것은 독일에 국한된 것이 아니라고 했다.

따라서 폭력과 부패와 자기 중심에 빠진 채 행동력을 잃어버린 정부 아래서 정치혐오와 편협한 내셔널리즘에 기울어지는 '탐욕 사회' 를 극복하고 "공공의 복리를 다시금 가장 우선해야 한다"라고 '선언' 은 설파하고 그것을 위한 규범과 구상력을 구축하자고 호소했던 것이다.

우리 나라도 마찬가지 개혁을 필요로 하고 있다. 때마침 보수정치가 붕괴되고 정계 개편의 움직임이 일어나고 있다. 그러나 거기서 볼 수 있는 것은 여야 세력에 공통된 조그만 정권욕이고 우리에게 필요한 규범과 구상력을 찾으려는 철학적인 물음도 열정도 전혀 찾아볼 수 없다.

몇 개의 정치 그룹이 내놓은 선언에는 '새로운' 이라는 말이 남발되어 있으며 '반성보다는 개혁이다' 라는 의욕이 강하게 나타나 있다. 그러나 '탐욕 · 부정의 극복' 이나 '공정의 실현' 이라는 말은 없다. "도가 행하여지지 않는다"(道不行 『논어』)라는 느낌을 지울 수가 없다.(6. 26)

일본해(동해) 학회

6월에 있었던 일이지만 일본 학술회의 등의 주최로 "일본해 학술교류 — 가나자와(金沢) 심포지엄"이 열려 중국, 대만, 러시아, 몽골, 남북한 그리고 국내 각 대학의 여러 연구자가 참가했다. 나는 원래 비학술적인 사람이지만 보고를 담당해 달라는 요청을 받고 참가했다.

일본해 연안을 둘러싼 교류 또는 경제권의 모색은 근년에 이르러 여러 가지 형태로 벌어지고 있다. '우라(裏) 일본' 이라고 해온 것처럼 일본에서는 정치 · 외교 등 공적 차원에서는 그다지 돌보지 않았던 일본 해역의 가능성을 새롭게 검토하자는 것이지만 실제로 동북 아시아 정세의 변화에 따라서 여러 가지 가능성이 구체적으로 나타나기 시작하고 있다. 남북한 · 중국 · 러시아 등에 의한 두만강 유역 개발 구상도 그 하나다.

이번 심포지엄의 목적은 "실제로 교류를 시작하자"라는 데 있었다. 그래서 "각 지역이 품고 있는 기대와 생각을 자유롭게 토론을 통하여 검토해 본다"라는 데 중점이 있었다.

이 취지에 따라서 정말 다채로운 생각이 개진되었고 중앙과 지방의 대립, 자금 · 기술 · 인재의 부족 등 여러 가지 어려움에 대한 보고가 있었다.

그러나 가장 커다란 문제라고 생각된 것은 '냉전의 종언' 을 둘러싼 인식의 차이였다. 일본에서는 "냉전은 끝났다"라는 안이한 인식이 일반적이지만 아시아의 실정은 그렇게 말할 수 있는 것이 아니다. 일본 외교도 또한 냉전적인 사고를 극복한 새로운 이념에 의한 것이라고 도저히 말할 수 없다.

이 점에 관해서 남북한의 연구자들이 일본에 대해서 심한 비판을 전개했다. 대만의 어떤 연로한 학자는 일본의 경제력에 대한 강한 기대를 말하면서도 일본 중심의 구상이 대동아공영권의 이미지와 겹치는 것에 고민하는 듯했다. 그들의 발언에서는 일본의 전후처리조차도 자신의 잘못에 대해서 청산하는 것이 아니라 미국의 냉전 정책의 일환으로서 한 것에 불과했다는 것과 이것을 깨닫지 못하는 일본에 대한 불만이 엿보였다.

이러한 심각한 문제를 부각시키면서도 1년 후에 '일본해 학회'를 학술회의 지원하에 설립한다는 것을 결정했다. 세계에서 처음 생기는 학회다.

만약 냉전을 둘러싼 인식의 차이가 메워지고 종래의 전문학회 형식을 넘어선 새로운 패러다임을 가진 학회로 나아갈 수 있다면 매우 획기적인 출발이 되리라고 생각한다.

기대하는 바가 크다.(7. 10)

미국과 쿠바

한 달 전에 본 두 가지의 TV 영상이 겹쳐서 내 마음을 떠나지 않는다.

그 하나는 1989년에 미군이 파나마에 침공했을 때의 실상(實像)을 전해 주는 「NHK 스페셜」이었다. 미군은 마약 밀매자 노리에가 장군 체포를 구실로 침공을 했지만 그 진짜 이유는 파나마 운하에 대한 미국의 권익을 유지하는 데 있었다는 것이고 따라서 철저한 보도관제를 한 것을 폭로한 다큐멘터리였다. 작년에 아카데미상을 수상했다.

또 하나는 역시 NHK에 의한 쿠바의 현상 보고였다. 소련이 붕괴함으로써 1년에 40억 달러나 되는 원조는 끊어지고 국민생활은 밑바닥에 떨어지고 만 것 같았다. 쿠바혁명의 영웅, 수염이 멋진 카스트로도 이제는 노령을 숨길 수가 없다.

이전에는 '양키 제국주의 타도'를 내걸고 굴복하지 않았던 카스트로 정권도 지금은 미국 정부와의 긴장완화를 요청하고 있다. 프랑스의 미테랑 대통령도 "왜 쿠바 경제 봉쇄를 계속하는가"라고 클린턴 대통령에게 관계 개선을 요청했다.

그러나 미국 정부는 '쿠바의 민주화'를 요구할 뿐 냉랭하게 대하고 있다. 미국측에는 소련이 붕괴한 지금 쿠바에 전략적 중요성은 없다는 계산이 있다. "항복하면 용서해 주마"라는 힘의 논리도 엿보인다.

나는 뛰어난 역사학자였던 트리니다드 토바고의 에릭 윌리엄스 수상의 말을 생각하지 않을 수 없다.

"서인도 제도는 구미 여러 나라에게는 말하자면 편리하게 사용할 수 있는 장기의 보(步)와 같은 존재였다."

실제로 서인도 제도의 서쪽 끝에 위치하고 있으면서 풍부한 자연에 인구가 가장 많았던 쿠바는 1492년에 콜럼버스가 찾아온 이래로 줄곧 구미 제국의 약탈과 착취와 모욕의 대상이었다. 그것은 1959년 1월 쿠바혁명에 의해서 처음으로 끝났다.

카스트로 정권은 빈민과 여성을 돕고 교육에 힘을 쏟았다. 그래서 TV 화면에서도 민중은 불편한 일상생활에 허덕이면서도 "옛날보다는 훨씬 좋다. 카스트로 만세"라고 외치고 있었다.

"미국은 카스트로와 화해할 수 있는 기회가 몇 번이고 있었는데도 언제나 거부해 왔다"(윌리엄스 수상). 미국이 계속 '제국주의자의 승리'를 얻자는 것인가, 그렇지 않으면 새로운 눈으로 사태를 다시 보고 화해의 길을 열려고 하는가. '냉전의 종언'이란 대국의 역사관과 자세를 문제삼는 시대다.(7. 17)

김대중 씨 사건 20년

일본인에게는 8월은 바이츠제커 독일 대통령의 말을 빌린다면 '과거의 역사를 마음에 새기기' 위한 나날이다. 8월 8일도 그런 날이며 나로서는 특히 깊은 생각에 잠기지 않을 수 없는 날이다.

1972년 10월 한국의 박정희 대통령은 돌연 계엄령을 선포하고 '유신 체제'라는 강권정치에 들어갔다. 그 배후에는 미국의 베트남전쟁 패배와 미중화해(美中和解)라는 아시아 냉전 구조의 변화에 따라 한국이 동요를 느끼게 된 상황이 있었다.

말하자면 박 정권은 냉전의 재무장을 감행한 셈이었다. 때마침 일본을 방문하고 있던 야당 지도자 김대중 씨는 이런 사태 때문에 귀국할 수 없게 되었고 일본과 미국 사이를 왕래하는 신세가 되었다.

다음해 7월 미국에서 도쿄로 돌아온 김대중 씨와 나는 장시간의 인터뷰를 했다. 김대중 씨의 사상과 경륜을 훌륭하게 보여 주는 깊은 내용이었고 그 이후 한국 민주화의 길을 이끌어 가는 사상이었다. 그것은 또한 이웃 나라인데도 남북한에 관한 것을 알려고 하지 않는 일본 사회에 이 저명한 정치가의 생각을 처음으로 알리는 기회가 되었다.

그 속에서 나는 "박 정권을 어떻게 볼 것인가" 하고 물었다. 그는 명쾌하게 대답했다.

"첫째로 군사 정권이고, 둘째로 정보정치이고, 셋째로는 무원칙을 원칙으로 삼는 재빠르게 변하는 정권입니다. 그리고 군대의 발상에는 에너미(敵)만이 있고 라이벌(경쟁자)이 없으며 에너미는 죽여 버린다는 생각이지요."

이 인터뷰가 게재된 『세카이』 9월호가 발매되기 시작한 8월 8일, 바로 그날에 김대중 씨는 도쿄의 한 호텔 방에서 죽을 뻔했고 한국에 납치당했다. 범인은 박 대통령의 지시에 따른 한국 정보부의 간부들이었다. 역사의 여신 클리오가 보여 준 커다란 우연이었다.

범인들의 지문도 남아 있었고 범죄 구성요건이 갖추어져 있었다. 그러나 일본 정부는 이것을 추궁하지 않고 '정치적 결착'으로 막을 내렸다. 즉 일본 정부는 냉전적인 사고로 군사 정권의 범죄를 엄호해 주었던 것이다.

일본의 주권은 그 의무를 포기함으로써 스스로 잘못을 저질렀으며 그것은 지금도 시정되지 않았다. 그리고 국민 대다수는 그것을 잊어버리고 있다.

'일본군 군대위안부' 문제는 내외의 여론이 높아지고 고노(河野) 전 관방장관 등이 노력하여 간신히 일본 정부, 군대의 강제에 의한 것이었다는 사실을 공적으로 인정했다. 김대중 씨 사건의 해결에도 또한 상당한 시간이 필요한 것일까.(8. 7)

이중적인 전후처리

"전쟁은 다른 수단으로 행하는 정치의 계속에 불과하다."

이것은 프러시아의 장군 카를 폰 클라우제비츠의 유저 『전쟁론』에 나오는 너무나 유명한 정의지만 어떤 국제정치학자가 이것을 빌어서 "냉전은 다른 수단으로 행하는 전쟁의 계속에 불과하다"라고 쓴 적이 있다. 냉전의 가혹함을 나타내는 표현이다.

냉전의 수혜자(受惠者)로 줄곧 지내온 일본 사회는 이런 리얼리티를 잘 느끼지 못하는 것 같지만 베를린 위기나 쿠바 위기 또는 실제로 전쟁으로 폭발한 한국전쟁이나 베트남전쟁을 보면 냉전이란 열전(熱戰)과 표리를 이루고 있는 것이 명백하다.

게다가 현대 전쟁의 특질은 사회의 모든 것을 동원하는 총력전이라는 데 있다. 따라서 냉전 또한 경제, 기술, 교육, 정보 그 밖의 모든 것을 적의(敵意)의 정치에 동원해 왔다.

지금 문제가 되어 있는 일본의 '전후처리 문제' 도 그러한 냉전의 테두리 안에서 냉전사고에 의해서 행해져 왔다. 그래서 그것은 자신의 역사적인 잘못을 스스로 청산한다는 주체성이 심하게 결여된 것이었다.

정부간의 관계로서는 북한을 제외한다면 여러 나라와 국교 정상화를 일단 이루었다고 하겠지만 아직도 '전후처리' 가 중대 문제가 되지 않을 수 없는 이유는 바로 여기에 있다 .

예를 든다면 한일 정상화 교섭은 1951년 도쿄의 GHQ (연합국 사령부)에서 시작되었다. 이것이 미국의 냉전 정책이 강요한 것임을 단적으로 보여 주는 셈이다.

7차 14년에 걸친 한일회담에서 일본측 대표는 "일본의 식민지 지배는 잘못이라고는 할 수 없다. 도리어 좋은 것이었다"라고 되풀이했다. 일본측이 국교 정상화를 한 것은 첫째는 미국의 요청이 있었기 때문이고 둘째는 '38도선은 한국의 운명선인 동시에 일본의 운명선'이라는 생각과(제4차 회담 사와다 렌조〈沢田廉三〉 수석대표) "아시아 반공태세 보강을 위하여"(요시다 시게루〈吉田茂〉, 『세계와 일본』)라는 생각이 있었기 때문이었다.

그러나 정상화를 위하여 지불된 금액은 당시 적당히 '한줌'이라고 말할 정도의 것이었고 그 일부는 박 정권의 정치자금이 되었다.

즉 오늘 '전후처리'라고 해서 우리가 당면하고 있는 것은 전쟁전의 잘못에 대한 청산과 전쟁 후의 냉전적 대응에 대한 근본적 시정이라는 이중적 의미에서 문제되는 '전후처리'다.(8. 21)

지코 선수의 조언

호소카와(細川) 정권에 대한 지지율은 보기 드물게 높다. 그러나 구체적인 평가에 이르면 비판적인 목소리가 많다. 새로운 분위기를 나타내는 데는 크게 성공했지만 정말 무언가를 해낼 수 있는가 하면 역시 분명하지 않기 때문일 것이다.

그러나 총리와 그 주변사람들은 "꽤 할 수 있을 것 같다"라는 실감을 가지기 시작한 것이 아닐까.

확실히 확고한 철학이 있고 열심히 노력한다면 상당히 해낼 수 있다고 나 자신 4반세기 전에 미노베(美濃部) 지사의 도쿄 도정(都政)에 관여했던 경험에서 생각한다.

문제는 무엇을 선택하는가 하는 철학과, 막스 웨버가 말하는 'dennoch'(그럼에도 불구하고)라는 사명감일 테지만.

어쨌든 '새로움' 을 내거는 정권에 바라는 것은 교육을 근본적으로 검토해 달라는 것이다.

일본의 축구는 세계 일류 선수들을 영입하여 급속하게 그 수준이 올라가고 있지만 그중의 한 사람인 지코 선수가 말하는 일본평을 읽었다. 그는 "일본에서의 생활은 마음에 든다. 시간이 정확하고 치안 상태도 좋다"라고 하면서 다음과 같이 말한다.

"일본인은 집단으로라면 무슨 일이라도 움직여 갈 수 있다. 그러나 축구는 좀 다르다. 게임이 시작되면 야구처럼 일일이 지시

할 수는 없으니까. 선수 한 사람 한 사람의 상상력—게임을 스스로 반늘어 내는 개인의 힘이 필요하다."

따라서 일본의 어린이들에 대한 지도도 잘못되어 있다고 그는 말한다.

"코치가 아이들의 머리를 떼밀거나 이래라 저래라 하고 명령하거나 한다. 그래서는 아이들은 성장하지 못한다. 자기가 생각하기보다는 지시를 받는 편이 편하다고 생각하게 된다"(이상 『월드 포럼』 93년 8~9월호).

이것을 읽고 나는 정말로 정확한 지적이라고 생각했다. 일본의 교육도 바로 이러한 간섭과 강제의 집단주의가 아닌가.

자기 혼자서 생각하는 힘, 사물의 조그만 변화에도 마음이 움직이는 풍부한 감수성, 자신의 몸을 움직여 땀을 흘리는 데서 오는 기쁨—이러한 인간의 원점을 일본의 교육이 스스로 잃어버린 지 참 오래다.

이것을 개혁하여 인간의 교육을 회복하기 위해서 힘 쓰고 커다란 문제제기를 하려는 생각이 호소카와 정권에는 없는 것일까.(8. 28)

정당 개혁

두말할 것 없지만 일본의 정치는 정당 정치에 의거하고 있다. 국회의원의 압도적 다수가 정당에 소속되어 있으며 의안에 대한 찬반은 당의 결정에 따른다. 미국 의회에서처럼 공화당 · 민주당의 정책을 넘어서 의원들이 교차투표(cross voting)하는 형태는 원칙적으로 허용되지 않는다. 게다가 '소선거구 · 비례대표 병립제'를 도입함으로써 정당 수는 한정되고 정당 정치는 더욱 강화될 것이다.

우리 나라 정당 정치는 이처럼 강력하고 또한 강화되어 가는데도 그 정당 자체의 개혁이 문제된 적이 별로 없는 것은 어찌된 일일까. 정당에 대한 공비 조성(公費助成)에 앞서 먼저 정당 자체의 자정력(自淨力)과 투명 · 개방도가 문제되어야 하는 것이 아닐까.

일본의 정당은 메이지 10년대(대체로 1880년대)에 자유민권 운동의 토양에서 번벌(藩閥) 정치를 비판하면서 출발했다. 20년 후에는 번벌의 거물 이토 히로부미(伊藤博文)가 릿켄세이유카이(立憲政友會)를 결성했지만 그것은 번벌 정치가 옷을 갈아입은 것이고 세간에서는 이런 흐름을 '리토'(吏党)라고 했다. 즉 정당 정치라고는 해도 실은 관의 '리토'와 이에 대항하는 '민토'(民党)와의 싸움이었다.

게다가 이 파행적인 정당 정치는 강력한 관료 지배와 정당 자체의 부패와 군의 간섭에 의해서 무참하게도 붕괴되어 갔다.

전후 정치는 요시다(吉田) 정권에 의해서 모양을 갖추게 되었고 지금 그것은 '보수 본류(本流)'로서 신격화되었다. 그렇지만 요시다 시게루(吉田茂) 총리는 한쪽은 미국의 점령 정책에 또 한쪽은 냉전에 양다리를 걸친 사람으로서 "정당에는 거의 관심이 없었다"(존 다우어, 『요시다 시게루와 그의 시대』). 그는 국회를 '동물원'이라고 했고 국회의원을 '원숭이 산의 원숭이'라고 주저하지 않고 말했다.

이리하여 일본의 정당 정치는 미숙한 채 국민에게서 멀리 떨어져 있는 것으로 오늘날까지 계속되어 왔다.

당중앙이라고 불리는 파벌지배와 족의원(族議員: 분과위원회를 중심으로 정부와 밀착된 국회의원들 ― 역자주) 구조에 의해서 부정을 거듭해 온 자민당은 모래 위에 선 큰 탑(巨塔)처럼 무너졌다. 사회당은 노동 운동에 의지한 채 노동 운동의 일부 간부들의 간섭에 갈팡질팡하면서 자치 능력을 잃어버리고 말았다. 공명당도 정교분리(政教分離)의 과제를 극복하지 못하고 매우 어정쩡한 노선을 유지하고 있다.

고노(河野) 신 총재 하에 있는 자민당은 이 달 말에 당대회를 열고 '파벌 해소'를 선언한다고 한다. 그 향방을 주목해 보자. 어쨌든 정치 개혁이 본래 가야 할 길은 주체적이고 구체적인 개혁이다. 소선거구제나 공비 조성이라는 제도 개혁에 의지하는 '타력본원'(他力本願: 다른 사람에 전적으로 의지하는 것 ― 역자주)으로써는 길은 결코 열리지 않는다.(9. 11)

히로쓰 가즈오(廣津和郎) 선생의 거짓말

우리 집에서 걸어서 3분 거리에 소토슈(曹洞宗)의 기치조지(吉祥寺)가 있다. 그곳 묘지에 오자키 고요(尾崎紅葉) 등과 함께 겐유샤(硯友社: 1885년에 결성된 문학단체 — 역자주)를 일으킨 가와카미 비잔(川上眉山)의 무덤이 있다.

지금은 분쿄구(文京區) 교육위원회가 안내판도 세우고 묘소 정리도 했지만 이전에는 조그만 묘석이 넘어질 듯 서 있었다. 비잔은 겐유샤 문학이 기울어져 가는 상황에서 작가 활동으로 고심하다가 자살한 것으로 되어 있다. 그러나 같은 겐유샤의 작가 히로쓰 류로(廣津柳浪)의 아들인 히로쓰 가즈오 선생은 "그렇지 않아. 가난으로 고통을 겪다가 자살했다. 나는 잘 알고 있어"라고 한 적이 있다. 강한 어조였다.

히로쓰 일가도 역시 생활이 어려웠다. 신바시(新橋)에 있는 잘 아는 명의를 찾아 아버지의 약을 지으러 갈 때 히로쓰 소년은 전차 값을 아끼려고 먼 거리를 걸어갔다. 의사는 약과 함께 남몰래 돈을 건네 줄 때도 있었다. "그 아들도 의사여서 요즘은 내가 신세를 지고 있어. 병도 피곤도 풀어 주는 2대에 걸친 명의야"라고 히로쓰 선생은 말했다.

어느 여름날 히로쓰 선생이 돌연 찾아오셨다. 무슨 일일까 해서 회사 현관으로 내려가 보니까 선생은 "몸이 좀 좋지 않아서 신바시에 가 보려고 나왔는데 자네도 함께 가지 않겠는가" 하고 권

유한다. 몇 번이고.

얼마 안 되어 나는 아차 하고 알아차리고는 가슴이 뜨거워지는 것을 느꼈다. 한 달쯤 전에 내가 위궤양으로 고생한다는 것을 들은 선생은 자신이 신뢰하는 의사에게 진찰을 받게 하고 싶었던 것이었다. "나도 몸이 좋지 않아서"라는 것은 나에게 부담을 주지 않으려는 배려에서였다. 대단히 수줍어하는 선생의 조그마한 거짓말이었다. 나는 다만 사양하기만 했다.

그러니까 선생은 "그래. 그렇다면 언제든 좋으니까"라고 하면서 맥고 모자를 쓰고 뜨거운 거리로 나섰다.

히로쓰 선생은 대단한 프로야구 팬이었다. 고라쿠엔(後樂園) 구장의 내야석 입장 패스를 가지고 있어서 때때로 내게도 그것을 빌려 주었다. 그런데 마쓰가와 재판(松川裁判: 1949년에 마쓰가와역 부근에서 열차가 전복된 사건. 철도 등의 인원정리에 반대하는 공산당과 노조의 폭력행위라고 체포·탄압하려고 했으나 나중에 전원 무죄가 됨, 히로쓰 가즈오 등의 구원 활동이 여론을 환기시켰다—역자주)이 대법원에서 원심을 파기하고 되돌려져 그 최종심 판결을 기다리고 있을 때였다. 마침 프로야구 얘기가 나오자 "최근에는 구장에 가지 않는다. 길게 줄을 서야 하니까"라고 했다. "정기권은 어떻게 하셨습니까"라고 물으니까 "『요미우리신문』과 싸우고 돌려줬지"(프로야구 자이언츠는 『요미우리신문』 팀—역자주)라고 하면서 그 전말을 얘기했다.

그렇지만 그것도 거짓말이었다. 몇 년이 지나서 마쓰가와 사건 피고였던 사람에게서 이런 말을 들었다.

“최종판결이 가까워지자 선생님은 절대로 무죄라고 하시면서도 역시 불안해 하는 우리들을 여러 가지 얘기로 격려해 주셨다. 기분 전환이라도 할겸 교대로 야구를 보러 가라고 고라쿠엔의 패스를 빌려 주셨다.”

9월이면 마쓰가와 재판에서 무죄판결이 난 지 30년이 되고 히로쓰 선생이 가신 지도 25년을 헤아린다.(9. 25)

사회당의 내일

"정계에서 승리했을 때에는 모든 사람이 말을 건네 온다. 패배했을 때는 친구들이 말을 건네 온다. 워터게이트 후 이처럼 많은 사람들이 말을 건네온 것은 나에게는 놀라움이었다"(리처드 닉슨, 『내 생애의 싸움』).

스캔들로 대통령직을 물러난 리처드 닉슨의 술회다. 이것은 닉슨이 일부러 힘줘서 한 말인지 모르겠지만 나는 최근의 사회당을 보면서 이 말을 생각했다. 사회당에 '친구들의 말'이 들려오는 것일까.

일주일 전 사회당 대회는 새로이 무라야마(村山) 위원장을 선출하여 간신히 체제를 유지했지만 "체념이 당내에 만연해 있는 것처럼 보이고" "사회당의 장래에 대한 비전은 보이지 않았다"라고 한다(본지 9월 26일). 눈에 띄는 것은 사회당 간부의 대신(장관)병이라는 심한 평도 있다. 어쨌든 "사회당에 내일은 있는가"(『아사히신문』 9월 27일 사설) 하는 견해가 일반적이다.

사회당이 이러한 사태에 이른 데에는 너무나 많은 원인이 있다고 하겠으나 최대의 원인은 두 가지라고 생각한다. 그 하나는 창당 이념을 확고하게 내걸면서도 이념과 현실 사이의 투쟁을 정책과 운동을 통하여 계속 전개해 가는 열정과 정치기술이 결여되었던 것이고 또 하나는 노동 운동에 의지할 뿐이고 주민의 직접적인 대표라는 자신을 굳게 하려는 노력이 소수의 사람을 제외하고는 볼 수 없었다는 것이다.

일본 열도의 남북에서는 심한 재해를 겪고 있으며 냉해 때문에 벼농사는 전후 최악의 상태다. 동북에서는 평균 작황지수(指數) 60이고 아오모리(靑森)의 경우는 32라고 하는데 이러한 국민의 고난에 대해서 요즘 노동 운동계는 침묵하고 있다. 이처럼 사회의 불공정 문제에 대한 그들의 목소리는 너무나 작다. '연합'(전일본민간노동조합 연합회의 약칭 — 역자주) 지도층의 관심은 정계에 있고 정치에는 있지 않은 것 같다.

사회당은 이러한 노동 운동에서 자립하여 시민 운동과 협력하고 자치단체 행정을 개선하려고 하며 지역 정책의 충실을 기해야 하는 것이다. 이렇게 함으로써 자체의 힘으로 지지 기반을 이룩할 수도 있고 인재도 양성할 수 있을 것이다. — 나는 이전부터 이렇게 말해 왔다.

그러나 사회당이 시민 운동의 요청에 응하지 못한 채 안이하게 각당 연합으로 지지해 온 자치단체장들의 거대한 부정에 대해서도 반성하려는 기색이 없고 개혁할 생각도 하지 않는 것은 어찌된 셈일까. 커다란 의문이다. 사회당은 감수성도 약해졌다고 생각한다.(10. 2)

새로운 빛 속에서

10월 1일 스와(諏訪) 시립 신슈(信州) 후주(風樹)문고의 신축 낙성식이 있었다. 후주문고는 전후 혼란 시대에 좋은 책을 읽고 싶어한 청년들의 뜻으로 태어난 것이고 이와나미(岩波)서점이 전후에 출판한 모든 서적이 소장되어 있다. 노후한 구관에 비해서 신관은 아름답고 좋은 설비를 갖춘 훌륭한 도서관이다.

3일 일요일 스와시와 이와나미서점이 공동 주최한 기념강연회가 열렸고 이데 마고로쿠(井出孫六) 씨가 강연을 했다. "이와나미 시게오(岩波茂雄)와 신슈"라는 강연은 신슈의 풍토와 연결된 여러 사람의 뜻이 격동의 시대를 걸어온 그 모습과 함께 눈앞에 떠오르는 이야기였다. 나는 퍽 감동했다.

다음날 나는 마시노(眞志野)의 류운지(龍雲寺)를 찾았다. 이토 지요코(伊藤千代子)의 묘비를 보려고 오랫동안 생각해 왔기 때문이다.

이토 지요코의 이름을 내가 안 것은 곤도 요시미(近藤芳美) 씨의 시가론을 읽고 나서였는데 그 후 히가시 에이조(東榮藏) 씨의 명저 『이토 지요코의 죽음』(未來社)을 히가시 씨에게서 받아서 읽은 후 그의 생애를 알게 되었다. 히가시의 저서에 의하면

메이지 38년(1905) 마시노의 농가에서 태어난 이토 지요코는 동창생인 히라바야시 다이코(平林たい子)와 함께 스와 고등여학교에 진학했다. 말이 없고 침착한 표정 속에 정열과 뜻을 품었고

우등생으로 졸업할 때에는 학생대표로서 쓰치야 후미아키(土屋文明) 교장 앞에 섰다.

향학심에 불타던 지요코는 소학교 대용 교원(교원 자격을 가지지 않은 교원 — 역자주)을 하다가 도쿄여자대학에 입학했고 대학에서는 마르크스주의 학습회를 조직하여 지도자 역할을 했다. 그에게 사회적 관심을 갖게 한 것은 그가 산 시대와 신슈의 시라카바(白樺) 운동(1910년에 창간되어 23년에 폐간된 문예잡지 『白樺』를 중심으로 한 인도주의, 이상주의 문예 운동 — 역자주)이었다.

지요코는 공산당 간부인 아사노 아키라(浅野晃)를 알게 되어 비합법 활동을 하면서 비밀리에 결혼생활을 하게 되었다. 결혼을 한 다음해 쇼와(昭和) 3(1928)년 정월에 입당, 그해 3월 3 · 15사건(공산당원을 전국적으로 체포한 사건 — 역자주)으로 체포되었다.

옥중에서도 굴하지 않은 그였지만 남편 아사노의 전향을 알고는 정신이상이 되어 다음해 쇼와 4년 마쓰자와(松沢) 병원에서 23세의 생애를 마쳤다.

쇼와 10(1935)년 쓰치야 후미아키는 그를 애도하는 단가(短歌) 몇 편을 발표하였다. 그중에서 3수를 적어보겠다.

"참 여인이 오로지 성실하게 살려고 하는 것을 붙잡아 옥중에서 죽게 한 지 5년이나 되었네."

"높은 세상을 뜻할 뿐인 소녀들을 여기서 보면 이토 지요코의 운명이 더욱 슬퍼."

"뜻을 품고서 쓰러진 소녀여, 새로운 빛 속에서 내 추억하리."

류운지의 묘소는 스와 분지를 내려다보는 언덕에 있었다. 가을

햇볕에 빛나는 호수와 거리를 바라보면서 나는 빛을 찾아서 열심히 걸어온 사람들의 시대와 욕망에 넘친 현대를 생각했다.(10. 9)

회한(悔恨)의 30년

"일본인이라는 것을 알고 난 후부터는 조국에 돌아간다는 것이 꿈이었다. 모두 다 일본에 돌아오기를 희망하고 있다."

10월 26일에 일본에 도착한 '중국 잔류(殘留) 일본인 고아'라고 불리는 사람들의 목소리다(본지 10월 27일). 24회째의 조사이지만 세월이 흘러감에 따라서 증거가 될 만한 것이 적어져서 지난 3회의 신원 판명률은 약 10퍼센트였다고 한다(위의 신문).

이들을 맞이한 기사를 읽을 때마다 나는 형용하기 어려운 느낌에 사로잡힌다. 이 사람들의 꿈을 실현시켜 줄 수 있는 기회의 문은 30년 전에 열릴 수 있었던 것이 아닌가 하는 생각이 강하게 들었기 때문이다.

1949년 중국 대륙에서는 국민당과 공산당의 국공 내전이 끝나고 중화인민공화국이 성립되었다. 미국은 대만으로 도피해 간 장개석 정권의 대륙반공을 계속 지지했지만 국제 사회는 점차로 모택동 정권의 신중국을 인정하고 중국도 아시아에서의 평화공존 외교를 적극적으로 전개해서 반둥평화 10원칙(1955년) 성립을 주도했다.

일본에서도 1954년 10월에 중일 · 소일 국교회복 국민회의가 결성되고 그 이틀 후에 일본 적십자사의 초청으로 이덕전(李德全) 여사를 단장으로 한 중국 홍십자회(紅十字會) 대표단이 일본을 방문했다. 이러한 움직임 속에서 일본인 병사의 유골 반환 · 포로 송환 등의 진전이 있었다. 1956년에 총리에 취임한 이시바시 단잔(石橋湛山)은 대미 종속의 시정과 아시아 외교의 중시를 내걸었다.

그러나 이시바시 총리는 병환으로 불과 2개월 만에 물러났고 기시 노부스케가 뒤를 이었다. 그 다음해 1958년 5월 나가사키 우표전람회에서 우익 청년이 중국 국기를 끌어내리는 사건이 일어나 중국은 이 모욕에 대해서 엄중하게 항의했다. 기시 총리는 이 항의에 대해서 "중일 문제를 관망한다"라고 냉랭하게 응대했다. 게다가 기시 정권은 미일안보조약 개정을 강행했고 중일 관계는 최악의 사태에 접어들었다. 그것을 타개하는 데 많은 시간이 걸렸다.

만약 1960년 전후에 중일 정상화에 가까운 교류가 있었더라면 잔류 고아인 사람들의 고통에 대한 해결의 길이 열렸을 것이다. 그때 부모와 헤어진 아이들은 14~15세, 부모는 40~50세였을 것이다. 서로 인생을 새롭게 시작하기에 충분한 때였다.

역사에 '만약'은 없다고들 흔히 말한다. 그렇지만 스스로의 잘못은 항상 문제삼아야 한다. 그리고 우리들의 역사에서 행한 잘못은 전쟁 전의 잘못만이 아니라는 것을 잊어서는 안 된다.(10. 30)

리프먼의 가르침

월터 리프먼(Walter Lippman, 1889~1974)은 20세기 최고의 저널리스트라고 불렸지만 매스컴의 세계가 확대되고 혼란됨에 따라서 저널리즘의 기축적(基軸的) 존재로서 그는 빛을 더욱 더하고 있다.

아직 젊었던 리프먼을 존 리드는 '온화하고 끝없이 사려깊은 사람. 명석, 견실, 건전한 사고와 문장의 사람'이라고 했지만 서른세 살 때 낸 저술 『여론』은 바로 끝없이 심오한 저서여서 나는 몇 번이나 읽었다. 리프먼은 이렇게 말한다.

"뉴스와 진실은 동일한 것이 아니며 분명하게 구별되어야 한다. 이것이 나에게 가장 결실이 많다고 생각되는 가설이다" "저널리스트는 자기가 주관적인 렌즈를 통하여 이 세상을 보고 있다는 것을 알고 있다."

자기가 전하는 뉴스의 일면성과 주관성을 자각하고 있는 자가 바로 저널리스트로서 자격이 있다고 리프먼은 말하고 싶었던 것이 아닐까.

따라서 그에 의한다면 뉴스는 '하나의 사실이 일어났다는 것을 알리는 신호'에 불과한 것이고 이에 대하여 진실의 기능은 "숨겨진 사실을 표면에 끌어내고 그것들을 관련지어서 사람들이 그것에 따라서 행동할 수 있게 현실의 정경을 만드는" 데 있다

(『여론』 역자 해설에서).

일찍이 영국 국영방송 BBC의 카런 사장은 "방송의 용기란 얼마나 소수의 의견을 전하는가에 있다. … BBC도 체제의 일환이다. 그러나 우리의 체제란 자기를 적대시하는 의견을 언제나 사람들에게 전해야 한다는 것이다. 그것이 민주 사회라고 생각한다"라고 말했다.

이것을 소개한 것은 후카시로 준로(深代惇郎)였다(『深代惇郎 에세이집』). 『아사히신문』의 '텐세이진고'(天聲人語)를 담당했던 후카시로는 46세로 세상을 떠났다. 불세출의 명문장가였다. 명기자인 동시에 당당한 저널리스트였다. 카런 사장의 말을 소개하면서 후카시로는 이렇게 단언했다.

"언론의 자유는 언제나 권력을 가지지 못한 자가 권력을 비판하기 위해서만 존재했다" "어느 때 역사를 보아도 정당함은 소수에 의해서 시작되었다."

'TV 아사히' 사건(뉴스를 조작해서 보도한 사건—역자주), 주간지의 보도, '정치 개혁' 토의—이러한 사태를 보고 나는 저널리즘의 정도를 걸어간 사람들의 말을 반추하지 않을 수 없었다.(11.6)

북일(朝日)협상 타개의 기회

이 달 6일 호소카와(細川) 총리는 긴장이 더해 가는 정치 일정 속에서 한국의 고도 경주를 방문하여 한일 정상회담을 가졌다.

한일 쌍방에 절실한 사정이 있었다. 한국으로서는 한일경제 관계의 불균형을 시정하는 것이 계속되어 온 최대의 과제였다. 그런데 때마침 '강제연행 · 일본군 군대위안부 문제' 등 일본이 전쟁 후 대응을 소홀히 한 치명적인 결함이 표면화되어 한일 관계의 밑바닥에는 언제 역류할지 모를 심각한 문제가 잠재해 있어서 어떤 새로운 전기가 필요했다.

또한 시애틀에서의 미일 정상회담을 앞둔 호소카와 총리에게는 '북한 포위작전' 을 쓰는 미국을 어떻게 따라가야 하는가에 대하여 한일 양국 정부 사이에 조정을 해야 할 필요도 있었다.

이 두 가지 실제적인 과제에 대하여 새로운 성과가 있었다고는 생각되지 않는다. 그렇지만 이 회담에서 호소카와 총리가 일본의 식민지 지배의 잘못에 대해서 솔직하게 말하고 거듭 사과한 것은 무엇보다도 큰 성과였다. 그것은 한일 관계에서 획기적인 일이었다. 스스로 내 자세를 고친다는 것, 즉 '원한을 바른 것으로 갚는다는 것'(以直報怨)이야말로 사람의 마음을 여는 길이다.

그렇다고는 해도 이 분명한 사실의 확인과 상식적인 태도를 일본이 공적으로 표명하는 데 왜 이처럼 오랜 시간이 필요했던

가. 이 물음이 일본 사회에 제기되었다.

나아가서 같은 고통을 강요한 북한에 대해서도 일본 정부가 마찬가지 자세를 취하는 것이 당연한데, 만약 일본 정부가 지금 그 주체성을 발휘할 수 있다면 그것은 북미 관계와 남북한 관계의 개선에도 크게 기여하리라고 나는 생각한다.

핵문제에 대해서만 고집하는 미국의 파워게임으로는 북미 교섭은 막다른 골목에 이르지 않을 수 없다. 이 때문에 북미간의 다른 문제를 연결시킨 포괄 교섭으로 움직이려고 하지만 이때에 핵문제를 포함한 '역사의 청산' 이라는 최우선의 독자적 과제가 있는 북일 정상화 교섭을 진행시키는 주도권을 일본이 잡는다면 북한에 대한 외교 루트는 복수가 되고 타개의 폭은 크게 넓어진다. 북한의 경직된 자세로 고민하는 한국 정부는 이러한 양면 전략을 원하고 있다. 이번 주말 며칠 동안 시애틀과 워싱턴에서 미일 · 중일 · 한미 · 미중 정상회담이 계속 전개되지만 호소카와 총리는 미국의 북한 포위 정책에 가담하여 북풍을 강화하는 것이 아니라 북일 정상화 추진을 시도하여 북한의 외투를 벗게 하는 구상을 말해야 할 것이다. 이번이 그럴 수 있는 기회다.(11. 20)

소세키(漱石)의 선견(先見)

시바 료타로(司馬遼太郎) 씨의 신간 『열여섯의 이야기』를 읽었다. 이 책에는 캠브리지대학에서 말씀하신 강연 '문학으로 본 일본 역사'가 수록되어 있지만 그 안에서 시바 씨는 다음과 같이 지적하셨다.

"메이지(明治)는 혁명에 의한 유혈은 적었지만 문화면에서는 프랑스혁명보다 과격하고 철저하게 낡은 일본을 부정했다. 따라서 메이지의 작가들은 새로운 일본어를 만들어 내기 위해서 각기 고심했다.

예를 든다면 이즈미 교카(泉鏡花)가 스스로 만든 문장으로는 남녀의 사랑은 묘사할 수 있어도 EC의 문제를 말할 수는 없다. 대표적인 평론가였던 도쿠도미 소호(德富蘇峰)가 쓴 문장으로는 정치나 역사를 말할 수는 있어도 남녀의 감정은 말할 수 없다. 그 모두를 말할 수 있는 문장은 사회의 성숙과 천재의 출현을 기다려야만 했다. 그리하여 출현한 것이 나쓰메 소세키(夏目漱石)였다. 사회는 소세키의 문장을 공유하게 되었다."

뒤얽힌 역사의 흐름에서 본질을 파악하는 명쾌한 시바 씨의 사관이다.

그 소세키가 메이지 34(1901)년 3월 일기에 이렇게 기록하고 있다.

"일본은 30년 전에 각성을 했다고 한다. 그렇지만 그것은 반종(半鍾: 작은 신호와 경고를 위한 종 — 역자주) 소리에 펄떡 일어난 것이다. 그 시기의 각성은 정말 깨어난 것이 아니라 당황했던 것이다. 단지 서양에서 받아들이는 것만 서두르고 소화할 여유가 없었다. 일본은 진정으로 각성하지 않으면 안 된다."

같은 무렵에 남긴 단편(斷片)에는 이런 것도 있다.

(1) 돈이 힘이라는 것을 안 것. (2) 돈이 힘이라는 것을 아는 동시에 돈이 있는 자가 세력을 얻은 것. (3) 돈이 있는 사람은 다수가 무학무지(無學無知) 야비하다는 것. (4) 무학부덕의(無學不德義)해도 돈이 있으면 세상에서 세력을 가지게 된다는 것을 실제로 보여 주었기 때문에 국민은 괴로운 덕의를 버리고 다만 돈을 벌어 으스대려고 하기에 이른 것(이하 생략).

이리하여 국민의 품위는 낮아졌고 국가는 무너지기 시작하고 있다고 소세키는 말했다.

소세키의 두 개의 경구는 참으로 오늘의 사회를 내다본 문장이라고 할 수 있다. 아니 부패와 난맥과 경박에 휩싸인 일본의 현실은 소세키 선생도 놀랄 뿐이라고 해야 할지 모른다. 우리들은 먼 과거로 거슬러 올라가서 진지하게 자신이 걸어온 길을 되돌아보아야 할지 모른다.

근대화의 파도 속에서 몸부림친 소세키가 50세를 앞두고 세상을 떠난 것은 1916년 12월 9일이다.(12. 11)

철학자의 말

이번 가을에 읽은 독일 철학자의 말이 마음에 남아서 금년을 마감하며 새삼 생각하게 된다.

그것은 만프레드 프랑크 교수의 강연과 유르겐 하버마스의 신문 기고문이지만(모두 『思想』 10월호) 프랑크 교수의 강연은 작년 가을 프랑크푸르트에서 포그롬(Pogrom: 유대인 주민과 그 주택, 점포에 대한 집단적 습격, 파괴, 학살. 1881년 이래 러시아에서 반복되었다 — 역자주)에 대한 추도식 — 겟베르스 주도로 행해졌던 유대인 박해에 대한 추도식에서 행해졌다.

통일 후 독일 사회는 경제적 어려움과 방대한 난민 그리고 이것에 짜증을 내고 외국인 배척에 광분하는 극우 청년들의 문제로 고민해 왔다. 콜 수상은 "이대로 난민 문제가 계속된다면 국가적 비상 사태가 될 것이다"라고 선동하여 난민비호권을 규정한 기본법(헌법)을 고쳤다.

여론의 대세는 이것을 지지했지만 프랑크 교수는 이 개헌을 조용히 그러나 통렬하게 비판했다.

"확실히 포그롬의 공포에 당시의 독일 국민은 분노했다. 그렇지만 그 항의는 조용한 자기 집 방에서 한 것뿐이었다. 한편 상당히 많은 국민이 길거리에 나가 나치스의 돌격대나 친위대를 향하여 환호 소리를 올렸다."

따라서 겟베르스는 "정치는 가두의 압력에 따라야 한다. 우리는 국민이 원하는 것을 실행하기만 하면 되었다"라고 말했다. 지금은 어떤가.

"기본법의 이념은 기본적으로는 가지고 있을 뿐이고 새로운 상황이 생기면 박탈되거나 박탈해도 좋다는 것이 아니다. 그것을 찾아서 인류가 수천 년 동안 피를 흘리고 싸워 왔는데."

추도식에 참석했던 시민 중에서 많은 사람이 이 프랑크 교수의 '독일 비판'에 항의하여 퇴장했다고 한다. 그렇지만 하버마스 교수는 『디 차이트』에 보낸 기고문에서 프랑크 교수를 지지하고 "독일은 정상적인 국민국가가 되었는가"라고 물었다.

보수에서 야당까지의 거의 모든 정치가가 "헌법은 국내의 기분에 맞춰야 한다"라고 생각하고 있고 이러한 정치가들은 "정권에 참가해 있기만 하면 된다"라고 생각하고 따라서 "규범적 실질이 문제가 될 때에는 그들은 전혀 신용할 수가 없다"라고 하버마스 교수는 비판한다.

독일의 두 철학자가 행한 비판은 우리들과 무관하다고 할 수 있을까? 또는 우리 사회는 이러한 원리적인 사고의 힘을 어느 정도 확보하고 있다는 것일까? 특히 지식인 세계에서는 어떨까? (12. 25)

정치 변동과 여성 (1994년)

제네콘 뇌물수수 사건의 본질/국회의 빈곤—그 이유는/정치 변동과 여성/한일(韓日) 백년/미일 관계와 국제 사회/ '회귀'(回歸)는 '혁명' 의 뜻도/북한이 잃어버린 것/도목갱신(倒木更新)/일본 사회의 헌법 감각/TV란…/중국으로부터/55년 체제란 무엇인가/실정법(實定法) 사상/이웃 나라의 불행과 매스컴/ '평온' 속에서/ '동아연대'(東亞連帶)와 일본/관료의 문장/ '독서무연'(讀書無緣)의 사회/쿠바와 미국/TV와 정치가/단순한 기본 문제/사실을 보지 않는 보도/프랑크푸르트에서/친구라면/풍요함에 접하여/사라예보에서의 물음/경관이 된 교사들/사라예보의 '사춘기'

제네콘 뇌물수수 사건의 본질

이른바 제네콘의 불길은 아직 수그러들지 않고 있다. 센다이(仙台) 시장, 미야기(宮城)현 지사, 이바라기(茨城)현 지사―그들의 부정은 거의 일상화 · 조직화되었다고 할 만큼 난맥상을 이루고 있다. 그들만이 아닐 것이라는 목소리가 많다. 그런 말을 들을 때 나는 『논어』의 "정직하지 않아도 살아 있음은 요행으로 화를 면하는 것이니라"라는 말씀을 생각한다. 옳지 않은 인간이 존재하는 것은 우연, 요행으로 벌을 면하고 있기 때문이라는 것이다.

매스컴이 '제네콘 뇌물수수 사건'이라고 이름을 붙인 것은 조금 빗나간 것이라고 나는 생각해 왔다. 사건의 본질은 지사 · 시장의 자세 여하에 달려 있기 때문이다.

대건설회사의 부정은 물론 용서할 수 없다. 그러나 일을 맡으려는 기업이 단체장에게 인사를 하러 가서 "너희 기업은 맨손으로 오느냐"라는 물음을 받으면 기업으로서는 '헌금'을 하거나 일을 맡는 것을 단념하거나 어느쪽인가를 선택해야만 한다.

사실 단체장의 권한은 대단한 것이다. 특히 지사의 힘은 감히 말한다면 담당 행정구역 안에서는 무한에 가깝다. 도쿄 도정(都政)에 관여한 경험에서 나는 그렇게 생각한다. 물론 그러한 부정과 전혀 관련이 없는 단체장이 많다. 즉 사건의 본질은 전적으로 단체장의 주체성에 달려 있다.

따라서 나는 제네콘 뇌물수수 사건의 초점은 다음과 같은 네 가지 점에 있다고 생각한다.

1. 그 단체장 자신의 책임과 단체장을 선출한 선거민의 판단. 정치가의 윤리관과 선거민이 쓰라린 반성을 쌓아 가는 것이 개선에 대한 가장 유력한 길이다.
2. 그 단체장을 추천한 정당의 책임. 요즘 유행하는 연합공천을 한 각 당은 입을 다물고 이에 대한 책임을 명백히 하지 않는데 그러한 정당을 나라 재정으로 지원하는 것이 타당한 것일까.
3. 의회의 책임. 단체장과 마찬가지로 주민의 직접선거로 선출되는 의원들은 행정을 체크하는 권한과 의무를 지니고 있다. 오늘의 현실은 흉하기 짝이 없다.
4. 정부의 책임. 야마가타 아리토모(山県有朋, 1838~1922년: 메이지 이래 절대권력을 누린 군인 출신 정치가—역자주) 이래로 중앙집권 체제로 이룩된 '유착 · 부정'의 구조를 개선할 수 있느냐 없느냐 하는 것은 대개는 정부의 의사에 따르는 것이다. 필사적으로 개선하려고 하는 의사가 있다면 그 구체적인 안은 물론 많다. 그렇지만 이러한 자세는 오늘의 연립정부에서는 찾아볼 수 없다. 그들의 '정치 개혁'에 우리가 신뢰를 가지지 못하는 이유가 여기에 있다.(1. 22)

국회의 빈곤—그 이유는

국회는 간신히 수습의 길을 찾았다. 그렇지만 정당정치의 빈곤상은 이미 충분할 만큼 명백하다. 그 이유 또한 분명하다.

첫째는 왜곡.

다나카(田中) 정권 이래로 줄이은 부정부패를 극복하기 위한 정치 개혁은 '정치가 및 정당의 윤리 확립과 행정 개혁' 에서 '소선거구제 도입' 이라는 제도 변경으로 억지로 옮아갔다.

그 목적은 '우선 자민당 장기 정권을 대신하는 것' 과 '국제정치에 재빨리 대응할 수 있는 능률적인 정치로의 전환' 에 있다며 이 '새로운 정치' 에 대해 떠들어댔지만 실제의 모습은 정권을 다투는 낡은 패권주의에 불과했다. 오자와 이치로(小沢一郎)와 공명당(公明党)의 전법이나 자민당 각파의 움직임에 그것이 현저하게 나타났고 오자와에게는 '새로운 정치' 는 그의 혐의를 숨기는 효과도 있었다.

둘째는 억지.

왜곡은 당연히 계속 억지를 불러일으킨다. 정부와 여당은 그들이 말하는 '정치 개혁' 을 실현하기 위해서는 (1) 경기 대책보다 '정치 개혁' 을 우선했다. (2) 헌법 제59조 4항을 계산에 넣고 대폭적인 회기 연장을 강행했다. 참의원의 심의를 필요로 하지 않는다는 억지도 있었다. (3) 예산 편성을 아주 늦췄다. 예산은 정부의 얼굴이고 예산 심의는 의회의 권리와 의무다. 그렇지만 정부는 얼굴을 가리고 의회는 무시되었다고 하지 않을 수 없다.

셋째는 경솔.

국민의 정치 불신은 장기에 걸치고 있다. 또한 '정치 개혁' 은 여러 번 좌절되었다. 이 두 가지 사실에서 보면 호소카와(細川) 정부와 여당은 '정치 개혁' 을 으뜸가는 사명으로 내건 이상 상당히 진지하게 또한 신중하게 대응해야 하고 더욱이 정도(正道)를 밟아야만 했다. 즉 엄격한 부패 방지법 성립을 추구하고 그럼으로써 국민의 실질적인 신뢰를 모으고 이것을 바탕으로 다음 제도 개혁을 제시해야만 했다.

이상을 한마디로 말한다면 오늘의 결과는 안이와 억지에 의한 패배다.

다시 말하면 예산 편성과 정치 윤리의 회복이라는 기본적이며 긴급한 정치 책임을 포기하는 자는 당연히 벌을 받아야 하는 법이므로 지금 밑바닥까지 떨어진 의회의 초라한 모습은 그들 스스로가 자초한 것이었다.

문제의 심각성은 그간 이러한 본론적인 문제점을 저널리즘이 너무나 적게 지적했다는 데 있다.(1.29)

정치 변동과 여성

"과거에 눈을 감는 자는 현재에도 눈을 감는다."

우리 나라에서도 거듭 인용되는 바이츠제커 대통령의 말이다.

독일 패전 40년에 즈음하여 연방의회에서 행한 대통령의 연설을 알고서 나는 잡지 『세카이』에 그것을 소개하고 후에 '이와나미 부크릿' 으로도 편집했지만 이 연설 속에서 내 가슴에 강한 감명을 준 것은 나치스의 희생이 된 사람들을 하나하나 구체적으로 드는 장면이다.

강제수용소에서 목숨을 빼앗긴 600만의 유대인. 소련 · 폴란드의 무수한 사망자. 병사로서 쓰러진 동포. 고향을 쫓겨나는 도중에 목숨을 잃은 동포. 살해된 정신병환자. 총살된 인질. 레지스탕스의 희생자. … 그리고 마지막으로 대통령은 슬픔에 가득 찬 채 말한다.

"사람들이 지닌 무거운 짐 중에서 가장 커다란 몫을 짊어진 것은 아마도 각 민족의 여성들이었을 것입니다. … 말할 수 없이 어두운 날들에도 인간성의 빛이 꺼지지 않게 지켜온 것은 그들이었습니다. 싸움이 끝날 무렵부터 미래에 대한 확실한 전망도 없이 선두에 서서 돌을 하나 하나 쌓아올리기 시작한 것은 그들이었습니다."

그렇지만 전쟁이 끝나고 부흥되기 시작할 때부터 그들 여인들은 다시금 사회의 뒷전으로 물러나야만 했다고 대통령은 탄식한다.

무겁게 들리는 이 말을 나는 거듭거듭 회상하지만 최근 통일 후의 독일 상황을 알려주는 책을 읽고 먼저 바이츠제커의 연설을 생각했다.

그 책이 바로 우에노 지즈코(上野千鶴子), 다나카 미유키(田中美由紀), 마에 미치코(前みち子) 등 세 여성 연구자가 독일의 많은 여성과 여성단체와 인터뷰를 해서 편집한 『독일의 보이지 않는 벽—여성이 되묻는 통일』(이와나미신서)이다.

"통일 후 여성의 상황은 전보다도 더 어려워졌다"라고 누구나 말한다. 동독의 여성들은 사회주의 정권의 붕괴를 기뻐하면서도 실업, 차별, 폭력, 퇴폐 문화 등 효율 사회의 이면인 현실 속에서 괴로워하고 있다. "우리들이 원하는 것은 통일이 아니라 또 하나의 국가다"라는 말이 있었다고 한다. 국가나 정치의 대변동에서는 언제나 여성들의 권리가 희생되거나 또는 무시된다. 이 책은 그러한 현실을 눈앞에 보여 주는 준엄한 보고이다.

여성이나 소수자의 정치 참여의 길이 심히 좁은 '정치 개혁'이 성립된 우리 나라 상황에 독일 대통령의 말과 독일에서 온 보고를 함께 비추어 보면서 내 마음은 무겁기만 하다.(2. 5)

한일(韓日) 백년

1세기 전 1894년 2월 15일. 한국에서는 동학농민군의 봉기가 일어나서 한국의 근대사에 큰 획을 긋게 되었다.

전라도 고부 군수의 포악에 견디지 못한 농민들이 일어났고 이것을 강경하게 제압하려는 정부에 저항하여 농민들은 무장을 했고 6월 1일에 전 도를 해방했다. 농민군의 기강은 엄정하여 민중의 환영을 받았다.

한국에서도 중국이나 일본의 경우와 마찬가지로 서세동점(西勢東漸)의 상황 아래서 봉건 체제가 심하게 흔들렸다. 동요하는 사회에서 천주교가 급속하게 영향력을 확대해 갔고 이 서학에 대응하면서 동학이라는 농민 운동이 일어난 것은 19세기 중엽의 일이었다.

동학은 한국 사회에서 자생한 주목할 만한 민중해방 운동이고 민중에 의한 신생활 운동이었다고 할 수도 있다. 예를 들면 이 실천윤리에는 "집안 모든 사람들을 하늘같이 공경하고 며느리를 사랑하라" "모든 사람을 하늘이라고 생각하라. 손님이 오면 하늘이 왔다고 말하며, 아이들을 때리지 말라. 그것은 하늘을 때리는 일이다" 등이 있다. "사람은 곧 하늘(人乃天)"이라는 휴머니즘이었다.

또한 농민군의 4대 강령은 "不殺人 · 不殺物, 忠孝雙全 · 濟世安民, 逐滅倭夷 · 澄淸聖道, 驅兵入京 · 盡滅權貴"이었으며 그들

은 혁명군으로서 자신에 가득 차 있었다(이상은 池明觀, 『韓國文化史』, 高麗書林).

이러한 동학농민혁명에 대해서 조선 왕조는 외세에 의지하려 했고 청나라에 원군을 요청했다. 일찍부터 조선에서 패권을 누릴 기회를 찾고 있던 일본은 서둘러서 개입하기로 결정하고 청군 도착 4일 후, 6월 9일에 인천에 청군 숫자보다 많은 병단(兵團)을 보냈다. 이것이 그해 8월에 일어나는 청일전쟁의 발단이었다.

그리고 그것은 일본의 조선 식민지 지배의 시작이었다. 농민군을 내몰고 청일전쟁에 이긴 일본은 한국의 재정 · 외교권을 탈취했고(1905년) 러일전쟁에서 승리하고는 조선을 합병했다(1910년).

이때 이시가와 다쿠보쿠(石川啄木)는 "지도 위의 조선국에다 검게 먹칠을 하면서 가을 바람 듣는다"라고 읊고 망국한 백성의 마음을 헤아렸다. 이러한 심정을 보인 일본인은 매우 드물었다.

이리하여 일본의 내셔널리즘과 조선의 내셔널리즘은 공격 · 진출과 저항 · 수용이라는 정말 대조적인 대치 상태를 보이면서 백년을 지나 오늘에 이르고 있다. 게다가 이 밑바닥에 깔린 심리적인 괴리를 일본 국민 대부분은 의식하지 못하고 있다.(2. 19)

미일 관계와 국제 사회

국제 사회는 점차로 식량위기에 빠져 들어가서, 현재의 생산량으로는 앞으로 몇십 년 동안에 늘어날 몇십 억 인구를 부양하기에는 절대적으로 부족할 것이라고 한다.

예를 든다면 가장 중요한 식량인 곡물 생산고의 증가율은 1950년에서 84년까지는 연간 3퍼센트였지만 1985년 이후는 연간 1퍼센트 미만으로 떨어지고 인구 증가율의 반밖에 미치지 못했다(『월드워치 지구백서 1993～1994』).

곡물 생산이 둔화된 데는 두 가지 원인이 있다. 그 하나는 자연환경의 악화 특히 농지의 토질이 나빠지고 표토(表土)가 소실되기 때문이다 세계의 경작지에서 1년에 240억 톤의 표토가 사라지는데 이것은 6천만 헥타르의 토지에서 깊이 1cm의 표토가 없어지는 것을 의미하며 6천만 헥타르란 중국 경지 면적의 반에 해당한다고 한다(위의 책).

둘째로는 저개발국과 선진국의 관계, 이른바 남북 관계의 그릇된 양상이 한층 확대되어 가는 것이다. 일례를 든다면 저개발국에 가장 많은 식량을 수출하는 나라는 미국인데 미국이 처음에는 원조로서 식량을 저개발국에 보냈지만 이 '원조'를 미끼로 해서 후에는 '수출'로 전환하고 있다(本山實彦, 『풍요로운 나라 · 가난한 나라』, 이와나미서점). 나아가서 저개발국은 농지를 환금작물(換

金作物)로 전용해서 식량 자급률을 한층 저하시켰다. 그래서 더욱 식량 수입에 의존하게 될 수밖에 없다.

작년 가을에 일본은 미국의 압력에 굴하여 쌀수입 자유화를 결정했다. 이번 2월에는 일본의 시장개방을 둘러싼 미일 정상회담이 결렬되었고 호소카와(細川) 총리가 '어른의 관계' 를 강조하는데도 불구하고 미국의 대일 압력이 강해져서 일본의 불황은 더욱 깊어졌다.

방대한 대미 무역 흑자의 개선과 시장개방의 방도를 일본측은 제시해야만 하고 쌀수입 자유화도 장래를 생각하면 필요할 것이다. 그런 변화는 추구해야 하지만 이치에 닿지 않는 미국의 압력에 굴복해서는 안 된다. 많은 사람들은 이렇게 생각한다.

그렇지만 이를 위해서도 일본에 지금 무엇보다도 필요한 것은 외교적 철학이라고 나는 생각한다.

혼미 속에서 길을 여는 것은 철학이다. 또한 지금은 두 나라 사이의 문제도 지구 사회 전체를 염두에 두고 생각하지 않으면 해답을 얻을 수 없는 시대다.

그러나 실제 일본 외교는 외교적 철학 없이 미국에 의존하고 그럼으로써 이익을 취하는 것을 즐기는 냉전 시대의 외교에서 조금도 벗어나지 못한 것이 아닌가.— 미일 회담을 보고 이렇게 생각하지 않을 수 없다.(2. 26)

'회귀'(回歸)는 '혁명'의 뜻도

회상록이나 전기를 읽을 때가 많다. 특히 동시대의 선배가 남긴 문장에 마음이 끌린다.

얼마 전에 고미야마 료헤이(小宮山量平) 씨의 새로운 저서 『소화 시대 낙수(落穗) 줍기』를 받았다. 곧 읽어 보았다. 강하게 들려오는 음향에 얼마 동안 마음이 설레는 것을 억제할 수가 없었다.

『주간 우에다』(週刊上田)에 연재된 칼럼을 모은 책이었다. 일회에 750자 정도의 단문이지만 함축하는 뜻은 깊고 무겁다. 그러나 문장은 평이하다. 이 나이가 되어도 아직 딱딱한 문장을 벗어나지 못하는 자신을 반성하게 했다.

고미야마 씨는 출판계의 대선배다. 1916년에 우에다에서 양조장을 하는 집에서 태어났지만 세계 대공황의 여파로 파산, 가족 이산, 상경, 고학, 체포, 입영 등 그의 반생은 파란에 넘친 것이었다. 그리고 전후에는 이론사(理論社)의 경영을 맡아 수많은 문화 활동에서 핵심 역할을 했으며 저작 활동도 하였다.

그러한 80년 가까운 고미야마 씨의 투쟁과 시대에 대한 회상이 일회 일회 칼럼으로 씌었으면서도 전체로서 커다란 흐름을 이룬다. 내용은 폭 넓고 필치는 날카롭다.

그렇지만 그것은 지나가 버린 급류(急流)를 되돌아보고 즐기는 '회상'이 아니다. 그것은 그 어느 때보다도 혼미한 느낌이 드는 오늘에 대한 강한 메시지다. 전국(戰局)이 어두워지고 절망의 그늘이 드리워지는 상황에서 알게 되는 "성실함이 힘이 된다"는 것은 어떤 때일까? 전쟁에서 전후로, 암흑에서 혼란으로 밀려가는 듯한 대전환 속에서도 확신할 수 있었던 것은 '역사의 연속'이었고 그러한 인식을 계속 짊어지고 가는 사람들의 존재였다고 고미야마 씨는 말한다.

이것을 읽고 나는 오늘날 시대상의 일면은 '역사의 연속성'을 확신할 수 없는 니힐리즘이고 현실에 정면으로 대결할 수 있는 힘의 부족 또는 개체의 태만이라고 새삼스럽게 생각했다.

고미야마 씨는 근래에 와서 '회귀'를 생각한 적이 한두 번이 아니었다고 한다. 그것은 인간 불신을 증대시키는 현대 문명에 지쳐서 지난날을 그리워하는 탓일까 생각하면서 어느 잠 못 이루는 밤, 일영(日英)사전을 펴 보니까 '회귀'라는 항목 맨 앞에 Revolution이라고 나와 있는 것이 아닌가. 회귀는 혁명. "내 눈은 빛나고 머릿속이 맑아졌다"라고 쓰여 있다. 그리고 "안이하게 '불모의 시대'라고 보는 것이 바로 불모의 시대를 열고 있는 현실"이라고 고미야마 씨는 덧붙였다.

우리 나라의 저널리즘에 대해 고민하는 나에게 고미야마 씨의 메시지는 엄한 채찍이며 강한 격려이다.(3. 5)

북한이 잃어버린 것

핵문제를 둘러싼 북한의 동향에 대해서 깊이 염려하게 된다. 북미(北美)가 함께 격심한 파워 게임을 전개해 왔지만 서로 어디까지 계산하고 하는 행동인지 깊이 우려하지 않을 수 없다. "언덕길을 굴러 떨어지는 것처럼 악화되고 있다"(『아사히신문』 3월 23일 사설)라는 지적도 있다.

긴장의 원인은 모두에게 있지만 그 근본적인 한 가지 원인은 핵확산방지조약(NPT) 체제가 안고 있는 모순에 있다.

이 조약은 1968년에 성립했고 일본도 1976년에 여기에 참가했지만 그 목표는 미소 양대국이 핵무기 경쟁에 광분하면서 동시에 그 이상은 핵무장국이 늘어나지 않게 하려는 데 있었다.

즉 이미 핵무장을 한 나라는 아무런 규제도 받지 않고 특히 핵대국인 미소의 입장은 한층 강화되는 것이니 이에 참가하지 않은 나라가 많은 것은 당연하다.

소련 붕괴 후의 오늘에는 NPT는 미국의 핵이 가진 힘을 한층 강화하는 역할을 하고 있다.

IAEA(국제원자력기구)에 의한 핵사찰을 받아야 할 의무는 널리 일반적인 것이 아니라 이 조약에 참가한 비핵보유국에 한한다는 것을 일본 여론은 모르는 것 같다.

북한의 핵사찰 문제도 북한이 1985년에 NPT에 참가함으로써 발생했다. 북미 관계의 개선을 요구하는 북한이 핵사찰 문제라는 카드를 써서 미국의 태도에 따라서는 NPT를 탈퇴한다고 하는 데도 상당한 이유가 있다. IAEA가 종전에 취해 온 방식에 대한 의문도 상당히 많다(『世界』 1993년 5월호 豊田利幸 교수 논문).

따라서 긴장의 또 하나의 원인은 미국도 일본도 북한과의 관계를 개선하는 것을 오랫동안 소홀히 해 온 데 있다고 해야 한다. 미일 양국이 핵문제만 가지고 북한을 흔드는 것은 분명히 잘못이다.

그러나 북한도 또한 핵문제를 유일한 대미 카드로 사용해 온 데는 함정이 있었다. 나는 전에 북한의 간부들에게 "카드에는 앞면도 있고 뒷면도 있다"라고 말한 적이 있지만 북한은 미국을 몰아가면서 사실은 자신도 몰리고 있다.

궁지에 몰린 끝에 "대화 준비도 되어 있지만 전쟁의 준비도 되어 있다"(평양방송, 3월 22일)라고 하는 등 놀랄 만한 발언을 하는 것이겠지만 이로써 북한은 남북한의 화해 · 통일이라는 민족 지상의 과제에서 주도권을 크게 잃어버렸다.(3. 26)

도목갱신(倒木更新)

10년쯤 전 일이지만 자연농법을 실천하는 친구의 권고로 도치기(栃木)현 야이다(矢板)시 교외에 조그만 산 한쪽을 구입했다. 별로 특별한 데가 없는 잡목이 들어선 숲이지만 뜻하지 않은 인연으로 잡목 숲속에서 사는 재미를 알게 되었다.

지난 주에 오래간만에 가 보니까 상당히 많은 나무가 넘어지고 가지도 많이 떨어져 있었다. 눈과 바람 탓이었으리라. 그렇지만 숲은 엷은 보랏빛에 싸여 있었고 북부 관동(關東: 도쿄 북부 지역—역자주)에도 이른 봄 기색이 완연했다.

숲속을 거닐면서 '倒木更新' 이라는 말을 회상했다. 고다 아야(幸田文)의 문장에서 배운 말이다.

스물 몇 해 전 고다는 홋카이도(北海道)의 가문비나무는 오래된 나무가 넘어진 위에 새로운 나무가 나란히 자라난다는 말을 들었다. 고다는 감동하여 '귀로 들은 것만으로는 부족하다. 눈으로도 보아야지 하고 마음먹고' 며칠 걸려서 후라노(富良野) 숲을 찾는다. 그러고는 가문비나무가 "1열 1직선 1자(字)로 선조의 도목 위에 자라나는" 모습을 보고 더욱 감동한다(『나무』, 新潮社).

여기서 자연의 윤회를 생각하는 사람도 있는가 하면 사람은 죽어서 무엇을 남길 것인가 하고 생각하는 사람도 있을 것이다. 나 스스로는 다음 세대에 전할 만한 힘을 가지고 있는 것일까, 그러한 자신을 키워왔다고 하겠는가 하고 이제서야 생가하지 않을 수 없다.

다시금 공자의 말씀을 생각했다. 제자 자공(子貢)이 "가난하여도 아첨하지 않고 부유하여도 교만하지 않는다면, 어떻습니까"라고 물으니까 공자는 "좋은 말이나, 가난하여도 즐거워하며 부유하면서도 예를 좋아하는 사람만은 못하느니라"라고 대답했다.

그러자 자공이 『시경』(詩經)에 있는 "끊는 것 같고 가는 것같이 하며 쪼는 것 같고 닦는 것같이 한다"라는 말은 바로 이와 같은 것을 두고 한 말입니까라고 했다. 여기서 공자는 정말 너는 "옛것을 모두 일러주었더니 앞을 아는 사람이로다"라고 하면서 주어진 것에서 주어지지 않은 것을 안다고 자공을 칭찬했다.

자공이 말한 "貧而無諂 富而無驕"는 틀림없이 하나의 도덕이지만 공자는 그것을 인정하면서도 곧 다음 단계로서 "貧而樂 富而好禮"를 제의한다. 그러자 자공은 더욱 비약하여 『시경』에 있는 "절차탁마"(切磋琢磨)를 제시한다.

요시카와 고지로(吉川幸次郎) 선생은 이렇게 주석을 달고는 이러한 정신이야말로 "유가의 적극주의로서 내가 사랑하는 바"(『논어』, 아사히신문사)라고 말씀하셨다.(4. 2)

일본 사회의 헌법 감각

하타(羽田) 내각의 조각을 보고 '어?' 하고 생각했다. 관방(官房) 장관이 각료 명부를 발표하는 기자회견에서 기자들은 왜 질문하지 않았는가 하고 나는 이상하게 생각했다.

내가 기자라면 이렇게 질문하고 싶었다.

"헌법 66조를 관방 장관은 알고 계십니까? 조각할 때 헌법의 문민규정에 대해서 토의하셨습니까?"

헌법에는 "내각 총리대신 기타 국무대신은 문민이어야만 한다"(66조 2항)라고 되어 있는데 여기서 말하는 '문민'의 해석에 대해서는 헌법학자의 주석에 의하면 다음과 같다.

(1) 현재 직업 군인이 아닌 자, (2) 지금까지 직업 군인이 아니었던 자, (3) 현재 직업 군인이 아닌 자와 지금까지 직업 군인이 아니었던 자, 라는 세 가지 설이 있지만 (2)설이 다수였다. 그러나 자위대의 성장과 더불어 자위관도 문민이 아니다라는 (3)설이 유력해졌다. 이 설은 자위대에 대한 합헌 · 위헌론과도 관계가 있기 때문에 문제가 없는 것은 아니지만 민간인(civilian) 컨트롤의 취지를 철저하게 지키려는 뜻을 인정해야 할 것이다(芦部信喜, 『憲法』, 이와나미 서점).

그러나 이 헌법 문제는 조각에서 누구도 문제시하지 않았다. 나가노(永野) 법무대신의 망언('남경 대학살은 날조된 것'이라고 하는 등)을 알고 나서 비로소 전전에 직업 군인 · 전후에 자위대 고관이었던 그의 경력이 문제가 되었다.

나가노 발언의 중대성은 세 가지 점에 있다.

첫째는 역사의 사실에 대해서 겸허하지 못하다는 것이다.

둘째로 이 사실에 대해서 어떠한 태도를 취하는가 하는 것이다. 스스로의 역사를 어떻게 청산하는가. 이런 태도가 있어야 비로소 사실에서 배우고 그것을 극복할 수 있다. 전후 일본에서는 이런 점이 약했다. 그러므로 망언을 철회하는 것만으로는 아무런 의미도 없다.

셋째로 나가노 발언은 현대사의 교훈과 헌법의 존재 이유를 연결시키면서 일본 사회의 현 상태를 문제삼은 것이다. 오늘날 일본 사회에서는 개헌론이 한창이지만 사실은 헌법을 충분히 사용해 보지 않고 하는 토의라는 것을 현대사를 모독하는 나가노 발언이 뜻밖에도 보여 주었다.

하타 총리는 헌법의 이념이 더욱더 빛을 더하고 있다고 말했지만(하타 소신 연설) 과연 그렇게 말할 수 있을 것인가.(5. 14)

TV란…

신문에서 읽은 것이지만 깊이 공감한 이야기가 있다. 프랑스의 사회학자 피에르 부르디외가 NHK TV에서 가토 하루히사(加藤晴久) 도쿄대학교수와 대담(5월 11일, 12일)하는 가운데서 다음과 같이 말했다고 한다(『마이니치신문』 6월 14일 '여록')

"지식인은 두 가지 범주로 나눌 수 있습니다. 즉 TV에 받아들여지는 사람과 그렇지 않은 사람으로."

"TV에 나가서 받아들여지는 태반의 사람은 할 말이 아무것도 없는 사람입니다. 할 말이 없기 때문에 간단하게 재빨리 말할 수가 있습니다."

"TV가 부단히 만들어 내는 것은 보수적인 사람들이고 보수적인 상식, 보수적인 평범함, 보수적이고 상투적인 말입니다. TV란 무엇일까요. 그것은 중대한 문제에 관해서 상투적인 말만 하는 사람들이 있는 장소입니다."

정말 그렇다고 말하지 않을 수 없다. 이리하여 가치의 일원화와 여론의 유도가 진행되는 것이지만 여기다가 한마디 더 보탠다면 TV란 속된 주간지와 합세해서 떠들어대는 폭로 센세이셔널리즘이다. 센세이셔널리즘은 매스컴의 본능이다. 그렇지만 일상화된 센세이셔널리즘은 TV 제작자들을 장면 조작으로 내몰고 아사히(朝日) TV의 어떤 국장이 보여 준 것처럼 사람들을 우쭐하게 한다(아사히 TV가 실제 폭력장면처럼 시켜 놓고 촬영 · 방영한 사건과 이에 대한 국장의 변명을 말함—역자주). 이러한 TV에 정치가가 빈번하게 등장함으로써 정치가의 발언이 천박해졌다고 생각한다. 염려할 것은 매스 미디어의 대세가 이러한 TV에 주도권을 빼앗기고 신문조차도 TV · 주간지화하고 있다는 현실이다.

출판계 상황도 말이 아니다. "팔리기만 하면 된다"라는 것이 척도가 되어서 출판계 전체를 지배하고 있다. 출판사는 한층 더 베스트셀러주의에 빠지고 서점은 '평당 매상고'만 계산하기 쉽다. 이리하여 여배우들의 나체 사진집이 속출하게 되었다.

이러한 상태에 대한 비판을 찾아보려고 한다면 그 하나는 서평일 텐데 서평에서도 무엇을 기준으로 하고 무엇 때문에 비판하는지 알 수 없는 것이 많아졌다. 아사히, 마이니치, 요미우리 세 중앙지의 서평은 말이 아니다. 어째서 이런 책이? 하고 생각할 수밖에 없는 천박한 또는 사실을 왜곡한 책을 '반드시 읽어야 할 책으로' 소개하는 평자가 있다. 그 센세이셔널리즘과 보수화와 냉소주의—서평조차도 TV화했다고 해야 할 것인가.

물론 이러한 추세에 우려를 함께하는 사람들이 많다. 이런 생각이 힘을 가지지 못한다면 일본 사회는 급속하게 무너져 갈 것이다.(6. 4)

중국으로부터

일본 출판 대표단의 단장으로 6월 초부터 중국을 방문하고 있다. 2년 반 만에 온 중국이지만 커다란 변화에 강한 인상을 받았다.

베이징(北京) 공항에서 시내에 이르는 큰 고속도로가 생겨서 천안문 부근까지 20분이면 올 수 있어서 좋았다. 어디서나 새로운 커다란 빌딩을 볼 수 있었다. 낡은 후퉁(胡同:골목)을 무너뜨리고 빌딩을 짓고 있었다. 어디를 가도 공사를 하므로 일본의 거품경제 때가 생각났다.

베이징에서는 미앤디(面的)라고 불리는 노란 성냥갑을 생각나게 하는 소형 택시가 달리고 있다. 보통 택시요금의 반액 정도이므로 모두가 좋아한다. 시민들은 이것을 후앙충(黃虫)이라고도 하지만 장소에 따라서는 후앙충 홍수가 나타난다. 그리고 거리에는 자전거와 사람이 넘친다.

강남의 고도 사오싱(紹興)도 '새로운 건설 도시' 라고 해야 할지 모른다. 인구 420만의 사오싱은 중국 최대의 직물 집산지로 어디를 가나 새로운 회사나 거대한 시장이 형성되고 있다.

정말 중국 경제의 발전은 눈부시다. 지난 2년간 실질 성장률은 매년 13퍼센트이고 이 상태가 10년간만 계속된다면 적어도 도시에서는 GNP도, 생활수준도 여러 선진국과 어깨를 겨누게 되는 것이 아니냐는 견해도 있다.

물론 그러한 중국을 '위협' 으로 느끼는 경향도 있지만 그렇게 성장하지는 못한다는 비관론도 있다. 확실히 비약적인 성장은 필연적으로 모순도 크게 한다.

예를 든다면 도시에서는 20퍼센트에서 30퍼센트 가량의 인플레가 계속된다. 중국 문화성에 따르면 전국 2,500개 공공 도서관의 서적 구입비는 매년 500만 元(한국돈 약 6억 원—역자주)씩 늘어났지만 인플레에 의해서 구입서적은 거꾸로 100만 권 정도 감소하는 경향이라는 것이다.

"베이징의 최대 문제는 무엇인가?" 라고 물으니까 많은 사람들이 '물, 도로, 주택' 이라고 했다. 여기에 공해를 첨가해야 할 것이다. 즉 전형적인 대도시 문제다.

이러한 대도시 문제의 배후에는 도시와 농촌의 심한 격차가 있다. 1978년에는 전무했던 자가용이 지금은 100만 대를 넘어선 반면에 농촌에서는 중학교 진학률이 10퍼센트라는 현실이 있다(朱建榮, 『中央公論』 1월호 논문).

성장과 억제의 균형을 찾는다는 것은 참으로 어렵다. 그렇지만 일본의 전후를 되돌아보면 이것은 남의 일이라고만 할 수가 없다. 중국 사회가 성장의 모순을 극복해 가는 데 일본이 실질적인 협력을 더욱 깊게 할 수는 없을 것인가—중국 각지의 표정을 보면서 그렇게 생각하고 있다.(6. 11)

55년 체제란 무엇인가

정치가 혼미해짐에 따라서 말도 혼란스러워진다. 아니 혼란스러운 언어가 정치의 혼미를 더해 주고 있다고 해야 할지 모른다.

예를 들면 '55년 체제'(1955년에 민주당과 자유당의 보수 양당이 합동하여 성립된 자민당 체제—역자주)라는 말. 1년 전에 자민당 정권이 막다른 골목에 이르러 어찌할 도리 없이 무너졌을 때 매스컴은 '55년 체제의 종언'이라고 규정했다. 그 후 '55년 체제'를 공격 목표로 삼고 "55년 체제로 되돌아가도 좋은가"라는 말이 퇴락하는 연립 정권을 수문장처럼 지탱해 줬다. 말하자면 55년 체제 비판은 황문(黃門)의 인롱(印籠)(도쿠가와 미쓰구니가 은퇴하고 나서 水戶黃門이라고 불렸는데 은밀하게 민정을 시찰하면서 쓴 암행어사의 마패 같은 것. 이것만 내보이면 만사 해결이라는 뜻—역자주)이다.

그렇지만 '55년 체제'란 무엇인가. 이 물음에 곧 대답할 수 있는 사람이 얼마나 될까. 소용돌이 속에 있는 정치가 여러분이나 그들의 움직임을 뒤따르는 정치 기자들에게 물어도 아마 충분한 대답을 기대하기 어려울 것이다.

혹시나 해서 '현대정치'나 '전후사' 사전을 찾아보았지만 생각했던 대로 확실한 설명이 없다.

분명한 것은 1955년에, 통일된 사회당에 대항해서 지금까지 이

합집산을 거듭해 온 보수정당이 자유민주당으로 합해서 '보수 · 혁신의 2대 성당제' 가 된 것인데 이 55년 체제의 실체에 대해서는 여러 가지 설로 나뉜다.

여기서 이른바 '개혁파' 에게 묻는다. 55년 체제의 실체는 무엇이고 극복되어야 하는 것은 무엇인가 하고.

예를 든다면 55년 체제의 중요한 실체는 점령 시대 이래로 미국의 냉전 정책에 의해서 육성되어 온 보수 절대 우위의 체제이지만 '개혁파' 는 이 냉전 구조를 극복 · 개선하려고 하는 것일까. 그렇다면 호소카와(細川) · 하타(羽田) 양 정권 또는 '1대 1 콤비' (연합 정권에 있어서 의원 수에는 차이가 있어도 정부 구성에서는 다수당이 더 차지하지 않고 1대 1을 원칙으로 한다는 것—역자주)라는 발상이나 수법에는 냉전적 사고가 짙게 풍기는데 그 이유는 어디에 있는 것인가.

한편 일본 공산당 기관지 『아카하타』(赤旗)를 보면 "냉전은 끝났다" 라고 보는 사람은 모두가 비판의 대상이라고 보고 있다.

확실하게 냉전은 끝났다고 잘라서 말하기는 어렵다. 그렇지만 현재 상태를 가지고 냉전 시대라고 말할 수도 없다. 나는 '냉전 구조는 붕괴했다. 그렇지만 그 그림자는 도처에 남아 있으며 특히 냉전적 사고는 아직 강하다' 라고 생각하지만 이러한 과도기의 다이내미즘을 '냉전은 끝났는가' '끝나지 않았는가' 라는 식의 이분법으로 가르는 것은 별 의미가 없다고 생각한다.

말을 안이하게 기호화 또는 슬로건화한다면 말의 리얼리티를 잃어버리게 된다. 경계해야 할 일이다.(6. 18)

실정법(實定法) 사상

북한의 '핵 의혹'에 지나칠 정도로 신경을 써 온 미국이 실은 일본의 핵 정책에도 강한 불신을 품고 있는 것에 대해서 일본의 정계도 매스컴도 좀더 주의해야 하는 것이 아닌가 생각한다. 그러한 미국의 심리적 배경에는 물론 핵확산방지조약(NPT)의 연장 문제가 내년으로 다가와 있다는 점도 있지만 또 하나는 근래 미일 관계가 긴장 관계임에도 불구하고 일본의 정치가 혼미를 거듭해서 "일본의 누구를 상대로 해야 하는지, 일본을 어디까지 신뢰할 수 있는지" 하고 미국측이 곤혹스러워한다는 점도 있다. 작년부터 미국의 연구자나 저널리스트로부터 이런 점에 대해서 거듭 말을 들었다.

이런 가운데 이번 6월에 핵무기를 둘러싼 일본 정부의 두 가지 발언이 파문을 일으켰다. 그 하나는 외무성이 국제사법재판소의 요청에 대해서 "핵무기의 사용은 국제법 위반이라고는 할 수 없다"라고 하는 의견서를 제출하려고 한 것이고 또 하나는 하타(羽田) 총리가 "일본은 손쉽게 핵무기를 개발할 능력을 가지고 있다"라고 되풀이해서 말한 것이다.

총리의 발언은 일본이 비핵(非核) 정책을 견지하는 것을 강조하는 나머지 말이 지나친 것이고 하타 총리 특유의 솔직한 화법이 빚은 실언이었다. 총리도 경솔했다는 것을 "알게 되었다"라고 반성하고 있다(본지 6월 22일).

그렇지만 외무성의 말은 '실언'이 아니고 '확신'이고 따라서 전후 일본 정치의 본질 가운데 한 단면을 보여 주는 것이었다. 외무성 원안은 정부 내에서도 의문시하는 소리가 있었고 비판 여론도 있어서 결국 삭제되었지만 외무성의 기본적인 생각은 변하지 않은 것 같다.

외무성의 주장은 핵무기 근절을 향하여 노력하는 것이 당연하나 실정법상의 해석에서 본다면 "위반이라고까지는 말할 수 없다"라는 데 있다. 그러나 국제법상 실정법이란 조약이나 확립된 관습 등을 가리키는 것으로서 국제 사회의 변화나 국제 여론이나 이념을 돌보지 않는 말하자면 시대의 맨 뒤꼬리를 따라가는 법체계이다. 따라서 실정법만을 기준으로 한다면 국제 사회의 안정과 평화를 도저히 이룩할 수는 없다. 그렇지만 실정법의 사고, 즉 현상유지를 지상의 것으로 하고 새로운 이념이나 여론을 경시해 온 것이 전후 일본 외교의 본질이었다. 그런 의미에서 위에서 말한 것 같은 진술이 나오는 것도 이상할 것이 없다.

그러한 현상유지의 관료적 사고에는 정치가들도 사로잡혀 있어서 '1대 1의 콤비'에 끌려가는 연립 정권에도, 거기에 복귀하고 싶어서 만들어진 사회당의 '정권 구상'에도 짙게 나타나 있다.(6. 25)

이웃 나라의 불행과 매스컴

김일성 주석의 서거가 전해진 지 일주일이 된다. 일본의 매스컴은 이제야 진정되는 것 같으나 당초의 보도 내용과 그 자세는 매우 이상한 것이었다.

이제는 고전적이라고 할 만한 규범적 · 폐쇄적인 사회주의 체제, 50년 가까이 계속된 김일성 체제 그리고 첫 남북 정상회담을 앞둔 돌연한 서거였다. 각 신문이 "북한정세의 중대한 전기에", "동북아시아는 유동화로"라고 큰 타이틀을 내건 것은 당연했다.

그렇지만 그 관심은 '자연사?' '모살(謀殺) · 쿠데타의 가능성' '후계자를 둘러싼 싸움' 등 전적으로 이상 상태를 찾아서, 말하자면 TV · 주간지형 광기를 드러냈다. 북한의 내정(內情)에 대한 여러 가지 억측이 흘렀지만 대개는 그 실상을 쉽사리 알 수 있는 것이었다. 그러한 억측을 말하는 전문가들은 흔히 웃음을 띠고 TV에 등장했지만 그 웃음의 의미는 무엇이었을까.

예를 든다면 암살 또는 쿠데타를 억측하고 있다면 미국 정부나 중국 정부에 취재를 하면 알 수 있는 것이었다. 왜냐하면 미국의 군사위성은 부단히 지구상을 세밀하게 조사해서 지상 25cm 이상의 물체를 식별할 수 있으며 평양의 이상한 움직임도 충분하게 알 수 있기 때문이다. 미국 정부는 재빨리 "사인에 이상한 점은 없다"라고 말했다(7월 9일, 국무성 고관과 기타).

또한 중국공산당과 조선노동당의 최상층부는 서로 내부 체제에 대해서 연락하고 있으며 이번에도 베이징에는 공식 발표 전날 7월 8일에 알려졌다.

중국의 수뇌진은 엄숙한 조의를 표하고 강택민 총서기는 "김정일 동지를 중심으로 한 노동당 체제를 지지 · 확신"하고 있다. 미국의 클린턴 대통령도 김일성 주석을 찬양하는 추도성명을 발표했고(9일) 이것을 북한 라디오가 국내에 내보내는 것도 주목할 만하다.

이런 것을 본다면 일본 사회의 반응은 이상하다고 할 수밖에 없을 것이다. 때마침 정상회담을 취재한 『아사히 신문』의 후나바시 요이치(船橋洋一) 기자는 김일성 주석의 죽음에 관해서 "이웃 나라인 일본의 총리로부터 깊이 있는 설명이 없었다"라는 것을 개탄하면서 다음과 같이 말했다.

"한반도 100년의 역사를 아픔과 책임감을 가지고 말할 수 있는 일본의 정치가는 언제 나오는 것일까"(『아사히신문』 7월 12일).

나도 그렇게 생각하면서 읽었다. 그러나 이러한 탄식은 일본의 매스컴과 그 토양, 즉 일본인의 그릇된 한국관을 향해서 말해야 하는 것이다.(7. 18)

'평온' 속에서

무더위를 피해서 숲속에서 책을 읽고 싶은 생각에 신간을 몇 권 가지고 산에 들어갔지만 왠지 오래된 책을 다시 읽는 데 그치고 말았다.

이미 20년 전의 일이지만 1974년에 유능한 정신과 의사이고 민주화 운동의 여성 활동가로서 알려진 에바 포레스트가 프랑코 정권 하의 보안 본부에 연행되어 심한 고문을 당했다.

독재자 프랑코는 그 다음해에 죽었지만 스페인에 41년 만에 자유선거가 회복된 것은 1977년 6월이었고 그 열흘 전에야 에바는 석방되었다.

에바의 건강을 염려했던 극작가인 남편과 18세, 17세의 아들, 12세인 딸. 그 아이들을 위해서 에바는 옥중일기를 계속 썼다. 그 일절에는 이렇게 기록되어 있다.

"이번 일로 매우 흥미있는 것을 체험했습니다. 한창 고문을 당할 때, 두 번이나 기절하고 간신히 의식을 회복한 직후였습니다. 돌연 섬광처럼 번쩍이는 것이었습니다. '상상력이란 머지않아 가능하게 되는 것을 말한다' … 상상력이란 우리를 전진하게 하는 발동기인 것입니다. 상상력이란 과거에 축적된 경험을 불러모아 그것을 다른 양태로 응축해서 미래를 향해서 내놓는 것입니다" (『에바의 일기』, 이와나미서점).

또는 중국에서 민족혁명을 고취한 사상가 장병린(章炳麟)의 말. 노신(魯迅)이 사사했으며 모택동이 '중국 지식인의 거울'이라고 한 장병린은 민족 주체성의 확립을 강하게 주장하면서도 다음과 같이 말했던 것이다.

"지구는 갠지스 강의 모래처럼 무수한 세계 속에서 커다란 창고 속에 있는 한 알의 낟알에 불과하다. 지금 지구에다 경계를 분할하고는 내 것이라고 해서 보육(保育)하고 국가라고 명명한다. 국가에 계층 조직을 가진 기관을 만들고는 정부라고 명명한다. 이것은 달팽이의 오른쪽 뿔에 있는 만씨(蠻氏)국과 왼쪽 뿔에 있는 촉씨(觸氏)국이 전쟁을 했다는 우화에도 비유할 수 없을 만큼 작은 일이다"(『章炳麟集』, 이와나미서점).

이러한 글들을 다시 읽고 나는 탄식하지 않을 수 없다. 평온한 우리 사회에 에바가 발견한 강한 상상력이 있다고 할 수 있을까. 민족혁명 속에도 민족이나 국가를 넘으려고 한 아주 단고(斷固)한 넓이가 있는 것인가.

우리 나라 정치는 현실주의에 빠져들어 전후에 터득한 원리적 사고를 하나씩 하나씩 버리고 있는데, 그런 안이함과 나태함에서 어떠한 결과가 나타나게 될 것인가.(7. 30)

'동아연대'(東亞連帶)와 일본

"노르망디 상륙작전 50년에 구연합국 군인이 옛 전쟁터에 모였고 파리 해방기념일에는 EU 여러 나라 군대가 파리를 행진하였는데 독일군도 참가했다. 그렇지만 자위대가 서울을 행진하는 날은 있을 수 있을 것인가."

8월 1일에서 5일까지 상하이에서 행해진 국제학술 심포지엄 석상에서 한국의 연구자는 이렇게 말했다. 절실한 감명을 주는 말이었다.

심포지엄의 주제는 "동아연대성 발전—동북아시아에 새로운 연대를 구축하기 위하여 어떻게 할 것인가"라는 것이었다.

이것은 도미자카(富坂) 기독교 연구센터 등이 중심이 되어서 4년 전부터 한국, 중국, 일본 등에서 행해 온 프로젝트로서 지배와 종속, 패권과 분쟁으로 일관해 온 동북아시아의 근대화 과정을 새롭게 검토하고 그런 역사 이외에 다른 선택의 가능성은 없었는가, 앞으로의 협력을 위한 조건은 무엇인가를 찾으려는 커다란 뜻에서 비롯된 것이다. 앞으로도 몇 년간은 계속한다고 한다.

나는 사정이 있어서 이틀 반밖에 참가하지 못했지만 거기서는 '일본의 현황에 대한 불안' 에 토의가 집중되었다. '불안' 이란 기대이기도 했다.

예를 든다면 상하이 사범대학 왕방좌(王邦佐) 총장(정치학)은 동아시아의 곤란한 과제를 역사적으로 정리하면서도 지금은 "이 다사다난한 세계에서 동북아시아만은 '홀로 풍경 좋다'"라고 하겠는데 이것을 발전시키기 위해서는 무엇보다도 일본의 역할이 크다고 한다. "風景此邊獨好"란 모택동의 시에 나오는 말인 듯하다. 같은 내용의 발언이 각국 연구자들 사이에서도 계속되었다. 그리고 그러한 기대가 있기 때문에 '일본 군국주의의 부활'이 걱정된다고 했다.

이에 대해서 나는 "확실히 일본 사회는 역사를 청산하지 않았다. 군사비도 세계에서 두 번째 규모이다. 그렇지만 국민의 대다수에게는 자신들이 군국주의의 부활을 기도하고 있다고는 생각할 수도 없는 일일 것이다"라고 일본 사회에 대해서 자세히 설명했다.

그렇지만 각국의 참가자들은 일본인 다수가 군국주의 부활에 대해서 자각하지 못한다는 내 설명에 한층 더 놀라는 것이었다. 일본 사회에서는 '국제적 공헌'의 필요를 강조해 왔지만 그것에 앞서 일본의 실제 모습이 어떠한 것인지에 대해서 정확한 메시지를 발표하지 않는다는 것을 새삼스럽게 통감했다.

이 회의에는 북한에서 다섯 명의 연구자가 참석했으며 특히 그들의 유연한 발언이 주목을 끌었다.(8. 6)

관료의 문장

8월 6일, 8월 9일, 8월 15일. 그것은 진혼(鎭魂)의 날들이고 우리에게는 복초(復初: 시작으로 되돌아감—역자주)의 때다. 초심으로 돌아가서 자신에게 묻고 그럼으로써 비로소 비통한 희생자들의 영령을 위로할 수가 있다.

돌이켜보면 20세기란 대량사(大量死)의 세기였다. 금세기에 전쟁이나 정치 권력에 의해서 생명을 잃어버린 사람들의 수는 1억 7천 500만 명을 넘는다고 한다(브레진스키 전 미국 대통령 보좌관, 『아웃 오브 컨트롤』). 희생자들 앞에 서서 감회를 말하는 정치가의 말이 스스로 엄숙해질 수밖에 없는 것은 당연하다.

그렇지만 실제로는 정치가가 흔히 관료적 작문을 읽는 것으로 끝나고 마는 이유는 어디에 있을까. 예를 들면 히로시마(広島)와 나가사키(長崎)에서의 무라야마 총리의 인사말.

매스컴의 눈은 총리의 인사말에서 '피폭자(被爆者) 원호법'에 대한 언급이 없었다는 데 집중되었다. 분명히 총리의 인사말은 히로시마 · 나가사키 두 시장의 자세와는 좀 다른 것이었다.

피폭자 원호법의 제정에 대해서는 정부 내에 여러 가지 반대가 뿌리깊게 도사리고 있다. 무라야마 총리는 "여당간의 조정에 애를 먹고 있다"라고 가자회견에서 말했지만 문제는 도리어 관료들의 반대일 것이다.

그렇지만 이 문제의 근본은 피폭국 일본의 공(公), 즉 행정 · 정치가 핵무기에 대하여 어떠한 자세를 보여 주는가 하는 데 있다.

지구 파멸을 초래하게 될 무기에 대해서 솔선해서 전면 부정하는 것인가, 그렇지 않으면 핵억지론이나 핵확산 방지조약 같은 핵무기의 부분적 용인론의 입장인가 하는 핵무기에 대한 일본인의 생각을 묻는 것이고 전면 부정이라면 당연히 '원호법'을 제정해야 할 것이다.

무라야마 총리의 발언은 이전의 소신 표명 연설을 비롯해서 국민이 가장 주목하는 문제에 대해서 분명히 관료들에 의하여 만들어진 것이다. 따라서 총리 취임 전과 그 후로 무라야마 씨의 인격은 분열되어 있는 느낌이 든다. 총리를 보좌해야 하는 관방 장관은 어째서 이것을 묵과하는 것일까.

슈미트 전 서독 수상은 다음과 같이 말한다. "정치가의 본질은 이론과 이데올로기가 아니라 그의 인격, 도의성 거기다가 실천적 예지에 있다" "정치란 도덕적인 목적을 위하는 실질적인 행위다" (『독일인과 이웃들』 상 · 하, 이와나미서점).

혼미한 과도기에는 특히 정치가의 인격이 커다란 의미를 가지는 것이며 사태를 좌우하는 것이다.(8. 13)

'독서무연'(讀書無緣)의 사회

이미 하나의 문화 변용이 일어났다고 할지 모르지만 심각한 사태다.

문부성(교육부) 조사에 의하면 중학생과 고등학생의 40퍼센트 이상이 책 한 권도 읽지 않는 '독서무연'의 생활을 하고 있다고 한다(8월 3일 각 신문).

초등학교 3학년생은 월 평균 10.1권, 5학년생는 5.9권을 읽고 있는데 중학생은 2.1권 고등학생은 1.9권으로 "초등학교에서 몸에 밴 독서 습관이 중학교에서는 수험 준비나 서클 활동에 쫓겨서 무너지고 만다"(『요미우리신문』 8월 3일)라고 보았다. 초 · 중 · 고생 모두가 집에 돌아와서는 TV, 만화, 공부에 시간을 빼앗기고 있다고 조사는 지적하였는데 '공부'는 학원에 다니는 것을 말하는 것 같다.

이 독서 조사 며칠 전에 발표된 역시 문부성(교육부)의 조사에 의하면 초 · 중학생 3명에 1명이, 중학교 3학년생의 경우는 67.2퍼센트가 학원에 다닌다.

이것은 작년의 숫자이지만 8년 전의 조사에 비하면 10.1퍼센트가 증가했다. 초등학교에서는 7퍼센트, 중학교에서는 15퍼센트 증가했고 특히 중학교 3학년에서는 19.8퍼센트나 급증했다고 하니까 '입시'가 어린 사람들을 구속하고 있는 모습이 분명하게 나타난다. 전번 조사에서는 학원에 나가는 비율이 10퍼센트 이하였던 지역에서도 모두 2~3배씩 뛰었으니 병폐가 전국으로 퍼졌다는 것을 보여 준다.

관리 교육과 입시지옥에 심하게 얽매어 있는 학생들에게 조금이라도 숨을 돌리게 해 주는 것은 TV와 만화의 세계인 것 같지만 그것들은 대부분이 조잡하고 거친 감성의 세계다. 어른들의 세계도 역시 골프와 노골적으로 성 표현을 하는 만화잡지나 탤런트의 나체 사진집에 기울어지고 있다(『아사히신문』 8월 3일, "天聲人語"). 이것은 젊은 세대의 문화적 환경과 연관된 현상이라고도 할 수 있을 것이다.

메이지 이래 일본의 근대화가 경제나 문화면에서 커다란 성과를 올릴 수 있었던 요인 중 하나는 교육의 보급에 있었다고들 말한다. 그 밑바닥에는 메이지 시대 사람들의 근면과 노력과 독서력이 있었다. 전후 경제의 성공도 메이지 이래의 문화적 역량의 연장선상에서였다.

그렇지만 이제 일본 사회는 그 유산을 먹고 살아가는 상태이고 장래는 어둡기만 하다.

물론 교육 개혁은 벌써부터 일본 사회의 중대사라고 했지만 전혀 나아지지 않았다. 교육의 본질을 근본으로 돌아가서 깊이 대담하게 생각하려고 하지 않기 때문이다. 즉 관료적인 발상 때문이다. 각계의 지도자들이 이 문제를 심각하게 재고해야만 할 때이다.(8. 20)

쿠바와 미국

20년 가까운 옛날에 읽었는데 마음속 깊이 남아 있는 책이 있다.『르 누베르 오브세르바투르』지의 편집주간이었던 장 다니엘의 반자전(半自傳,『저널리스트의 탄생』)이다.

알제리 태생인 다니엘은 로맹 롤랑이나 사르트르의 영향을 받은 저널리스트였다. 알제리 전쟁을 체험하고 식민지주의와 그것에 대한 저항에 깊은 관심을 가졌던 그는 카스트로의 쿠바에 주목한다.

1963년 가을 쿠바 방문에 앞서 다니엘은 케네디 대통령과 단독으로 이야기할 기회를 가졌다. 케네디는 이렇게 말했다.

"바티스타 정권(의 부패)은 미국이 범한 일종의 범죄를 나타내고 있다. 바티스타 정권 시대에 우리 나라가 취한 정책 때문에 쿠바처럼 심한 경제적 식민지화와 굴욕을 맛본 나라는 세계 어디에도 없다. …그러므로 나는 미합중국의 대통령으로서 시에라마에스트라에서의 피델 카스트로의 선언(1959년의 바티스타 정권 타도의 혁명—역자주)을 승인한다고 언명해도 좋다."

이렇게 솔직한 데 놀라면서 다니엘은 묻는다. 그렇다면 왜 쿠바 봉쇄를 계속하는가 하고. 케네디는 "소련의 팽창주의를 저지하기 위해서다. 공산주의를 저지하기 위해서가 아니다"라고 대답하고 "쿠바에서 돌아오면 또 만나러 오시죠. 카스트로가 어떤 반응을 보일지 흥미롭습니다"라고 했다.

두 주일 후에 다니엘은 카스트로와 만난다. 사자처럼 떠들어댈 것이라고 생각했던 카스트로는 다니엘의 말을 듣고는 얼마 동안 침묵했다가 드디어 온화한 목소리로 케네디가 이제는 성실하다고 생각한다고 말했다. 그리고 "그대가 다시 케네디를 만나러 간다니까 평화의 메신저가 되어 주세요"라고 말했다. 다음날 다시 카스트로와 이야기하고 있을 때 긴급전화가 울리고 '케네디 암살'의 소식을 그들은 알게 되었다. 카스트로는 깊이 낙담하면서 케네디에게 강한 기대를 가졌다고 말했다. 이처럼 쿠바와 미국이 화해할 수 있는 싹이 있었다. 그럼에도 불구하고 그 순간은 무너져 갔다. 바로 역사의 극적 장면이었다.

지금 카스트로 정권과 미국 정부와의 긴장이 재연되고 미국은 강렬한 압박 정책을 쓰고 있지만 미국이 원한다면 화해 · 공존의 가능성은 있었고 지금도 있다. 게다가 역사를 돌이켜보면 유럽과 미국은 신세계의 침입자였다는 것도 반성해 볼 필요가 있는 것이 아닌가.(8. 27)

TV와 정치가

'쓰바키(椿) 문제', 즉 작년 총선거를 둘러싸고 TV 아사히(朝日) 보도국장이 폭언을 한 것에 대하여 TV 아사히사의 최종보고서가 제출되었다. 각 정당별 방송 시간의 비교 등 170쪽에 달하는 자세한 조사자료를 덧붙이고서 "불공정 · 불평등한 보도는 없었다"라는 결론을 얻었다고 했다.

그렇지만 각 신문의 논평은 어느것도 "설득력이 결여되어 있다" "보고서 제출은 의례적인 것에 불과하다"라고 매우 비판적이다. 되돌아가서 쓰바키 발언 그 자체의 무책임과 우정성(郵政省)과 자민당의 보도에 대한 간섭을 새삼 비난하는 목소리가 많다. 이에 관해서 다하라 소이치로(田原總一朗) 씨는 "그로부터 방송현장에는 혼란과 곤혹이 일어나고 자기 규제가 시작되었다. 마음껏 보도할 수 없게 되었다"(『마이니치신문』 8월 31일)라고 말했다.

그러한 현장에서의 고생에 동정하지 않을 수 없다. 그러나 TV 미디어 전체에서 본다면 어떨까 하는 생각이 내게는 있다. '혼란과 곤혹'을 뿌리고 있는 것은 도리어 TV 자체가 아닌가. 그것에 대한 자기 인식과 자기 억제가 TV에 있다고 할 수 있을까.

미국에서 오랫동안 상원 외교위원장으로 있었던 훌브라이트는 가장 신뢰할 수 있는 의회 정치가의 한 사람이지만 베트남전쟁의 소용돌이 속에서 외교위원회 공청회를 열고 처음으로 TV

중계를 인정해서 국회심의를 전 미국에 전하게 했다. 훌브라이트 위원장은 "목적은 전쟁의 진상을 분명히 해서 국민에게 널리 알리는 데 있다"라고 하고 이 '교육적 공청회'는 2년간이나 계속되었다. 그러나 근래에 와서는 훌브라이트도 "TV 시대의 총아와 같은 정치가가 배출되고" "그들에게는 보신의 본능이 최우선이고 정치가의 사명 · 정열 같은 것은 뒷전에 밀려난다"라고 개탄하게 되었다(『권력의 오만에 저항하여』).

세계에서 일어난 일이 그대로 TV를 통해서 전해지고 TV는 그 순간에 정치에 대한 대답을 구한다. 정치가는 준비할 시간도 없이 TV와 카메라 앞에서 연기를 한다. 많은 문제가 심각한 것이어서 충분한 시간을 가지고도 해답을 얻기 어렵다는 이 시대에, 정치가는 매스컴의 압박으로 곧장 대응하지 않으면 안 된다. 게다가 요즘 TV가 보여 주는 그 본성은 일상적인 센세이셔널리즘이고 이를 억제하려는 심성은 TV에서 찾아볼 수가 없다.

전날 같은 연배의 저널리스트 모임에서 나는 "정당에 국비 보조를 한다면 차제에 정치가는 일체 TV에 나가서는 안 된다고 입법화해야 할지 모른다"라고 했다. 모두가 쓴웃음을 웃었다. 슬픈 농담이었다.(9. 3)

단순한 기본 문제

도쿄도 지사 스즈키 슌이치(鈴木俊一) 씨가 5선에는 출마하지 않을 의향이라고 했다. 그의 '후계자' 로는 이시하라 노부오(石原信雄) 관방 부장관(官房副長官)을 추천하고 싶다고 했다.

『요미우리신문』(讀賣新聞)에 의하면 스즈키 지사는 "이번 11월이면 84세가 된다. 앞으로 4년간을 더한다는 것은 큰 일이라고 생각한다" "그러나 이상한 사람이 유력 후보로 나온다면 또 할 수밖에 없다"라고도 했다는 것이다. 아직 의기왕성하다.

그렇지만 객관적으로 보면 4기 15년간의 스즈키 도정(都政)에 볼 만한 것이란 적다. 고층의 도청사, 에도(江戸) 도쿄 박물관, 유라쿠초(有樂町)의 도청사 자리에다 건설중인 국제포럼 등, 이른바 통 물건(통처럼 생긴 건물 — 역자주) 건설뿐이고 도로, 공원, 주차장, 수자원(水資源), 쓰레기처리장 등과 같은 도시 구조를 지탱해 주는 인프라에는 거의 손을 대지 않았다. "스즈키 도정에는 철학이 없었다"(『세카이』 10월호, 佐藤信三의 논문)라고 말하는 것도 무리라고는 할 수 없다.

그러나 그러한 스즈키 도정에 대한 시비론보다 무엇보다도 내가 기이하게 생각한 것은 후계자를 현직 지사가 말한다는 것이었다. 경솔하지 않은가 생각했다. 당연한 일이지만 새로운 지사는 각 정당의 생각이나 주민 운동 속에서 후보자가 나와 주민 투표에 의하여 결정되는 것이다. 즉 스즈키 지사는 왕이 아닐 것이다. 도 의회의 여당에도 "도정은 스즈키 지사의 사물(私物)이 아니다" 라는 목소리가 있다(『東京新聞』 9월 16일).

이렇게 단순하며 기본적인 분별을 최근의 정치계에서는 찾아보기 힘들다. 또는 근본 문제가 소홀히 되고 있다고 하겠다. 예를 든다면 정계 개편 속에서 신당 결성의 움직임이 활발하게 전해지지만 거기서 정당이란 무엇인가, 정당정치의 이념은 무엇인가라는 기본적인 문제가 논의되는지는 의심하지 않을 수 없다.

독일의 바이츠제커 전 대통령의 말을 빌린다면 "정당은 라틴어의 어원이 보여 주듯이 전체가 아니라 전체의 일부분"이고 "의원은 전 국민의 대표이고 의원이 소속하는 정당만의 대표가 아니다라는 것을 거듭 회상하지 않으면 안 된다"(『역사의 마지막이냐 시작이냐』, 이와나미서점).

전환의 시대에는 하나하나의 문제에 대해 기본으로 돌아가서 검토하지 않으면 안 된다. 그렇게 하지 않으면 닫힌 상태는 열리지 않는다. 그렇지만 실제로는 눈앞의 계산과 작은 권력을 둘러싸고 이합집산이 계속되고 정당과 민의의 괴리는 전에 볼 수 없을 만큼 커졌다.(9. 24)

사실을 보지 않는 보도

요즘 책방 진열대를 보면 남북한 관계 책이 많다. 대개가 선동적인 제목이어서 좀 이상한 느낌을 준다. 몇 권을 사서 읽어 보지만 거기서 객관적으로 참고할 만한 사실을 알게 되는 일은 적다.

그런데 이런 일은 그런 종류의 간행물만이 아니라 일본의 남북한에 대한 보도 전반에 대해서도 마찬가지다. 남북한에 대한 보도가 대개 일면적이고 깊이가 없고 센세이셔널리즘으로 치닫기 쉽다는 것은 어제 오늘의 일이 아니지만 최근에는 그 경향이 한층 심해졌다.

그 원인의 하나는 북한의 폐쇄성에 있다. 북한 사회의 개방이 진행되지 않는 한 이러한 센세이셔널리즘은 자취를 감추지 않을 것이다.

두 번째 이유는 반대로 한국 사회는 매스 미디어가 활발해짐에 따라서 상업주의와 센세이셔널리즘의 폐단에 기울어졌다는 데 있다. 전적으로 한국 정보에 의존하고 있는 일본의 북한에 대한 보도가 여기에서 대단한 영향을 받고 있다. 게다가 셋째로는 일본인이 가지고 있는 북한관이 왜곡된 것이며 무지하다는 것이다.

예를 든다면 6월에 카터 전 대통령이 남북한을 방문해서 북미관계 타개의 길을 열었는데 일본의 매스컴은 큰 뉴스로서 이에 놀라기만 할 뿐 그 배경이 되는 사실을 정확하게 설명한 보도는 하나도 찾아볼 수 없었다.

카터 전 대통령은 전부터 '북한 제재(制裁)'에는 반대하였으며 이 점에서 미국 정부의 생각과는 크게 달랐다는 것(당시의 『뉴욕 타임스』나 『워싱턴 포스트』의 보도)도 일본의 보도는 전하지 않고 다만 "클린턴 정권의 '거물 특사'"라고만 보도했다. 단순한 견해라고 해야 한다.

더 중요한 것은 작년 가을 서울에 부임한 레이니 주한 미 대사의 존재다. 신학자 레이니 대사는 1960년대에는 선교사로서 한국에 체재하면서 민주적인 기독교학생 운동을 지원하고 후에는 조지아의 명문 에머리대학 총장으로서 사형을 모면하고 망명중인 김대중 씨에게 명예학위를 수여하는 등 한국의 민주화 운동을 지지해 온 인물이다. 그리고 조지아는 카터 전 대통령의 지반(地盤)이고 카터 전 대통령은 레이니 대사, 김대중 씨와 매우 가깝다.

그 레이니 씨가 주한대사로 기용된 사실에서 바로 한국의 민주화라는 커다란 변화를 볼 수 있는데 이러한 배경에 대해서는 일본의 보도도 외교 당국도 주목하지 않고 있다. 놀라울 만큼 시야가 좁다고 하겠지만 한반도 문제에 대해서만 이렇게 시야가 좁은 것일까.(10. 8)

프랑크푸르트에서

2년 만에 독일과 이탈리아 여행을 했다. 매년 10월 초에 열리는 프랑크푸르트 도서전에 참석하기 위해서였다. 이 계절에 프랑크푸르트에는 비가 오기 쉽지만 금년의 도서전은 한 주간 회기중 내내 날씨가 맑아 여행자들에게는 좋은 선물이었다.

그렇지만 도서전에는 다소 어두운 그림자가 보였다. 세계 최대의 이 도서전은 역시 성황이었지만 그 밑바닥에는 정체라고 할 만한 고요가 깔려 있는 것을 느꼈다.

입장자는 작년보다 많았고 참가 출판사도 6,332사였지만 신간 전시목록은 작년이 9만 8,641점인 데 비해서 8만 8,891점으로 상당히 감소했다. 부스를 연 일본 출판사도 줄었다. 전시한 책도 일러스트레이트와 아트가 중심이어서 표면적으로는 활발한 듯하지만 깊이와 넓이는 보이지 않는다. 동공이곡(同工異曲)의 느낌이 있다. 정치 · 경제 · 사상 각 분야의 세계적인 정체가 출판계에 직접 반영되어 있다고 생각하지 않을 수 없다.

물론 한국과 같은 급성장을 지향해 온 나라가 선진국과 어깨를 나란히 하고 이제는 '균형을 찾는 경향'(한국 『도서신문』)이 보이는 면도 있는 것 같다. 그렇다고는 해도 "무거운 책보다 가벼운 책을 좋아한다"라는 보고(위 『도서신문』)에 한국에서도 역시 그런가 하고 쓸쓸한 느낌이다.

활발한 기운이 감도는 곳은 '전자 미디어' 홀이었다. 2년 전까지만 해도 미국과 일본의 몇 개 출판사 · 인쇄회사가 선행하고 유럽측은 조용했지만 이제는 양상이 변한 듯했다.

그렇지만 여기에서도 염려하게 되는 것은 번창하면 번창할수록 안이한 상품화를 찾아서 전자 출판 내용이 게임 소프트로 기울어져 간다는 것이다.

이러한 '고요' 속에서 내 눈에 띈 것은 유고슬라비아를 구성하던 나라 중 하나인 슬로베니아 출판사가 낸 사진집의 메시지였다.

"1992년의 사라예보에는 제비가 돌아오지 않았다. 다시 돌아오지 않을 것이다. 오랜 역사를 가진 사라예보의 땅은 죽음과 파멸과 기아에 감싸여 있다. 전쟁은 계속되고 있다. 사람들은 계속 살해되고 있다. 사라예보는 전쟁의 거리가 되었다."

인간의 어리석은 행동 때문이라고 해야 한다. 그러나 우리 출판계는 이러한 현실에 대해서 무엇을 하고 있다고 할 수 있을 것인가. 도서전은 단순한 비즈니스의 장이 아니라 국제적 교류에 의해서 자극을 받고 출판의 파토스와 에토스를 되찾기 위한 장이어야 하지 않을까. 나는 그렇게 생각했다.(10. 15)

친구라면

두 달 전 일이지만 워싱턴의 동정을 다룬 흥미로운 기사를 읽었다. 미국 정부 내에서 핵 정책을 담당하는 에너지부 헤젤 오리아리 장관이 과거에 있은 핵개발에 의한 희생자에 대한 보상과 핵실험금지를 호소해서 국방부와 대립하고 있다는 것이었다(『요미우리신문』 8월 6일 伊熊幹雄특파원).

오리아리 장관은 전력회사 경영 간부에서 에너지부에서는 처음으로 흑인 여성 장관이 되었다.

작년 11월에 취임한 이래로 핵 정책에 대한 비판을 강화했으며 환경단체 활동가들이나 군축 문제 전문가를 담당자로 등용하고 그 자신은 기자회견에서 미국이 과거 30년간에 200회 이상 비밀 핵실험을 해 온 것을 분명하게 발표했다. 또한 플루토늄 인체실험이 있었던 것을 인정하고 피실험자에 대한 보상과 핵무기공장 노동자의 방사능 피해 보상에도 응할 생각이라고 했다. 획기적인 일이다.

이것 때문에 국방부와 심한 논쟁이 일어나고 있다고 하지만 오리아리 장관의 기용과 이로 인한 정부 내의 대립은 클린턴 정권의 하나의 주목할 만한 측면을 보여 준다고 나는 생각한다.

클린턴 정권은 레이건과 부시의 두 번에 걸친 공화당 정권이 강자의 논리를 국내외에서 추진해 온 뒤를 이어서 새로운 개혁을 칫아 악전고투하고 있다. 따라서 정권에 혼란이 나타났고 국외적으로는 낡은 힘의 정책에 의존한다는 모순도 보여 주고 있다.

미국 내에 깊이 체질화되어 있는 냉전 구조는 남극의 빙벽(氷壁)처럼 굳다. 국립 스미소니언 박물관이 내년 5월에 여는 원폭투하 50년 기념 특별전에 대하여 그 내용이 종군 병사들에게 모욕적이라는 반대가 강하고 의회에서도 이에 동조하는 사람들이 많다. 그들은 "원폭투하는 제2차 세계대전 종결을 위해서 매우 큰 역할을 했다. 그 정당성을 의심해서는 안 된다"라고 말한다. 이러한 풀뿌리 보수주의에 대응해서일까, 냉전 후의 새로운 핵전략을 추구하려고 발표한 미국 정부의 「핵전력 재검토 계획」(9월 22일)은 결국은 핵군축 방향이 아니라 핵 관리, 즉 핵 초강대국의 유지로 끝나고 있다.

미국은 제3세계를 상대로 무기를 파는 가장 큰 '죽음의 상인'이기도 하다. 작년도 수출 계약은 미국이 제3세계 시장의 70퍼센트를 차지하고 있다. 이 무기를 손에 넣고 제3세계의 민중은 서로 죽이고 있다.

일본이 미일 관계를 정말 가장 중요한 것이라고 생각한다면—즉 미국의 참다운 친구라면 이러한 미국의 병폐에 솔직한 비판과 조언을 보내야 하는 게 아닐까.(10. 22)

풍요함에 접하여

10월 초 프랑크푸르트 도서전 참가를 기회로 이탈리아를 여행했다. 이전부터 마키아벨리의 도시 피렌체의 본질에 접해 보고 싶었지만 때마침 이탈리아 각지를 여행하고 있던 친구들과 어울려 피렌체, 아시시, 밀라노를 그들의 안내로 찾을 수 있었다. 참 좋은 여행이었다.

피렌체는 70년 전에 와쓰지 데쓰로(和辻哲郎)가 "약간 충격을 받았다"라고 쓴 것처럼(『이탈리아 古寺巡禮』) 교회와 성채와 회화와 조각에 압도당하기 마련인 도시이지만 나는 거기서 도시로서의 풍요로움을 어디서나 실감했다.

그 거리에서는 일본 젊은 여성들의 모습이 두드러지게 보인다. 모두가 똑같이 가죽제품으로 유명한 페라가모 상점의 붉은 종이 가방을 들고 다닌다. 나는 그들을 '가모족(族)'이라고 부르기로 했다.

이처럼 관광의 계절이기 때문일 것이다. 아시시에서는 호텔 예약을 할 수가 없어서 거기서 수십 킬로 떨어진 조그마한 거리 스페로에 숙소를 정했다. 그것이 도리어 퍽 다행이었다.

스페로는 아시시와 마찬가지로 언덕 위에서 중턱에 걸쳐 물 흐르듯이 구축된 석조 거리다. 언덕이 많은 길도, 뒤얽힌 집들도 모두가 돌로 되어 있다. 그 돌로 된 거리의 풀과 꽃이 아름다웠고 아침 저녁 부드러운 빛과 그늘이 감싸주는 것이었다. 사람들은 여유롭게 생활하고 있다. 거리의 규모와는 어울리지 않을 정도로 많은 교회의 종소리만이 시간을 알려주면서 울려 퍼진다. 정말 중세의 거리다. 신에 가까운 장소—신앙을 가지지 않은 나도 그렇게 생각했다.

다섯 사람이 저녁 식사를 즐겼다. 그 고장 와인도 충분히 마시고 계산을 하니까 한 사람 앞에 2천 엔. 호텔 계산도 1박 4천 엔이었다. 조그만 호텔이고 건물도 낡았지만 설비는 매우 현대적이었다. 그러나 필요한 만큼 편리할 뿐이다. 스팀은 밤에는 들어왔지만 아침에는 멎어 있었다. 편리하지만 소란한 우리들의 일상 생활을 반성하게 해 주었다. 검소함과 풍요로움은 원래 표리를 이룬다는 것을 실감할 수 있었다.

떠나기 어려운 느낌으로 스페로를 출발해 밀라노에 도착하니 호텔에는 스톡홀름에서 팩스가 와 있었다. 오에 겐자부로(大江健三郎) 씨의 노벨상 수상 소식이었다.

깊이 존경하는 작가이고 또한 같은 나이의 친한 친구인 오에 씨의 수상은 10년 전부터 확신해 온 터이지만 금년도 수상이라니 필연적이라는 느낌이 들었다. 팩스를 손에 쥐고 나는 눈물을 흘렸다.

마음이 깨끗하게 씻어지는 듯한 며칠이었다.(10. 29)

사라예보에서의 물음

유고슬라비아라는 이미 없어진 나라에 대하여는 '자주 관리'라고 했던 티토 정권 하의 사회주의에 대해서 책 몇 권을 읽었을 정도의 지식밖에는 남아 있지 않지만 나는 구유고의 상황에 대해서 늘 염려하고 있다.

물론 언어 · 민족 · 종교가 복잡하게 뒤얽힌 상황은 몇 번이나 읽어도 이해할 수가 없다. 그렇지만 그것을 넘어서 사라예보의 비참한 상황은 인간에게 본질적인 물음을 계속 제기한다고 생각된다. 지난 주 사라예보에서 피해 온 지식인의 일기(『사라예보 일기』)를 읽고 그런 생각이 더욱 절실해졌다.

저자 라이몬드 레히니처는 사라예보대학 건축학부 교수였다. 그도 복잡한 인종과 종교를 배경으로 하고 있지만 사라예보 전란 속에서 유대인으로서 '선별'되고 언제나 차별받고 생명의 위험에 처해 있었다.

사람들은 살육에 참가하고 또 동원된다. 전기는 끊기고 수입도 없이 공터에서 발견한 잡초를 수프로 끓여 먹는 나날. 유혈과 파괴. 기아와 공포. 그 속에서 사람들은 시간의 관념을 잃어버린 채 다만 오늘을 살아갈 도리밖에 없다.

"인생의 태반을 보낸 이 도시는 인간이 생각할 수 있는 가장 잔인한 폭력의 희생물이 되어 있었다. 잔인함을 생각해 내는 데에는 인간이라는 종(種)은 상상력에 부족함이 없다"라고 탄식하는 레히니처 교수는 일기에 다음과 같은 생각을 되풀이해서 기록하는 수밖에 없었다.

인간이라는 종은 집단 생활 덕분에 진보해 왔다. 집단이 결속하고 조직되었으며 인간은 자연을 선별해서 이용하면서 진보해 왔다. 그렇지만 이러한 인간 중심의 집단 정신이 바로 공격적인 본질을 형성하고 남을 배제하면서 흔히 야만적인 폭력으로 변한다. 과학도 기술도 여기에 동원되었을 뿐이다.—그러면서 그는 내셔널리즘의 본질을 심하게 단죄하고 고발했다.

레히니처 교수는 다행하게도 2년 전에 피난해서 지금은 프라하대학의 교수다. 물론 그 후 2년 동안에 사태는 더욱 악화되었을 것이다. 그리고 이러한 내셔널리즘의 잔인하고 어리석은 행동은 50년 전 세계 각지에서 우리도 체험한 일이 아닌가.

인간은 진보하는 것인가. 그렇지 않으면 퇴보하고 있는가. "어리석은 행동이라고 해도 상당한 신념을 가지고 몇 번이고 되풀이한다면 인간은 또한 그 모든 어리석은 행동을 받아들이는 존재인 것을 역사는 우리에게 가르쳐 준다"라고 레히니처 씨는 비관적인데.(11. 19)

경관이 된 교사들

나는 토요일 오전중에 신문 스크랩을 한다. 5개 신문의 일주일분이라서 세 시간 정도 걸린다. 스크랩 내용 중에는 정치와 한반도 문제에 관한 기사가 많고 그 다음으로는 교육 문제다. 특히 관리 교육 실태가 마음에 걸린다.

지난 주에도 후쿠시마(福島)현의 현립 고등학교에서 오토바이를 탄 학생 두 명을 교사가 5킬로미터나 추적하는 바람에 오토바이가 전복해서 학생이 사망했다는 기사가 있었다(『마이니치신문』 11월 25일).

이 고등학교에서는 오토바이를 탄 학생을 발견하면 교사들이 차로 달려가서 학생의 이름과 얼굴을 확인하는 '생활지도'가 일상화되어 있었다. 이런 생활지도로 금년 5월에 오토바이가 전복하여 머리를 다친 3학년 학생이 4개월 후 9월에 사망한 것이 이제 와서야 알려진 것이다. 사고가 일어났을 때 교사 한 명은 병원에까지 따라갔지만 그 사정을 가족에게 설명하지 않았다고 한다.

교장은 "나는 위험하니까 그만두는 것이 좋겠다고 해 왔는데…"라고 말하고 현 교육위원회 고교 교육과장은 "결과는 슬프지만 지도 그 자체는 이해할 수 있다"라고 말했다.

이 두 사람의 담화에서 추측한다면 오늘날의 교육 행정에서는 관리 교육이 더욱더 확고한 위치를 차지하고 이에 의심을 품는 것은 교장도 두려워하는 분위기인 것 같다.

효고(兵庫)현에서 교사가 닫은 교문 때문에 여자 고교생이 머리가 끼어서 죽은 사건이 있었다. 4년 전 일인데도 나는 후쿠시마 사건에 대한 기사를 읽고 곧 이 사건을 상기했다.

당시 문부성은 "안전 관리의 면에서 점검을 시작한다"라는 방침을 내보였다. 그것을 보고 나는 "이 사건의 본질이 안전관리의 문제에 있을까. 관리 교육의 본질적 문제라고는 생각하지 않는 것인가. 문부성에 묻고 싶다"라고 이 난에 썼다(1990년 7월 14일).

작년에 이 사건에 대한 판결이 나왔을 때 사이타마(埼玉)현의 한 교사는 신문에다 소논문을 한 편 보내고 "만성적인 지각만 없었더라면 이런 사건은 없었을 것이다"라고 세간에서 지나치게 떠든다고 역습을 했다. 나는 놀라지 않을 수 없었다(본란 1993년 3월 13일).

확실히 지각은 좋지 않다. 그러나 교사가 모두 달려들어서 수단을 가리지 않고 대처해야 하는 것일까. 고등학생이 오토바이로 달리는 것은 위험하다. 그러나 교사는 언제부터 경관이 되었는가. 교육 행정은 전도된 논리에 묶여 있는 것 같다. 물론 교육 행정은 어디까지나 교육이고 행정은 아닐 것이다.(12. 3)

사라예보의 '사춘기'

구유고슬라비아의 사람이라면 누구나 브랑코 초비치의 소설 『사춘기』를 알고 있다고 한다. 초비치 자신의 회상을 기록한 이 소설은 첫사랑과 우정, 작은 모험과 고뇌를 그린 유머와 시정(詩情)에 넘치는 작품으로 1950년 이래로 베스트 셀러다.

이 『사춘기』의 영화화를 생각한 네나드 디즈다레비치는 39세로 사라예보 출신의 영화감독이다. 영화의 주연은 열 다섯 명의 소년 소녀이고 네나드가 구 유고슬라비아의 거의 모든 학교를 돌면서 이들을 선발했다.

촬영이 끝날 무렵 나라 안에서 전쟁이 일어났다. 네나드는 파리로 피해 가서 영화를 편집해야만 했다. 그리고 '어떻게 해서든지 이 영화를 사라예보로 가지고 가서 시사회를 하고 싶다. 출연한 어린이들은 적과 아군으로 분리되었고 이산되어 있다. 그들의 안부도 알고 싶다' 라고 생각한다. 이리하여 전쟁터가 된 조국 각지를 찾아다닌다.

그것을 안 NHK 취재반이 이 여행에 동행했다. 금년 7월 초부터 75일간의 어렵고 심각한 취재였다. 그 일지를 기초로 해서 젊은 디렉터 겐다쓰 교코(堅達京子) 씨가 한 권의 책으로 정리한 『잃어버린 사춘기』를 읽었다. 전화(戰火)와 증오 속에서 어린이들이 보내는 메시지. 나는 표현하기 어려운 생각에 잠겨 있다.

출연한 어린이들의 눈은 빛나고 있었다. 그러나 세 사람만 만날 수 있었다는 것이다. 사라예보에 혼자서만 남아 있는 소년은 말했다.

"지금은 모든 것이 비정상이야. 왜 우리 주변에는 죽음만 있는 것일까."

찾아다닌 소년 중 한 사람은 저격당해서 죽고 없었다. 부모는 탄식한다.

"전쟁은 우리에게서 모든 것을 앗아갔다. 먼저 나의 사랑하는 아들, 그리고 땅과 집…."

류브리야나에 피해 온 소년은 '금지된 장난'을 기타로 쳤고 다음으로는 사라예보에서 유행했던 록밴드 곡을 쳤다.

"이곳은 온통, 병들고, 돈 인간들로 가득 차 있어."

겐다쓰 씨는 '후기'에 이렇게 썼다.

"왜 지금 반세기도 전에 세계를 휩쓴 전체주의나 민족 정화가 망령으로 되살아나고 사람들은 살육을 되풀이하게 되었는가. 왜 누구도 그것을 멈출 수 없었는가."

이것은 우리들 모두에게 공통된 근원적인 물음이다.(12. 17)

동시대로서의 50년 (1995년)

애매하고 빈약한 일본/1월 17일의 교훈/ '일본해' 라는 호칭/첫 방한(訪韓)/야나기 무네요시(柳宗悅)의 탄식/인간으로서/국가에 종속된 역사관/북일(朝日) 교섭 재개/영화 「쇼아(SHOAH)」/국가와 국회의 존엄/옴의 메시지/오키나와전(冲繩戰) 50년/이사야 벌린 저작집/국경을 초월할 수 없는 사람들/일본군 군대위안부 문제의 청산/보편과 주체/엔데 씨의 죽음을 애도한다/확대 지향성/타산지석(他山之石)/외무성의 일대 실책/서울에서 도쿄에서/광주 사건이란 무엇인가/『세카이』(世界) 창간을 생각한다

애매하고 빈약한 일본

역사에 눈을 감는 자는 미래도 볼 수 없다. 이것은 작년에 애석하게도 독일 대통령에서 물러난 바이츠제커 전 대통령의 널리 알려진 말이다. 그리고 역사가 E · H 카는 '역사란 과거와 현재의 끊임없는 대화'라고 정의를 내렸다.

전후 50년을 맞이한 금년, 일본 사회에서도 여러 가지 형태로 지난 반세기를 회고하겠지만 거기에 어떠한 역사 인식이 나타날 것인가. 이것은 단지 신문이나 잡지의 기획 차원에서의 문제가 아니다. 일본인이 어떠한 미래를 어떠한 생각으로 얻으려고 하는 것일까. 이것은 적어도 아시아 사람들이 주목하는 중요한 문제다.

한국의 『한겨레신문』이 신춘에 즈음하여 「이제부터의 일본」이라는 제목으로 기고해 달라고 해서 나는 오에 겐자부로(大江健三郎) 씨가 노벨상 수상 기념 강연에서 말한 '애매한 일본'의 정치적 측면에 대해서 내 나름대로의 생각을 써 보냈다.

"개국 이후 120년의 근대화를 이은 현재의 일본은 근본적으로 애매성의 두 극(極)으로 분열되어 있다. 그뿐만 아니라 그 애매성에 상처와도 같은 깊은 기호가 새겨져 있는 소설가로서 나 자신은 살고 있다"라고 오에 씨는 말했다.

이 '애매성'이란 일본 내셔널리즘에 대한 자기 반성이 약한 것, 패전과 그에 따른 체제 변혁의 결합, 냉전 시대에 그 수익자(受

益者)로 시종해 온 일본—이 세 가지 요소에 의해서 지탱되고 있으며 여기에 오늘의 일본 정치의 혼미가 있다고 나는 전부터 생각한다. 이 문제를 깊이 검토하고 추구해 보고 싶다. 그렇지 않으면 일본 사회는 내면의 불안정에서 아무리 시간이 흘러도 헤어나지 못할 것이다.

그런데 작년 연말에 1년을 회고하는 TV 프로에서 "오에 씨의 기념강연은 어렵고 일부러 어렵게 만든다"라고 비난하는 만화가가 있었고 동석한 평론가나 탤런트들도 이에 목소리를 함께했다.

그것을 듣고 우리 가족은 모두가 '한심한 친구들' 하고 말했다. 그렇지만 원래 요즘 TV에 흔히 출연하는 평론가들이 지닌 독해력이란 이런 정도로 빈약한 것이 아닐까.

두말할 것 없이 오에 씨의 발언은 스웨덴에서 큰 반향을 일으켰다. 내가 아는 재일 한국인 조선인들도 깊은 감동을 느꼈다고 말했다. 일본의 국제화란 바로 이렇게 진지하게 자신의 역사 인식을 말하는 데서 시작되는 것이다.(1. 7)

1월 17일의 교훈

자연의 맹렬한 힘과 인간이 하는 일의 약함과 미숙함—효고(兵庫)현 남부의 지진 참상에 마음 깊이 아픔을 느끼면서 이렇게 생각하지 않을 수 없었다. 전문가들 사이에서는 "일어날 것이 일어났다"고 보는 사람들이 많다지만 일반인으로서는 생각지도 못한 무서운 직격탄이었다. 우리들의 '일상'(日常)과 '비일상'(非日常)을 잇는 어두운 심연을 보여 주는 듯한 느낌이기도 하다.

지금은 인명 구출과 물, 전기 등의 라이프 라인 복구에 우리가 전력을 다해야 할 때다. 잘 모를 일도 많다. 그렇지만 적어도 네 가지 일이 확실하게 나타났다.

그 하나는 일본은 어디서나 대지진이 일어날 국토라는 것. 이렇게 생각해야 하는 것 아닌가.

두 번째는 긴급시에 행정적인 대응이 매우 불충분하다는 것. 지진 발생 후 하루가 지나서 효고현 지사나 고베(神戸) 시장이 TV에서 얘기하는 것을 들으면서 그것을 통감했다.

세 번째는 고속도로의 도괴(倒壞)가 확실히 보여 주는 것처럼 종래의 내진설계(耐震設計) 기준이 잘못되어 있었던 것. 도시의 인프라에 관하여 처음부터 재고해 보아야 할 때다.

넷째는 건축가들이 심각한 반성을 해야 한다는 것. 건축가의 감각만을 즐기는 것 같은, 때로는 부근에 사는 사람들에게 폐가 되는 건축을 보고 이전부터 한심하다고 생각해 왔다 화려하게 장식된 유리가 무참하게도 깨어진 광경을 보고 건축가들은 어떻게 생각할까. 건물은 사유재산이라고 해도 사실은 공공의 것이다. 따라서 우선 그 안전을 생각해야 한다.

일본의 도시 정책은 건물의 지속 연수 정도에 대한 계획성만 가지고 있다. 근대화를 서두른 나머지 논 위에 그대로 도시화를 해 온 도시가 많다. 그리고 만들고는 파괴하고 파괴하고는 만드는 과정이었다. 또는 도쿄의 스즈키(鈴木) 도정(都政)처럼 도시 기반 설비는 거의 생각하지 않고 거품 경제에 편승하여 부동산업에 손을 대는 것과 같은 식의 도시 경영이 많다.

유럽 선진 도시의 구조에 비하면 일본의 도시 기반이 빈곤 · 취약함은 곧 알 수 있다. 고도의 기술과 풍부한 경제력을 가진 일본의 이러한 현실을 어떻게 생각해야 할까.

각 도시에서는 이벤트형의 문화사업이 한창이다. 그것은 그것대로 의미가 있다고 해도 도시 정책의 근본은 좀더 착실한 것이어야 한다. 도시란 본래 3백 년, 4백 년 앞을 바라보는 장기적 전망으로 구상되어야 한다. '1월 17일' 을 크고 엄중한 교훈으로 삼아서 근본부터 재검토해야 할 것이다. 때마침 패전 50년이 되는 해이다.(1. 21)

'일본해' 라는 호칭

일본해(동해) 연안의 교류 · 개발 계획이 여러 차원에서 급속하게 진행되고 있다. 본란에 소개한 것처럼(1993년 7월 20일) 일본학술회의의 후원으로 '일본해 학회' 가 탄생했다. '일본해' 가 국제교류의 무대가 되는 것은 노토(能登) · 가가(加賀) · 이즈모(出雲) 등과 발해가 교류한(8~10세기) 데서 비롯하지만 본격적인 교류는 처음 있는 일이다.

일본해는 지중해의 3분의 1 규모의 해역이고 남북한, 중국, 대만, 러시아, 일본을 긴밀하게 연결하면서 아시아 · 태평양 지대와 중국 · 유럽 대륙의 핵을 이루는 지역이다. 본래 커다란 가능성을 가진 지 · 해역(地 · 海域)이었지만 청일 · 러일전쟁과 냉전 하의 중국과 대만 및 남북한간의 대립 등, 종래에는 심한 긴장 속에 놓여 있었기 때문에 그 가능성이 활용되지 못하였다.

그렇지만 이제는 평화와 협동의 바다로서 출발해야 할 때다.

그 경우에 먼저 해결해야 하는 것은 '일본해' 의 호칭 문제다. 남북한은 전부터 '일본해' 라고 부르는 데 강한 반발을 보이고 있지만 이 점에 대하여 한국의 김영호 경북대학 교수의 제안은 경청할 만하다(예를 들면 『동아시아』 1994년 12월호). 김 교수의 제안은 다음과 같다.

1. 역사적으로는 일본, 조선, 유럽의 지도를 보면 '일본해' 로 표

시되기도 하고 '조선해' 라고 표시되기도 하여 여러 가지지만 1928년의 국제수로회의에서 정식으로 '일본해' 라고 결정되었다. 이것은 일본의 식민지 지배 하에서의 일이고 따라서 남북한에서는 '일본해' 에 대해 제국주의적인 분위기를 느끼고 있으며 '동해' 라고 부른다.

2. 그렇지만 탈냉전과 함께 평화와 협력의 바다로 변하려고 하는 지금 일국 중심주의의 호칭을 그만두고 새로운 질서에 걸맞은, 관계국에 관련된 또는 제3의 명칭을 붙여야 한다.

3. 이 새로운 호칭의 문제는 일본과 남북한의 대립 차원을 넘어서 참다운 친선 관계를 이룩하는 우정의 차원에서 추진되어야 한다.

나는 김영호 교수의 이 제안에 전면적으로 찬성하고 일본이야말로 새로운 호칭을 제안해야 한다고 생각한다. 전후 50년이라는 기회에 일본이 그 제안을 각국에 제시하는 것은 매우 뜻깊은 일이다.

물론 통칭으로서 '동해' '일본해' 를 쓰는 것은 자유이고 "문제는 공식적 또한 국제적으로 '공칭'(公稱)하는 것이다" 라고 김 교수도 말한다. 이 점에 대해서도 나는 동감이다.(1. 28)

첫 방한(訪韓)

2월 초 한 주일 동안 한국을 방문했다. 본지 2월 11일에도 소개된 것처럼 한국 크리스천 아카데미와 이와나미(岩波)서점이 주최한 심포지엄 "해방 50년과 패전 50년—화해와 미래를 찾아서"를 개최하기 위해서였다.

심포지엄에서 일본측에서는 "냉전 후의 과제는 무엇인가"(坂本義和 교수) "일한조약의 본질"(安江良介) "현대 문명의 과제"(大江健三郎)라는 세 가지 보고가 있었고 한국측에서는 이에 대응하여 "동북 아시아 정세와 한일 관계"(李庭植 교수) "한일 관계 50년, 어떻게 볼 것인가"(池明觀 교수) "동북아시아의 생명공동체"(金芝河)라는 발표가 있었다. 이틀 동안 열심히 토론을 했다.

특히 사카모토(坂本) 교수가 글로벌한 변화의 본질을 해명하고 21세기에는 '트랜스내셔널한 시민 사회의 형성'이 현실성과 필요성을 더해 갈 것이라고 지적한 것에 모두가 강한 관심을 보였다. 또한 오에(大江) 씨의 유머에 가득 차고 성실하며 품위있는 발언에 한국측 모두가 감동을 숨기지 않았다.

한국 지식인 몇 사람이 이렇게 말했다.

"한일 정상화 이래로 30년 동안 서울에서 각종 학술 · 문화 교류가 행해졌지만 이처럼 솔직하게 마음을 터놓고 서로 이야기를 나눌 수 있었던 적은 없었다. 획기적인 심포지엄이었다."

이 심포지엄의 두 번째는 4월 초 도쿄에서 계속되지만 강원룡 아카데미 원장은 서울 심포지엄을 총괄하면서 이렇게 말했다.

"한일간의 문제는 이만하면 되었다. 우리의 토의는 한일 양국이 공동으로 아시아에서 무엇을 해야 하는가 하는 새로운 과제로 향해야 한다."

나는 처음 편집자가 되었을 때 일본의 내셔널리즘을 재검토하기 위해서 일본 근대사를 공부하기 시작했다. 일본 근대사를 배우는 것은, 즉 백년 이상 심하게 대립해 온 일본과 한국의 내셔널리즘의 발자취를 아는 것이었다.

그 후 30여 년간 나의 강한 소원은 이 두 가지 내셔널리즘이 화해하는 것이다. 나의 이 소원은 냉전사고를 가진 채 스스로의 역사를 청산하려고 하지 않고 선택한 한일조약 체제와 그것이 필연적으로 낳은 한일 유착 구조에 의해서 단절되었고 오늘날까지 그런 상태가 계속하고 있다. 그렇지만 가슴 아픈 많은 희생을 치르면서 드디어 냉전 구조를 극복한 한국 민주화 운동은 낡은 한일 구조를 크게 동요시키고 있다. 내가 처음으로 한국을 방문할 수 있었고 대통령이나 국무총리를 비롯한 각계 인사들과 솔직하게 이야기를 나눌 수 있었던 것도 바로 이것 때문이었다. 깊은 감회에 잠기게 된다.(2. 18)

야나기 무네요시(柳宗悅)의 탄식

2월에 나는 처음으로 한국을 방문했다. 민주세력과 관계를 가졌던 나는 한국이 군정 하에 있는 동안 그 풍토에 동경을 품고 있으면서도 방문할 수가 없었다. 그래서 방문한 적은 없었지만 서울이나 광주의 지도는 자세하게 머릿속에 그리고 있었다. 그렇지만 지식과 실제의 견문은 역시 크게 달랐다. 예를 든다면 구조선총독부의 건물. 이 악명 높은 당당한 서양 건물의 건축 방식을 실제로 보았을 때 심한 혐오와 부끄러운 감정에 젖어들었다.

1910년 일본은 조선을 강제적으로 병합하고 조선총독부를 두고 육군대장 데라우치 마사타케(寺內正毅)가 초대 총독으로 부임했다. 총독은 육군대장에서 뽑히고 천황 직속으로 조선 주둔군을 지휘하며 조선의 내정 전반에 대한 권한을 가졌다. 즉 일본의 조선 지배란 천황과 군에 의한 직접 지배이고 1922년에 경복궁 중앙에 이것을 말살하는 것처럼 세워진 조선총독부는 그 상징이었다.

경복궁은 조선 왕국의 시조 이성계가 14세기 말에 세운 정궁이지만 16세기 말 임진왜란(히데요시의 조선 침략)에 의해서 소실되었다. 2세기 반이 지나서 19세기 중엽에 고종과 그 부친 대원군이 화려한 궁전을 재건했다. 그렇지만 일본은 다수의 건물을 허물고 배경이 되어 있는 북악산과 함께 근정전을 비롯한 주 건축(主建築)을 한국 국민의 눈에서 가리는 총독부를 세웠다.

야나기 무네요시가 유명한 「잃어버린 한 조선 건축을 위하여」를 쓴 것은 이때였다.

"아, 전에 자연의 배경을 고찰하고 건물과 건물과의 배치를 숙려(熟慮)하고 모든 것에 균등의 미를 품게 하고 순 동양 예술을 간직하려고 했던 노력은 이제 모두 파괴되고 그것을 대신해서 아무런 창조적 미도 품지 않은 서양식 건축이 돌연 이 신성한 땅을 범했다."

나아가서 '가슴이 미어지는 듯한 생각'을 품은 야나기는 "일본이 조선에 병합되고 궁성이 폐허가 되고 그 대신에 그 자리에 방대한 서양식의 일본 총독부가 세워지고… 하얀 벽의 에도(江戶)성이 허물어지는 그런 광경을 상상해 주시오"라고 호소했다.

해방 후 중앙박물관으로 사용되어 온 이 건물을 보면서 나는 조선 내셔널리즘을 송두리째 말살하려고 기도했던 군인다운 도전적이고 과격한 그리고 어리석은 일본의 조선 지배를 새삼 생각하지 않을 수 없었다.

김영삼 대통령의 발안으로 이 건물은 이제야 헐리게 되었다고 한다. 그렇지만 일본 사회의 내면은 어떠한가. 이미 과격한 자세는 없어지고 전쟁 전과 전쟁 후를 확연하게 나누는 역사 의식이 우리들의 내면에 자리잡고 있다고 할 수 있을까.(2. 25)

인간으로서

전후 50년을 기해서 일본 국회가 어떤 결의를 해낼 것인가 그렇지 않으면 아무것도 못하는가. 국회의원들의 역사 인식이 내외에서 주목을 받고 있는 때에 신진당(新進党)의 젊은 여성 의원이 용감하기는 하지만 천박한 발언을 했다.

3월 16일의 중의원 외무위에서 그는 "나 자신은 전쟁 당사자라고 말할 수 없는 세대니까 반성 같은 것은 하지도 않으며 반성을 요구받을 이유도 없다"라고 단언했다는 것이다.

그러고 나서 3일 후에 나카소네(中曾根) 전 총리는 출신지 현 의원 선출 출진식(出陣式)에서 인사를 하면서 "지금까지도 외국에 사과를 해 왔다. 더 이상 무언가를 할 필요가 있는가"라고 말했다.

남녀노소가 적반하장격인 합창이다. 나카소네 씨는 "과거에 눈을 감는 자는 결국은 현재에 대해서도 눈을 감는 것입니다"라고 한 바이츠제커 전 독일 대통령의 유명한 말이 마음에 걸려 그것은 '레토릭(rhetoric)이 좋았던' 것이고 바이츠제커는 히틀러나 나치스의 행위에 대해서 사과한 것인데도 독일 국가나 민족에 대해서 사과한 것이라고 받아들여졌다고 말하고 있다(『아사히신문』 3월 20일). 정말 수사학이 뛰어난 정치가다운 견해라고 하겠다.

그렇지만 역사는 인간에게 그처럼 단순한 것이 아니고 쉽사리 멀리 지나가 버리는 것도 아니다. 도리어 사람들의 역사 인식은 현재 자신의 본질을 보여 준다고 해야 한다.

그들의 강변을 듣고 나는 채플린의 명화 「독재자」의 클라이맥스 장면을 회상했다. 독재자 힌켈로 오해를 받은 이발사 찰리가 연설을 하면서 한 저 잊을 수 없는 말. 'I am sorry' 로 시작하는 그 연설.

"… 탐욕이 사람들의 마음을 좀먹고 세계는 증오의 벽으로 갈라지고… 기계는 우리에게 부를 가져다 주지 않고 거꾸로 궁핍을 강요하고 있습니다. 지식은 우리를 회의적이게 하고 현명함이 인간을 비정하게 하고 냉혹하게 합니다. 우리는 지금 쓸데없는 것을 생각해야 하며 인간으로서 느끼는 것을 잃어버리게 됩니다. 기계보다는 인간성이 귀중합니다. 현명함보다 친절이나 다정함이 귀중한 것입니다. 인간이 이 귀중한 천성을 잃어버리고 나면 우리들의 생활은 폭력에 의해 지배되고 모든 생활이 파괴될 것입니다"(江藤立夫, 『채플린』, 이와나미서점).

히틀러와 같은 해 같은 달에 출생한 채플린은 히틀러의 폴란드 침략을 보고 이 영화를 만들었다. 그런데 '인간으로서 느끼는 것' 이란 바로 오늘의 우리에게 필요한 것이 아니겠는가.(3. 25)

국가에 종속된 역사관

새해 첫날 본지 사설은 “전후 50년인 금년이야말로 일본과 일본인은 이 마이너스 유산을 청산하고 전쟁 인식과 그 책임의 문제를 결론지어야 한다”라고 주장했다.

“마이너스 유산을 청산한다”라는 것은 비인간적인 군국주의 하에서 식민지 지배나 침략을 행한 역사를 솔직히 인정하고 새로이 사죄하는 성의를 보이는 것이라고 사설은 말했다.

이 사설을 새해 첫날에 게재하고 올해 첫 번째 과제로 삼은 본지의 견식에 나는 경의와 공감을 품었다. 그러나 지난 주 이 난에도 쓴 것처럼 정치가들 사이에서는 우리들의 생각과는 괴리된 움직임이 활발해지고 있다.

예를 들면 나카소네 전 총리는 “이제 새삼 무언가를 할 필요는 없다”라고 되풀이하고 있으며 3월 27일에 김윤환 한일의원 연맹 회장과 만났을 때도 “부전(不戰)이나 속죄를 내용으로 한 결의는 국회에 어울리지 않는다. 국회는 역사에 대한 평가를 내리는 장소가 아니다”라고 말했다.

오쿠노 세이스케(奧野誠亮) 의원은 “우리들이 싸운 것은 영미(英美)이다. 아시아가 아니다. 침략전쟁을 한 것은 영미이고 일본은 원폭을 맞았다”라고 한다. 그 오쿠노 씨를 회장으로 한 ‘종전 50주년 국회의원 연맹’의 활동 방침에는 “일방적인 우리 나라에 대한 단죄와 자학적인 역사 인식을 재검토하고… 일본 및 일본인의 명예와 긍지의 회복을 기한다"라고 되어 있다. 연맹에는 200명 이상이 참가하고 있다.

그러나 "국회는 역사에 대한 평가를 내리는 장소가 아니다"라고 하지만 국민을 공적으로 대표하는 국회가 자국의 역사에 대하여 어떠한 책임을 지려고 하는가를 국내외에 표명하는 것은 본래적이고 가장 기본적인 과제가 아니겠는가. 그리고 스스로의 역사에 대해서 책임을 지지 못하는 자가 어떻게 '일본 및 일본인의 명예'를 회복할 수 있다는 것인가. 그들은 흔히 "순국한 영령에게 위령(慰靈)과 감사의 정성을 표해야 한다"라고 하는데 실제로는 '영령'은 어떠한 생각으로 죽어 갔고 또는 어떠한 죽음을 강요당했는가.

또 한편 오쿠노 의원이 "침략전쟁을 했다"라고 비난을 한 미국은 "원폭투하는 전쟁 종결을 위해서 필요했다"라는 목소리가 대세여서 인간으로서의 보편적인 입장에서 핵무기 사용은 안 된다고 호소하는 히로시마 · 나가사키 시장에 대해서도 "일본은 설교할 자격이 없다"(『뉴욕 포스트』 3월 21일 사설)라고 반발했다.

사람들은 지금도 국가의 테두리 안에서 자기들만의 정의를 말한다. 전후 50년을 기해서 미래를 찾아야 할 이 시점에도 도리어 51년 전의 국가관에 묶여 있다.(4. 1)

북일(朝日) 교섭 재개

3월 9일 자민당 내에서 북일 정상화를 위해 여당에서 방북단을 파견한다는 구상이 급부상했다. 곡절을 거쳐서 와타나베 미치오(渡邊美智雄) 씨를 좌장으로 하는 자민 · 사회 · 사키가케 3당 각 대표단이 방북하여 조선노동당과의 4당 합의서에 서명했다(3월 30일). 이것으로 오랫동안 정체되었던 북일 정부간 교섭이 재개되기에 이르렀다.

이러한 급격한 상황 전개의 배경에서는 두 가지 움직임을 볼 수 있다.

그 하나는 북한의 적극적인 자세이다. 원래 북한은 북일 교섭 재개는 일본측의 자세에 달려 있다고 되풀이해 왔지만 일본 외무성은 다만 비공식적인 사절을 보낼 뿐이고 대응할 방도를 가지지 못했다. 그러나 북한으로서는 대미 교섭에서 성과를 올린 현 단계에서 금후의 북미 관계와 정체되어 있는 남북한 관계에 '북일'이라는 외교카드를 하나 더 가지려는 생각이 있었다.

또한 북일 관계의 촉진을 위하여 북한은 이전부터 자민당에 큰 기대를 걸고 있었다. 이번에도 북한측으로부터 자민당에 비공식적인 교섭이 있었고 다케시타(竹下登) 전 총리가 적극적으로 움직인 것도 이 사실을 증명한다.

또 하나는 북한의 안정과 국제화를 요구하는 미국에게도 북일 교섭 재개는 바라는 바이고 먼데일 주일 대사는 4당 합의를 높이 평가하고 있다.

이 점에서 이번 방북에 즈음하여 북한이 사회당을 제치고 자민당에 직접 타진한 데 대해서 사회당은 한때 참가하지 않는다고 밝혔다. 이것은 사회당의 약한 정보력과 북한 의존도를 보기 흉하게 드러낸 것이었다.

교섭회의를 재개한다고 해도 북일 교섭은 난항을 거듭할 것으로 보인다. 남북 관계에 얽혀 있고 보상 문제를 비롯한 많은 어려운 문제가 있다. 그러나 무엇보다도 북일 양국 정부의 자세를 보았을 때 그런 예측을 할 수밖에 없으리라고 생각한다.

특히 일본 외무성은 여전히 북한 문제에 대응하는 데 이념과 정책을 가지고 있지 않다는 것이 매우 염려가 된다. 군정 시대의 한국 정부에는 유착이라고 할 정도로 사소한 일까지 의향을 물어보던 일본 정부가 이번에 처음으로 한국측의 반발을 산 것은 외교적인 실패다. 대한(對韓) 정책을 가지고 있지 않기 때문이다.

더욱 중요한 것은 '역사의 청산'을 일본 정부가 교섭하는 과정에서 주체적으로 명언할 수 있는가 없는가 하는 것이다. 북한측은 북미 교섭에서 보는 것처럼 아슬아슬하게 물가까지 밀고 가는 작전을 되풀이할 것인데 이것을 극복하고 교섭을 진행할 수 있는 최대의 힘은 스스로 바른 역사 인식을 가지는 데서만 가능하다.(4. 8)

영화 「쇼아(SHOAH)」

쇼아란 '절멸'(絶滅)을 의미하는 히브리어다. 나치스가 자행한 유대인 말살 정책의 진실을, 살아남은 희생자 · 가해자 · 방관자들의 인터뷰로 밝힌 영화 「쇼아」를 이번 주에야 간신히 볼 수 있었다.

실로 9시간 반에 걸친 초대작이다. 감독은 클로드 랑즈망이다. 그는 1925년 파리에서 출생한 작가이며 편집자이고 영화 작가이기도 하다. 전쟁 전 고등학교에 다닐 때 레지스탕스에 참가하여 전후 장 폴 사르트르와 시몬느 보부아르와 친교를 맺고 현재 사르트르가 창간한 잡지 『현대』의 편집장이다.

랑즈망 감독이 이 영화에 착수한 것은 1973년 여름이었다. 14개국에 걸친 예비조사, 350시간이나 걸린 촬영, 편집에는 5년 가까운 시일이 걸려 1985년에야 완성했다. 12년이라는 세월이 걸렸다.

「쇼아」는 구미 각지에서 상영되고 텍스트 전문은 책으로 간행되어(일본어판은 작품사에서 근간) 지금까지 볼 수 없었던 반응을 일으켰고 갖가지 상을 수상했다. 『뉴욕타임스』는 "상상도 못할 위업(偉業)이다"라고 평했지만 틀림없이 인류사에 남을 영화이고 인간에 대한 근원적인 조사 · 추구이다.

일본에서는 완성 후 10년이 지나서 지난 1월에 처음으로 상영되고 거기에다 랑스망 감독이 처음으로 일본을 방문하여 '전후

50년—영화 「쇼아」를 감상하고 랑즈망 감독과 대화하는 출판인 모임' 이 도쿄에서 열렸다. 이 배경에는 저 『마르코 폴로』지의 어리석기 짝이 없는 기획(나치스를 찬양하고 유대인을 모욕한 사건—역자주)에 대한 출판인의 반성도 있었다.

그 모임에서 나는 랑즈망 감독과 공개 대담을 하였고 그는 이렇게 말했다.

"문제의 핵심은 회상하는 것이 아닙니다. 회상하는 차원이 아니라 과거와 현재에 대한 조사이고 우리들의 현재라는 사실이에요. 내가 언제 사실을 알았는가 하면 영화를 다 찍었을 때였고 안 것을 모두 전할 수 있을 때 비로소 우리는 사실을 소유할 수 있다고 생각합니다."

이것에 대해서 나는 일본 사회의 역사 인식에 관해서 설명하면서 이렇게 말했다.

"우리가 역사 청산을 위해서 노력하는 것은 우리 자신의 내면에 정의를 회복하고 싶다고 강하게 희망하기 때문이지만 내면에 정의를 회복하는 것은 사실을 추구하고 파악하려는 성실한 노력과 하나가 되는 것이라고 생각합니다."(5.27)

국가와 국회의 존엄

되풀이해 온 이야기이지만 역시 써야 한다고 생각한다. 전후 50년을 기하여 국회가 일본의 역사에 대하여 결의를 하는 이상 그것이 어떠한 의미를 가지는가 깊이 생각하지 않으면 안 된다.

여 3당은 '전후 50년 국회 결의'를 실현하려고 오랜 시간 애써 왔다. 종래의 주장에서 크게 양보해서 자민 · 사회연립이라는 모험을 감행한 사회당으로서는 이 국회 결의가 거의 마지막 거점이라고 할 수 있었다. 한편 자민당은 새로운 자민당을 지향하면서도 그 내실은 구태의연하다. 최근의 와타나베 미치오(渡邊美智雄) 씨의 망언이 그 사실을 단적으로 보여 주는 것이다. 따라서 당사자들의 그간의 노력을 생각하고 잘했다고 해야 할지 모른다.

그러나 합의로 이루어진 그 내용을 읽으면 삭막하다는 생각에 잠기지 않을 수 없다. 나도 그 결의에 의해서 대표되는 일본 국민의 한 사람이니까 생각하면 나도 부끄러움에 몸을 가누기 어렵다.

결의 문장 자체는 잘 연구한 것이다. 그렇지만 치명적인 것은 문장의 주체가 없다는 것이다. 누가 무엇을 행했으며 그 역사를 누가 어떻게 극복하는가 하는 주체가 명시되어 있지 않다. 즉 역사 앞에 인간으로서 서 있지 않다. 따라서 사람들에게 감동을 주지 못한다.

본지 주최의 「정담(鼎談)—전후 50년을 묻는다」(시나노마이니치신문사 刊)에서 말한 것처럼 스스로의 역사에서 범한 과오를 극복하고 그 과오로 인해 고통과 굴욕을 준 사람들에게 사죄하는 것은 자신의 내면에 정의를 회복하고 싶다고 생각하기 때문이고 자기 자신을 위해서다.

그러나 자민당 내에는 "잘못했다고 전과자로서 머리를 숙이는가" "경솔하게 식민지 지배라는 둥 그런 말을 써서는 안 된다. 국가의 존엄과 관계된다"라는 소리가 높다(6월 8일 각 신문). 그들의 목소리는 국민을 대표할 수 없는 아나크로니즘이라고 하겠다. 그러나 그들에게 위협을 느껴서 국가와 국회의 존엄을 스스로 잃어버린 국회의 결의란 도대체 무엇일까.

약 90년 전 일본이 조선을 병합하려고 했을 무렵 미국 예일대학 교수였던 아사카와 간이치(朝河貫一)는 과격해진 고국의 분위기를 우려하여 『일본의 재난』이라는 책을 썼다(1990년 8월 18일 본난 참조). 일본은 재난의 때를 맞이하고 있다는 경고였다. 아사카와는 침의(沈毅)·억제·예양(禮讓)·의심(義心)·반성 등 지금까지 일본의 아름다운 국민성이었던 것이 이제는 보이지 않는다고 개탄했지만 지금 아사카와가 있다면 전후 50년에 일본이 처한 현실에 대해서 어떻게 볼 것인가.(6. 10)

옴의 메시지

옴진리교의 실체가 나타남에 따라 이러한 어리석기 짝이 없는 음산한 조직에 왜 젊은 세대가 강하게 매혹당했는가 하는 옴교론이 신문 · 잡지에서 한창이다.

여러 가지 이유를 든다. 그것들을 읽고 많은 지적에 수긍이 간다. 성공의 아버지는 많지만 실패의 아버지는 없다고 한다. 그러나 옴교라는 몹쓸 아들의 경우는 그 아버지가 한 사람이 아닐 것 같다.

그렇지만 일본 사회의 잘못을 너무나 많이 지적하고 확대해 가는 것을 읽으면 마치 피할 수 없는 신화의 세계에 우리가 들어가 있는 것 같은 착각에 빠지기 쉽다.

차라리 젊은 세대를 미망(迷妄)에서 구해 내기 위해서 끊어야 할 쇠사슬은 무엇인가를 구체적으로 파악하는 것, 그것을 위해서 힘을 합치는 것—이러한 토의를 해야 된다고 나는 생각한다.

끊어야 할 쇠사슬은 무엇인가. 나는 적어도 세 가지를 들고 싶다.

첫째는 교육의 근본적인 개혁이다. 관리 교육과 입시위주 교육의 폐단은 심각하다고 누구나 그것을 지적해 왔다. 그런데도 전혀 개혁이 되지 않는 이유는 어디에 있는가. 그러는 동안에 젊은 세대는 매여서 살아가는 데 익숙해지고 매여서만 살아가려는 성품을 지니게 되고 풍부한 감수성을 잃어버리고 지식은 있어도 지혜가 빈약한 인간이 되어가고 있다. 아니 지식이라기보다는 정보 속에 빠져 버리게 되었다고 할지 모른다.

둘째는 이상을 위하여 괴로운 투쟁을 계속하는 정신의 힘, 그 빛을 우리 사회 속에 회복하는 것이다. 옴교에 두드러지게 나타난 특질은 목적을 위해서 수단을 가리지 않는 놀랄 만큼 안이한 자세다. 그것은 이념을 경시하고 이상을 위해서 땀 흘리는 정신을 비웃는 요즘의 안이한 현실주의와 통하는 것이다.

셋째는 익명의 폭력에 대한 단호한 자세다. 무언전화, 협박전화, 우익 가두선전차에 의한 방해, 폭발하는 우편물, 암살, 독가스 사용—이러한 익명의 폭력이 존재하는 데서는 민주주의는 충분히 제 기능을 할 수 없다. 얼굴을 숨긴 비겁한 폭력에 대하여서는 상당한 용기가 아니고서는 대응할 수가 없다. 따라서 이러한 폭력에 대해서는 사회가 하나가 되어 강한 의사 표시를 계속해 가야 한다. 이것을 할 수 있는가에 따라서 그 사회의 안정 · 불안정이 나뉠 것이다.

나는 옴의 메시지를 이렇게 받아들였다.(6. 17)

오키나와전(沖繩戰) 50년

6월 23일은 오키나와전의 종전기념일이다. 어제는 50회 기념일이었다. "풀 한 포기까지 초토화한다"라고 한 가장 치열했던 오키나와전을 경험한 사람들에게 종전이란 어떤 날이었을까.

상세한 사료에 의해서 대작 『다큐멘트 쇼와 천황』(전 8권)을 간행한 다나카 노부마사(田中伸尙) 씨는 이렇게 말한다.

"오키나와전은 6월 23일에 끝난 것이 아니다. 이날은 단지 제32군(오키나와 수비대)의 사령관과 참모장이 자살한 날에 불과하다. 본도(本島)에서도 이도(離島)에서도 아직도 다수의 현민이 피해 다니고 있었다. 미국이 오키나와전 종결을 선언하는 것은 7월 2일이지만 현민에게는 이날도 종결이라고는 할 수 없다. 그리고 8월 15일도."

미군의 오키나와 공습은 1944년 10월 10일에 시작되었고 다음 해 4월 1일에는 미군이 오키나와 본도에 상륙하여 지상전이 시작되었다. 이 오키나와전에 의한 일본측 사망자는 20만 명이 넘지만 그 과반수가 오키나와 현민이었다.

그런데 오키나와 현민의 고통은 전투 전부터 시작되었다. 1944년 8월 다이혼에이(大本營: 전쟁중 천황 직속하에 놓여 있던 최고 통수부 — 역자주)가 '오키나와 전체의 요새화'를 명령하고 수비대를 강화했지만 증원군이란 거의가 중국 전지에서 전전(轉戰)해 온 것이어서 중국에서 일본군의 원칙이었던 '자급자족', 즉 주민에게서 식량 · 물자 · 주거를 탈취하는 것을 당연하게 생각했다. "류큐(琉球)에서의 아군은 군기가 해이해져 민가에 들어가 물자를 빼앗고 부녀를 능욕하는 등의 일이 있었는데… 이것은 중국(支那)에 있던 부대다"—이것은 당시 내무성 고관이 오키나와를 시찰하고서 제출한 보고다.

패전 후 27년간은 오키나와는 반(半) 미국의 영토였다. 간신히 일본의 잠재 주권(潛在主權)은 인정되었지만 시정권(施政權)은 미군에게 있었다. 패전에 즈음하여 천황제 호지(護持)에 부심한 중신(重臣)들이 자진하여 미군에게 오키나와를 제공했기 때문이었다(『세카이』 1979년 4월호 進藤榮一, 「분할된 영토」). 그리하여 본토복귀(오키나와 시정권을 일본 정부에 이양한 것—역자주) 후 23년이 지난 지금도 전국에 있는 미군 기지의 75퍼센트가 오키나와에 집중되어 있다는 기이한 구도는 변하지 않고 있다.

그전날 오키나와전에서 뎃케쓰킨노타이(鐵血勤皇隊: 천황을 위한 결사대—역자주) 소년으로서 미군과 싸우다가 구사 일생을 경험한 오다 마사히데(大田昌秀) 오키나와 현 지사는 오키나와전 연구의 제1인자로서 일관하여 평화 문제에 몰두하면서 오키나와의 기지 반환을 호소해 온 대표적 지식인이지만 지금은 지사로서 오키나와의 현실과 씨름할 수밖에 없게 되었다.

오키나와전은 끝나지 않았다고 해야 할 것이다. 그 책임의 일부는 본토 국민의 오키나와 및 일본 현대사에 대한 인식이 빈약하다는 데 있다.(6. 24)

이사야 벌린 저작집

철학, 역사학, 정치학의 전문 분야 사람으로서 이사야 벌린의 이름을 모르는 사람은 없을 것이다. 놀랄 만한 학식과 깊은 사색으로 알려진 정치사상사의 대가이다.

1909년생인 벌린 교수는 옥스퍼드대학에서 연구 생활을 했으며 그의 첫 저작집이 간행된 것은 70세 직전의 일이었다. 매우 귀중한 출판이었다. 그래서 일본어판 저작집 4권이 후쿠다 간이치(福田歡一)·가와이 히데카즈(河合秀和) 두 교수의 편·역으로 이와나미(岩波)서점에서 간행되었다(간행은 1983~1992년).

그 내용도 번역도 매우 뛰어난 것이고 그것을 읽고 나도 크게 계몽되었고 그 후에도 거듭 읽곤 한다. 오늘날 인류의 심각한 문제 중 하나는 내셔널리즘의 위협을 제어하지 못하는 데 있다. 그 어리석은 예의 하나를 우리는 구 유고슬라비아의 분쟁에서 보고 있지만 벌린 교수는 오늘의 사태를 일찍이 예견했다(제1집 수록).

그러나 벌린 저작집의 판매 성적은 매우 좋지 않았는데 제1집의 판매는 발행 첫해에 900부에도 미치지 못했다. 나는 놀라서 가까운 정치학자에게 "일본에 정치학자와 그 지망자는 몇 명이나 있습니까"라고 물었다.

분명히 독자의 수는 정치학자와 그 지망자의 수에 훨씬 미치지 못했다. 역사학, 철학의 전문가를 여기에 더한다면 그 차이는 훨씬 더 벌어진다. 나는 일본의 젊은 지식인들의 독서력이 빈곤한 데 놀라고 일본의 도서관이 그 공공성을 발휘하지 못하는 현실을 재확인했다.

다시 이와나미서점이 간행한 사례를 한 가지만 더 소개한다. 이번 5월부터 처음으로 체계화된 『요시노 사쿠조(吉野作造, 1878~1933년) 선집』의 간행을 시작했다. 이와나미로서는 대망의 출판이었고 전후 50년 금년에야말로 이것을 출판해야 한다고 생각해 온 것이다.

다이쇼(大正) 데모크라시의 핵심 인물, 요시노 사쿠조의 민본주의(民本主義)는 일국민주주의론이 아니라 글로벌한 규모의 민주주의였으며 따라서 선견이 풍부한 것이었다. 국제연맹의 발족(1920년)에 냉담했던 일본 사회에 대하여 요시노는 국제연맹의 의의를 적극적으로 설파하고 지금이야말로 세계가 상호 의존 체제로 가는 시대이며 국제 여론이 국제 정치의 유력한 요소가 되어가고 있다고 지적했다.

케네디 대통령이 같은 취지의 말을 한 것은 그로부터 40년 후의 일이었다. 그러나 이 『요시노 선집』도 도서관이나 대학 연구실에서도 보기 드물다.(7. 1)

국경을 초월할 수 없는 사람들

핵전쟁의 위기를 강하게 호소한 '러셀-아인슈타인 선언'이 발표된 것은 40년 전 1955년 7월 9일이었다. 버트란드 러셀에서 시작되어 알버트 아인슈타인과의 사이에 몇 번의 서한이 오고 간 후 선언이 성립했는데 11명의 저명한 과학자가 서명했다. 유카와 히데키(湯川秀樹) 박사(노벨 물리학상 수상—역자주)도 그중 한 사람이었다.

아인슈타인은 이 선언에 대해서 적극적이었다. 그런데 이 선언에 서명한 것이 그의 최후의 서명이 되고 말았다. 선언 서명자 선정에 동의한다는 러셀에게 보낸 편지를 쓰고 난 이틀 후에 쓰러져서 1주일 후 4월 18일에 서거했다.

사람들은 국가나 대륙, 이념을 떠나 인간으로서 대화를 나누어야 한다고 이 선언은 되풀이해서 호소했다. 이 선언에 따라서 2년 후 바그워시회의(국제과학자회의)가 생기고 그것은 핵시대에 평화의 지침으로서 커다란 의의를 가져왔다.

또한 50년 전 가을에는 경제적 · 사회적 · 문화적 또는 인도적 성질을 띤 국제 문제를 해결할 것을 목적으로 유네스코(UN 교육 과학 문화기관)가 설립되었다. 이 유네스코 헌장 첫머리에는 "전쟁은 사람들의 마음속에 일어나는 것이기 때문에 사람들의 마음속에 평화의 요새를 세우지 않으면 안 된다"라는 말이 있다. 우리들의 세대에는 이러한 아름다운 말을 듣고서 깊은 인상을 받았던 기억이 있다. 그렇지만 지금, 많은 사람들의 마음에 있는 것은 '평화의 요새' 가 아니라 '국가의 요새' 이고 '민족이나 종교의 요새' 다. 일본의 일부 정치가는 지난날의 조선 · 중국에 대한 지배 · 침략을 '자존자위(自存自衛)' 를 위한 것이고 "침략이 아니었다" 라고 강변하고 미국의 대통령은 "히로시마 · 나가사키에의 원폭투하는 정당했다" 라고 말한다. 인간이 그렇게도 국가에 묶이고 인간으로서의, 즉 보편적인 이성과 마음을 가지지 못하는 이유는 어디에 있을까.

러셀-아인슈타인 선언이 있은 다음해 일본을 방문한 역사가 토인비는 이미 어떠한 국민도 인류 전체를 떠나서는 살아갈 수 없다는 것을 누구보다도 일본은 자신의 체험으로 배웠고 신생(新生) 일본의 사명은 이 교훈을 여러 사람들에게 나누어 주는 것이라고 말했다. 돌이켜볼 때 우리는 '신생 일본의 사명' 을 다해 왔다고 할 수 있을 것인가.

노모(野茂: 미국에서 프로야구 선수로 활약—역자주) 투수의 쾌투(快投)가 미일의 울타리를 넘어서 놀라운 흥분을 불러일으키고 있다. 나도 흥분에 빠져 있는 사람 중 하나이다. 그렇지만 동시에 나는 전에 히로시마 구장(廣島球場)의 외야석에서 하리모토 이사오(張本勳: 재일교포 선수 장훈—역자주) 선수를 향하여 '조선인, 돌아가!' 라고 매도하던 고함소리가 터져 나왔던 것을 생각하지 않을 수 없다.(7. 8)

일본군 군대위안부 문제의 청산

정치에서는, 심하게 대립하면서도 마음을 굽히고 타협을 시도해야 하는 경우가 많다. 타협과 양보는 정치의 상도(常道)다. 그렇지만 때로는 단연코 행하든가, 단연코 행하지 않든가 하는 의연한 태도가 정치에서는 필요하다. 어떤 경우에 굽힐 것인가 또 어떤 경우에 굽혀서는 안 되는 것인가. 그것을 분간해서 어떻게 대처할 수 있는가에 따라서 정치의 본질이 드러나게 된다.

그런데 요즘 우리 나라에서 볼 수 있는 것은 그러한 분명한 정치가 아니라 애매한 것뿐이다. 예를 든다면 얼마 전에 있었던 '50년 국회 결의'(일본 국회가 패전 50년을 기념해서 행한 결의—역자주)가 전형적인 것이다. 거기에 나타난 애매함은 아시아 여러 나라의 일본에 대한 비판과 경멸을 새롭게 초래했다.

일본군 군대위안부(원문에서는 '종군위안부'로 표현—역자주) 문제에 대한 정부의 결정도 이 국회 결의와 발상을 함께하는 것이었다. 즉 정부는 '여성을 위한 아시아 평화 우호기금' 설립을 결정했지만 이것은 본래 국가가 해야 할 보상을 민간 발기인들의 이름을 빌려서 민간의 기부금을 중심으로 행한다는 것이다.

이러한 정부 결정을 안 일본군 군대위안부였던 김학순 할머니는 "4년이나 걸려서 겨우 이 정도입니까. 일본이라는 나라는"이라고 탄식하며 말했다고 한다(『아사히신문』 6월 15일). 이것을 읽고 나도 탄식했다.

국가가 국가의 존엄을 말하는 이상 그것에 걸맞은 행동을 하지 않으면 안 된다. 또한 국가간의 침해와 피해는 배상 등으로 청산될지 모르지만 국가가 개인에게 인권 침해를 했을 경우에는 국가가 개인에게 성심껏 이에 대해서 사과하고 보상하지 않으면 안 된다. 그렇게 해도 사람들의 아픔과 굴욕감은 사라지지 않을 것이다. 그렇기 때문에 국가가 할 수 있는 최선을 다해야 한다.

이것을 왜 우리들의 국가는 할 수 없다는 말인가.

6월 말 사카모토 요시카즈 전 도쿄대학 교수를 비롯한 130명의 지식인들이 정부의 보상을 요구하는 성명을 발표하고 총리에게 면회를 요청했다. 나도 여기에 참여했지만 그 자리에서 관방 장관은 "취지는 잘 알고 대장(大藏) · 외무 등 여러 사람과 50회나 이야기를 나누었지만 결국 정부안밖에는 없다고 결정하였습니다. 양해해 주십시오"라고 변명했다.

그렇다면 우리 나라 정치는 관료들의 낡은 폐단에서 한 발자국도 나아가지 못하게 된다.

기금은 '여성을 위한 아시아 평화 국민기금' 이라고 국민이라는 두 글자를 더했을 뿐 지난 19일 정식 발족했다. 이리하여 우리 나라의 애매함은 한층 더 공공연하게 되었고 우리 나라의 존엄은 한 단계 더 낮아졌다.(7. 22)

보편과 주체

50년째 된 히로시마. 오래간만에 평화기념식(祈念式)에 참가했다. 50년이 되는 해여서 사상 최대로 6만 명이 넘는 사람들이 참가했다. 기념식은 질서정연하게 행해졌다. 그러나 이 규모와 질서가 인간 사회의 평화의 정도를 보여 주는 것이라고 할 수 있을까 하고 50년의 현실을 회상하면서 나는 각계 대표의 인사말을 듣고 있었다.

히라오카(平岡) 시장은 「평화선언」에서 핵폐지를 강력하게 주장하고 우리들이 전쟁의 역사를 직시하고 공통의 역사 인식을 가져야 한다고 말하고 "일본이 식민 지배나 전쟁으로 많은 사람들에게 견딜 수 없는 고통을 주었다"라고 사죄했다. 구체적이며 주체적인 평화선언이었다.

이에 비하여 총리 이하 여러분의 인사말에는 도이(土井) 중의원 의장을 제외하면 다만 중국과 프랑스 양국의 핵실험에 대해서 비판할 뿐이었고 인간으로서 전쟁을 어떻게 생각하는가 하는 근원적인 발언은 없었다. 중국, 프랑스 양국의 핵실험으로 도움을 받은 것이라고 해도 좋았다.

내가 처음으로 히로시마를 찾은 것은 32년 전 분열 직전의 원폭 금지 운동을 취재하기 위해서였다. 당시 원폭 금지 운동 지도자들은 분열을 피하기 위해서 세계대회의 대회장소를 '성지(聖

地) 히로시마' 로 정했지만 그 히로시마에서 분열이 결정적인 사실이 될 수밖에 없으리라고 나는 보았다.

그런 히로시마를 방문하는데 오에 겐자부로 씨에게 동행해 줄 것을 부탁했다. 원수금(原水禁) 운동의 정치적 측면에 대해서는 내가 쓴다고 해도 '핵과 인간' 이라는 본질적 문제를 오에 씨가 추구해 주기를 바랐기 때문이었다. 그리하여 명저 『히로시마 노트』가 생겨났다.

『히로시마 노트』에서 오에 씨는 핵무기의 '위력과 비참함' 에 대해서 썼다. 핵무기를 위력으로 보는가, 그 비참함으로 보는가에 따라 인간의 길은 두 갈래로 나뉜다. 원폭투하를 결정한 미국 정부는 분명히 핵무기의 위력을 중시했다. 그렇기 때문에 투하는 정당했다고 지금도 말한다. 전후 상당한 기간 미군은 원폭 재해에 대한 보도를 금했다. 무기로서의 비밀을 지키기 위해서였다. 핵억지론자도 마찬가지로 핵무기의 위력을 보는 자들이다.

결국 누가 무엇을 어떻게 행했는가 — 역사를 구체적으로 재검토하고 자신의 내면을 계속 응시함으로써 비로소 인간은 자유와 평등과 평화라는 보편적 가치를 손에 넣을 수 있다고 생각한다. 공통 인식을 만들어 내는 것은 주체성이다.

전후 50년. 자신의 주체성을 되묻는 역사 논쟁을 일본 사회는 요청받고 있다.(8. 12)

엔데 씨의 죽음을 애도한다

미하엘 엔데 씨가 슈투트가르트의 병원에서 중태에 빠졌다는 소식을 부인 엔데 사토 마리코(佐藤眞理子) 씨에게서 받은 그 다음날 소식을 뒤쫓듯이 서거 소식이 도착했다. 아직 65세, 믿을 수 없는 소식이었다.

10년 가까운 옛일이지만 뮌헨에서 엔데 씨와 하룻밤을 지새우면서 이야기를 나눈 즐거움을 회상한다.

부부가 나를 호텔로 찾아주셨다. 출판사와 저자의 사무적인 이야기를 끝내고 나서 내가 앰네스티 인터내셔널의 일본 부지부장을 맡고 있던 것을 엔데 씨가 안 것이 계기가 되어 대화는 국제정치의 현 상황과 미래에까지 확대되어 엔데 씨는 열심히 이야기했다.

식당에서 바(bar)로 장소를 옮겨 이야기가 계속되었는데 어느덧 자정이 지났다. 엔데 씨는 "우리 집에 갔으면 좋겠는데, 걸어서 15분이니까"라고 했다. 다소 취했던 나는 부인에게 폐가 되는 것도 잊어버리고 호의에 따라 엔데 씨가 만드는 칵테일을 즐기면서 오전 3시가 지나도록 이야기를 나누었다.

유교와 선(禪)에 대해서 잘 알고 있던 엔데 씨는 서구 문명에 거리를 두고서 좀더 글로벌한 시각에서 인간성을 파악하려고 하고 있었다. 현실을 무시하거나 떠나 버리는 것이 아니라 그러면서도 현실을 넘은 희망과 힘을 추구하는 작가였다.

엔데 씨가 만들어 낸 팬터지가 강한 힘과 보편성을 지니는 것은 이 때문이다.

엔데 씨의 대표작인 『모모』는 일본에서 140만 부, 『끝없는 이야기』는 100만 부 이상 팔려 어른들과 아이들 사이에서도 넓은 독자를 가지고 있다. 그렇지만 그러한 판타지 뒤에 엔데 씨의 매우 심각한 현실 인식이 있다는 것을 간과해서는 안 된다.

"적극적인 유토피아가 결여되어 있다. 이 사실이야말로 틀림없이 현대 의식의 특징이다. 젊은 세대의 의식은 특히 그렇다. 거대한 무기력이 지배적인 것도 이러한 유토피아가 결여된 탓이 아닐까."

엔데 씨의 거실에는 3조(疊)의 다다미가 깔려 있었고 노(能) 가면이 걸려 있었다. 그는 나가노현 가미미노치(上水內)군에 있는 구로히메(黑姬) 동화관에도 찾아갔다.

일본에 대해서 다정하고 깊은 관심을 끊임없이 가졌던 분이었다.(9. 2)

확대 지향성

미디어전쟁. 고도 정보 사회의 일면을 보여 주는 이 말을 실감하게 하는 사태가 드디어 나타나기 시작했다.

미국의 거대 미디어 회사 타임 워너(TW)와 CNN TV의 본사 터너 브로드캐스팅 시스템(TBS)이 주식 교환으로 매수 · 합병하기로 정식 발표했다. 이에 따라서 미국 미디어 업계의 재편 · 통합의 움직임이 가속되기에 이르렀다(본지 9월 24일).

이 움직임은 지난 여름부터 전해져 온 것으로 실속파(堅實派)인 레빈 TW 회장도, 야심가인 터너 TBS 회장도 ABC, CBS, NBC의 3대 네트워크를 매수하려는 강한 의욕에서 일치하고 있으며 이번 재편은 그 발판이라고들 한다. 터너의 부인은 여배우 제인 폰다다.

미국 정부는 지금까지 정보 발신의 독점을 억제하기 위하여 분산화라는 자세로 일관해 왔다. 이 때문에 신문사와 TV 방송, TV 방송과 전화회사의 합병 · 매수는 인정하지 않았다.

따라서 미국에서는 컨텐츠(contents: 정보의 내용)인가 distribution(配信: 전달)인가라는 논의, 즉 멀티 미디어 시대의 패권을 잡는 것은 영화나 TV 프로의 제작자인가 또는 방송회사처럼 그것을 송출하는 네트워크 사업자인가 하는 논의가 한창이었지만 이 대목에서 미국 정부는 미디어 시대의 도래에 대응해서 규제 완화

쪽으로 크게 방향을 돌렸다(이상 『니혼산케이신문』 9월 1일;『요미우리신문』 9월 24일). 이에 의하여 이미 7월에 디즈니사가 ABC 매수를 발표하였으며 이번에 있은 TW와 TBS의 합병은 분명하게 이것에 자극을 받은 것이다.

컴퓨터 과학기술의 개발과 행정의 적극적인 자세가 연결되어 미디어 활동에 규제가 없어진다면 미디어계에 다른 업종도 참가할 수 있어서 '서비스의 다양화' 등 여러 가지 이점이 생겨난다고들 보고 있다. '새로운 사업 기회' '경제적 파급효과' 도 크다. 사람들은 거기에 커다란 기대를 걸고 있다. 그래서 터너는 "회사를 더 키우고 싶다" 라고 계속 이야기한다.

그렇지만 정보의 독점이 인간 사회에 무엇을 가져다 줄 것인가. 그 위험을 두려워하는 목소리도 많다. 나도 전부터 이 점을 지적해 왔지만 정보의 문제를 '돈' 이나 '효율' 이나 '소비자' 라는 관점에서만 보는 것이 가능할 것인가 하고 새삼 생각한다.

'확대 지향성' 에는 대중 사회의 심리를 발판으로 해서 등장한 히틀러의 목소리를 생각나게 하는 것이 있다.(9. 30)

타산지석(他山之石)

서적, 잡지 등 출판물이 전국 일률적으로 정가 판매가 된 것은 다이쇼(大正) 초, 1914, 5년경이라고 한다. 우여곡절을 거쳐서 독자, 출판사, 소매와 취급 서점 어느쪽을 위해서도 정가 판매제가 좋다고 생각되어 이 제도가 뿌리를 내리게 되었다.

때마침 문명 개화기인 메이지에서 다이쇼 데모크라시 시대로 넘어감에 따라 국가나 문화도 왕성한 활력을 보여 주어서 출판 활동도 전쟁 전에 절정을 이룰 정도로 활기를 띠었다.

전후에 독점금지법이 제정되어 업계의 카르텔이나 담합(談合)이 금지되었다. 그렇지만 신문 출판의 정가제(재판 가격제)는 당연히 독점금지법 대상에서 제외되었다. 거기에서는 카르텔이나 담합이 있을 수 없다는 것이 분명했고 그러한 정가 판매를 유지하는 것이 사회적으로 필요했기 때문이다. 이것은 독점금지법의 목적(제1조)에 비추어 보면 명백하다.

그럼에도 불구하고 지난 주에 이 난에서 소개한 것처럼 작금의 공정거래위원회나 행정개혁위원회는 신문 출판의 정가 판매제를 폐지하라고 주장하고 있다. 참으로 이해하기 어려운 주장이지만 만약 서적의 정가 판매를 무너뜨린다면 어떻게 될 것인가. 누구나가 똑같이 다음과 같은 세 가지 점을 지적한다.

1. 출판물 유통에 혼란이 생기고 유통 비용이 비싸진다.

2. 판매 가격 인하 경쟁으로 취급 소매서점은 출판사에 도매 가격의 대폭 인하를 요구한다. 그때 저자의 인세는 어떻게 되는가 하는 문제도 생긴다. 이런 것에 대응하기 위하여 출판사는 하는 수 없이 정가를 상당히 높이 매기게 된다.

3. 출판 활동은 빨리 대량으로 확실하게 팔리는 쪽으로 기울 것이 뻔하다. 이 때문에 학술 전문서는 냉대를 받고 출판 문화의 천박화, 저속화를 면하지 못한다.

실제로 1900년 이래로 정가 판매 협정을 지켜 온 영국은 최근 몇 개의 대출판사가 "인기 있는 책을 싸게 대량으로 팔자"라고 해서 자유 가격제로 이행했는데 이에 따라서 출판물이 더욱더 잘 팔리는 쪽으로만 집중되어 양심적인 전문서나 지방 출판은 어렵게 되었다는 탄식이 널리 퍼지고 있다(『요미우리신문』 10월 8일).

이러한 사태를 우리 나라에서는 대출판사가 아니라 정부기관이 스스로 만들려고 하니 정말 이해하기 어렵다. 공정거래위원회나 행정개혁위원회는 영국의 현 상황을 타산지석으로 삼고 다시 생각해 보아야 하는 것이 아닌가.(10. 14)

외무성의 일대 실책

이 달 초 국회 답변에서 무라야마(村山) 총리가 "한일 병합은 법적으로 유효하게 체결되었다"라고 말한 것이 '무라야마 망언'이라고 해서 남북한의 심한 반발을 사고 있다. 유엔 50주년 기념식이 열릴 때 뉴욕에서 예정되었던 한일 정상회담이 연기되고 한국 국회에서는 여야 의원들이 한일조약(한일협정)의 파기 · 신조약 체결을 요구하는 결의안을 제출했다.

그렇지만 이것은 무라야마 총리가 생각 없이 한 '망언'이 아니라 일본 외무성의 일관된 주장이고 일본의 한반도 정책과 역사 인식의 실체가 전후 50년인 지금 선명하게 드러난 것이라고 해야 한다.

금년은 한일 조약이 체결된 지 30년이 되는 해이지만 한일 정상화는 일본이 스스로 요청한 것이 아니었다. 미국 정부의 요청으로 한일 쌍방이 교섭의 테이블에 앉은 것은 1951년이었지만 회담은 몇 번이나 중단되었고 14년이나 걸려서 1965년에야 간신히 조약이 체결되었다.

대립의 중요한 원인은 일본측 대표단(외무성)이 "조선 병합은 일본의 자존자위(自存自衛)의 책(策)이었고 또한 식민지 지배는 조선에도 유익했다"라고 되풀이하고 따라서 사죄 · 보상할 필요는 없다라고 주장한 데 있었다.

이러한 일본측의 주장은 한국측의 분격을 살 수밖에 없었지만 결국은 미국의 강한 요청에 한일 양국 정부가 굴복하여 허다한 모순을 내포한 채 조약 체결이 강행되었다. 김영삼 대통령은 "박정희 대통령이 정권 유지를 위해 돈이 필요해서 체결한 옳지 않은 조약"이라고 말했다.

그 돈이란 일본이 '대일 청구권' 이라고 해서 지불한 5억 달러를 말하는 것이지만 당시 한국 정부는 '보상' 이라고 해석하고 일본 정부는 '경제원조' 라고 설명했다.

더욱 근본적인 모순은 한일 기본조약 제2조에 있다. 거기서는 "모든 조약 및 협정은 이미 무효다"라고 되어 있지만 한국측은 병합에까지 거슬러 올라가서 무효라고 당연한 해석을 한 데 대하여 일본 외무성은 '이미' 란 1948년 대한민국 성립부터를 가리킨다고 말한다. 즉 1948년까지는 식민지 지배는 유효하다고 하는 것이다.

이로써 한일 관계가 언제나 동요할 수밖에 없는 것은 당연하다고 하겠다. 외무성으로서는 힘을 다해서 국익을 지켰다고 생각하겠지만 도리어 국익을 크게 손상시키는 것이었다.

스스로의 역사에 대하여 성의를 가지지 못하고 눈앞의 이익만 추구한 외교가 필연적으로 가져다 준 일대 실책이다.(10. 28)

서울에서 도쿄에서

전후 50년인 올해는 한국의 입장에서는 해방 50년 그리고 한일 정상화 30년이 되는 해이다. 이 시기를 맞아 한국에서 열린 심포지엄은 30개나 된다고 한다. 이것으로 한국 사람들의 기대를 알 수 있을 것이다.

1주일 전에 서울에서 한림대학교와 동아일보사 공동 주최로 「동북아시아의 평화와 한일협력 체제의 모색」이라는 심포지엄이 열렸다. 일련의 심포지엄의 마지막을 장식하는 것이었다. 스미야 미키오(隅谷三喜男), 가토 슈이치(加藤周一), 모리시마 미치오(森嶋通夫) 등과 함께 나도 초청되어 참석했다.

한림대학교 일본학연구소 개설을 기념하여 열린 이 심포지엄은 한일 양국의 리버럴한 지식인의 교류를 염원해서 본격적인 일본 연구센터를 지향하는 지명관 연구소장의 열정에 의해서 실현된 것이지만 커다란 성과를 거두었다. 예상을 넘어 200여 명의 한일 지식인이 참가하였으며 폐회를 애석해 하는 목소리가 많았다.

하버드대학 라이샤워 일본학연구소장 헬렌 하데커 여사는 개회 강연에서 "일본학 연구는 자국 및 일본 정부의 정책과는 분명하게 분리할 수 있도록 자기 억제를 하지 못한다면 장기적인 전망을 가질 수 없다"라고 역설했다. 종래의 미국 및 한일 쌍방 연구자들이 보여 준 결함을 염두에 둔 발언이어서 나는 강한 인상을 받았다.

한국측에서는 고의로 그러는 것은 아니라도 강한 피해자 의식에 기울어질 수밖에 없는 한국의 민족사관을 극복하고 '동북아시아 공동의 집' 을 이룩하고 싶다는 발표와 발언이 있었다. 새로운 조류다. 그렇지만 그러기 위해서는 '동아시아 공동시장' 이 '대동아 공영권' 이 될 수 없다는 강한 근거를 일본 사회가 이룩해 내야만 한다. 이 점에 대해서 나는 일본측의 젊은 지식인의 발언에는 불만과 우려를 가질 수밖에 없었는데 도쿄에 돌아오자 또 구세대에 속하는 정치가의 망언 이야기를 들어야만 했다. 슬프기 한이 없는 일이다.

"(식민지 지배 시대에 조선에 대하여) 일본은 좋은 일도 했다"라는 에토 다카미(江藤隆美) 총무청 장관의 발언이다. 이런 취지는 한일 정상화 교섭에서의 구보타 간이치로(久保田貫一郎) 수석대표나 요시다 시게루(吉田茂) 전 총리 이래 정부 주변에서 되풀이되어 온 것이다. "off the record를 전제로 한 것이다"라고 에토 씨는 말하지만 오프 더 레코드 간담, 즉 본심을 말했기 때문에 바로 크게 문제가 되는 것이다. 이러한 부끄러운 발언을 하나하나 제거하지 않는다면 일본 사회는 언제까지든지 기이하게 보이고 신뢰를 받지 못할 것이다.(11. 11)

광주 사건이란 무엇인가

한국의 거액 헌금 사건은 광주 사건의 책임 추궁으로 발전하고 그 동향은 일본에서도 크게 주목을 받고 있다. 그렇지만 일본 사회는 '광주 참극' 이라고 불리는 사건의 실상과 역사적 배경을 어디까지 알고 이것을 화제로 삼고 있는 것일까.

1960년 봄 한국 학생들은 맨주먹으로 참여해, 많은 희생을 내고 심하게 부패해 있던 이승만 정권을 타도했다.

다음해 1961년 봄, 박정희 장군 등이 군사쿠데타를 일으켜 4 · 19 학생혁명을 전복시켰다. 이것이 18년간에 걸친 군정의 시작이었다.

1979년 가을 박 대통령은 측근에 의해 암살되고 민주화에 대한 희망이 피어올랐다. 그런 '서울의 봄' 을 무력으로 '죽음의 5월' 로 암전(暗轉)시킨 것이 전두환, 노태우 장군 등이었다. 1979년 12월에 쿠데타로 군을 장악한 그들은 1980년 5월에 김대중 씨 등을 '국가 전복' 의 죄로 체포하고 이에 항의하는 민중을 무력으로 억압했다.

광주시에서는 민중과 군대의 항쟁이 열흘 간이나 계속되었다. 군인들은 학생을 보면 총검으로 찔렀고 체포한 학생들의 손발을 철사로 묶어 길 위에 눕혀 놓았다. 군의 공격은 병원에까지 미쳤고 무차별적이었다. 계엄령 하에서 한국의 보도는 침묵하는 수밖에 없었다. 이런 상황에서 참극 현장의 비밀보고가 월간지 『세카이』의 편집장이었던 내 앞에 보내져 왔다. 당시의 『세카이』 지면에는 그러한 보고가 넘쳤다.

이리하여 한국 사회는 공포의 늪에 빠졌고 그 공포 속에서 전두환 대통령이 등장했다. 미국의 레이건 대통령은 그를 워싱턴으로 불러서 '전면 지지'를 약속했다. 일본의 외무 당국도 적극적이었다. 한국군이 광주 시민을 진압한 5월 28일, 그날에 일본의 특명대사가 전두환 장군을 방문했다. 마치 축하를 보내는 모습이었다. 냉전 구조란 무엇인가를 보여 주는 경위였다.

일본의 연구자나 저널리스트들 중에서도 전두환 장군에게 가까이 간 자가 적지 않았다. 원래 일본은 한국의 군사 정권을 일관해서 지원해 왔다. 따라서 이러한 경과를 잊어버린 채 이번 사태에 의하여 "지금까지 축적되어 온 한일의 외교 관계에 영향이 없기를 바란다"(『아사히신문』 12월 6일 사설)라고 말하는 것은 우습기 짝이 없다.

11월 초 학술 심포지엄으로 서울에 초대받은 기회에 처음으로 광주를 방문했다. 광주를 감싸안은 무등산 중턱에 676인의 묘비가 나란히 서 있었다. 당시에 민주 세력이 발표한 바에 의하면 죽은 사람은 2천 명이 넘었다. 나는 무덤 앞에 꽃다발을 놓고는 감개무량했다.(12. 9)

『세카이』(世界) 창간을 생각한다

이와나미서점이 『세카이』를 창간한 것은 패전되던 12월이었다. 본래는 대중잡지로 출발할 생각이었다.

군부의 횡포에 분노하고 일미전쟁은 반드시 패망한다고 보았던 사람들도 패전의 현실을 맞고서는 넋을 잃은 상황에서 이와나미 시게오(岩波茂雄: 이와나미서점 창업자—역자주) 씨는 "패전은 神意(신의), 하늘의 문책이다. 이로 인해 일본은 비로소 좋아진다. 바로 우리들이 노력해야 할 때다"라고 큰소리로 말했다고 한다. 동시에 이와나미 씨는 "되돌아보고 반성해야 하는 것은 우리의 질 높은 출판 활동은 세상에서는 평가를 받았지만 국민이 잘못된 길로 끌려가는 것을 멈추게 할 수는 없었다. 이제부터는 대중잡지를 만들자"라고 하면서 월간지 창간을 요시노 겐자부로(吉野源三郎) 씨에게 요청했다. 그러나 이와나미서점은 대중잡지를 만들 능력은 없어서 결국 종합지 『세카이』를 창간하기에 이르렀다.

당시는 파란노도(波瀾怒濤)의 시기여서 계속 발간되는 잡지는 어느것이든 급진 · 혁신적이었다. 그 가운데에서 금색 단추를 단 제복을 입은 듯한 모습으로 등장한 『세카이』는 매우 보수적인 잡지로 보여서 실망을 샀다. 이것은 후에 나카노 요시오(中野好夫) 씨에게서 들은 말이다. 그러나 머지않아 "역(逆)으로 회귀되는" 시대를 맞아 『세카이』는 진보파라고 '극좌' 라고 비난을 받은 적도 있었다. 비평이란 흔히 세상이 변함에 따라서 변한다.

나는 1958년에서 1988년까지, 도쿄 도정(都政)에 관계한 4년을 제외하고는 전후 26년간 『세카이』 편집부에 몸담고 있었다. 따라서 50년의 궤적이 받아야 할 비판이 있다면 그 태반을 나는 면할 길이 없다. 그렇지만 동시에 이전에 요시노 겐자부로 초대 편집장이 엄하게 가르쳐 온 다음과 같은 편집 기본 방침에서는 우리들은 다소 자부심을 가질 수 있을 것이다.

"이 잡지는 차분한 잡지가 되어야 한다. 세간에는 다섯을 알고 열을 쓰는 저널리즘도 있지만 우리들은 열을 알고 다섯을 쓰는 잡지가 되어야 한다. 일본의 대표적인 지식인들이 각기 그 시대에 어떻게 대응해 왔는가를 후에 정확하게 볼 수 있는 잡지였으면 한다."

『세카이』가 그러한 뼈대 굵은 잡지로 계속 나아가기를 나는 희망한다. 전환기의 격심한 변화 속에서 각종 시스템이 문제되고 있다. 대안을 찾지 못하는 사람들은 나태한 정신의 상호 의존 체제에 빠져 들어가고 있다. 그리하여 지식인이나 엘리트의 전락(轉落)을 우려하게 되는 상황에서 종합잡지의 역량이 본격적으로 문제가 될 것이다.(12. 16)

바람직한 교육 개혁 (1996년)

학교 교육의 본질/도박(gamble) 경제/한일 관계 타개를 위한 구체적인 대책/매스 미디어 국가/당당한 오키나와/다행스럽게도 면한 것/직업으로서의 정치/월드컵 보도에 대한 의문/TV 뉴스의 결함/"정치를 불신하게" 만드는 사람들

학교 교육의 본질

8시 40분을 전후해서 출근하는 나는 8시 22분이나 23분경 두 사립고등학교 앞을 지난다.

8시 25분이 등교시간인지 학생들이 교문으로 달려가는 광경과 마주친다. 몇 명의 교사들이 학생들을 재촉한다. 손에는 손목에서 풀어낸 시계를 쥐고. 교사도 야단이다.

여자고등학교의 현관은 조금씩 닫힌다. 남자고등학교의 철문은 위에서부터 내려와서 1m 60cm 정도가 되었다. 학생들은 머리를 숙이고 달려들어간다. 바로 쫓겨 가는 양떼 모습이다.

지각이 좋다고는 할 수 없다. 그러나 교육에서는 그처럼 중요한 것, 그처럼 나쁜 것으로 생각해야 하는 것일까. 주의를 주어야 하는 것과 강제력에 의해서 관리해야 하는 것은 매우 다른 것이 아닐까.

10여 년 전 일이지만 공립 중학생이었던 딸의 학생 수첩을 보고 놀란 적이 있다. 거기에는 다 셀 수 없을 정도의 지시와 금지 사항이 열거되어 있었다. 물건을 잊고 안 가져왔을 때는 "집 식구에게 가지고 오도록 한다"라고까지 적혀 있는 것이었다. 어머니가 직장에 나가는 경우에는 어떻게 해야 할까…. 관리(管理)한다는 사람들의 사고란 이처럼 남을 배려할 여유가 없다.

얼마 전 삿포로(札幌)에서 열린 교육연구집회에서는 관리의 폐단이 교사에게까지 미쳐 교사간에도 왕따가 있다는 보고가 있있다고 한다.

다시금 하세가와 뇨제칸을 인용해서 죄송하지만 그는 이렇게 말했다.

"참다운 교육에는 시대에 대한 반성이 있다. … 집단주의 시대야말로 개성이라는 이상이 고조되어야만 하는 것이다. … 일본의 무사 교육은 개성적인 터득에 치우친다고 생각될 정도로 자기 완성에 중점을 두었다. '전체'(全)를 위해서 '개체'(個)를 무시했다고 해도 좋을 것 같은 시대에 엄격하게 개성의 완성을 추구했던 것이다. 이러한 우리 나라의 무사 교육에 나타난 태도에는 확실히 불후(不朽)의 교훈이 있다."

1938년의 글이다. 그 의도는 전쟁 전의 파시즘에 대한 비판에 있었던 것이라고 생각된다. 그렇지만 지금은 육군에 의한 전체주의를 대신해서 효율과 이익 추구 제1주의의 전체주의, 학력 편중의 전체주의 시대라고 해야만 한다. 그것은 사회의 심층에 깃들어 있으며 따라서 육군의 그것보다도 강력한 전체주의라고 해야 한다.

교육 관료도 교육학자도 교사도 교사 집단도 학교 교육의 문제를 좀더 심층에서 한층 넓게 한층 본질적으로 파악해야 하는 것이 아닌가.(1. 20)

도박(gamble) 경제

주전 문제(主專問題: 주택금융 전문회사 7개가 수백억 엔을 부정 융자를 한 사건—역자주)로 엄청난 엉터리 경영 실태가 상당히 드러나게 되었다. 이것은 신문의 노력, 여론의 분노, 국회에서 공산당이 사실을 파헤치려는 노력으로 가능하게 된 것이다.

그런 의미에서는 금융 정책상 필요하다는 주장을 설혹 받아들인다고 해도 정당성이 전혀 없는 곳에 거액을 국민 부담으로 투입한다는 무책임한 방식이 사태를 분명하게 해 주는 제1의 공로자라고 해야 할지도 모른다.

이러한 엉터리를 가리켜 책임은 빌린 자, 빌려준 자, 모체 은행, 농협, 대장성(大藏省), 농수성(農水省), 정치가 모두에게 있다고 하는 경제 평론가가 많다. 그러나 본질적으로 말한다면 나는 은행과 대장성의 책임이 크다고 생각한다. 즉 은행과 대장성은 도대체 어떻게 된 것인가, 은행가와 엘리트 관료의 직업적인 도덕성은 어디로 갔는가. 이것에 대해서 강력하게 묻고 싶다.

주전이 거액 융자를 해 준 상위 50사에 대한 조사에 의하면 모은행의 '소개융자' 중 98퍼센트는 불량채권이 되었다고 한다(『마이니치신문』 2월 6일). 일반 사람들은 은행에서 목돈을 빌려 쓰려면 상당한 자산이 있어도 엄격한 심사를 받고 담보를 잡혀야 하는 것이 보통이다. 그런 은행이 이번에는 어떻게 된 것일까?

오가와(小川) 대장성 사무차관은 기자회견에서 1991년의 제1차 전면조사 때 철저한 대책을 취했어야 하는 게 아닌가라고 추궁을 당하자 "당시에 관계자 나름으로 최선을 다했지만 지가(地價) 하락과 경제 상황의 변화로 재건 계획은 실패했다"라고 대답했다(각 신문, 점은 필자). 지가하락이 이렇게 된 원인이라고 변명하는 목소리는 주전측에도 많다.

그렇지만 지가하락이 문제라면 지가는 저(低)거품 때처럼 계속 폭등했어야 한다는 것인가. 그런 경우에 일본 경제 및 국제 금융은 어떤 사태에 이를 것인가. 전문지식을 가지고 가장 공적인 이념을 가져야 할 은행가나 대장성 관료가 설마 생각이 여기에 미치지 못한 것은 아닐 텐데.

그렇지 않다면 그들은 그런 것은 꿈에도 생각하지 못하고 돈벌이에 온통 주의를 기울이고 있었던 것일까. 영국의 저명한 경제학자 수잔 스트렌지 여사가 경제의 실세를 떠나서 투기로 달리는 세계 금융 시장이 얼마나 위험한가를 지적하고 이것은 이미 자본주의가 아니고 도박(gamble)이라고 말한 것은(『카지노 자본주의』, 이와나미서점) 1986년이었다. 바로 우리 나라에서는 거품의 전성기였다.(2. 10)

한일 관계 타개를 위한 구체적인 대책

한일 관계가 그 어느 때보다도 어려운 상태이다.

'반일'을 무기로 국민의 정권비판을 회피해 온 이승만 정권 때를 제외한다면 이처럼 한일 관계가 어려운 사태에 이른 적은 없었다. 작년 가을 유엔 50년 기념식에 참가하려고 무라야마(村山) 총리가 미국을 방문했을 때에 짧은 시간이기는 하여도 예정되어 있던 김영삼 대통령과의 정상회담이 그 직전에 한국측에 의해서 취소되었다. 비정상적인 경우다. 그 후 에토(江藤) 총무청 장관의 망언 등도 있어서 한일 관계는 더욱 악화되었는데 거기에는 다케시마(竹島: 독도) 귀속 문제가 있어서 한층 더 긴장되기에 이르렀다. 보도에 의하면 일본 정부는 별다른 해결책이 없이 난처해 하는 상태라고 한다.

이렇게 된 이유로서는 세 가지 점을 들 수가 있다. 그 하나는 일본측에 있다. 그리고 그것은 가장 커다란 이유이지만 아직까지도 역사를 청산하지 않은 채 요인들의 망언이 계속되고 있는 데 대해 한국측은 언제나 초조해 하고 있다. 두 번째는 종래의 한일 회로(回路)란 전적으로 '한일 유착'이라고 할 수 있는데 그 잘못이 아직 고쳐지지 않았다는 것이다. 세 번째로는 김영삼 대통령이 4월의 국회의원 선거를 염두에 두고 '반일' 또는 '한일 긴장'을 의식적으로 사용하고 있다는 것도 들 수 있다.

즉 1965년에 시작된 한일 조약 체제는 기본적으로 취약하다. 그러한 취약성은 한반도 정책뿐만 아니라 대중, 대미의 외교력도 몹시 약하게 한다. 그 취약성은 일본 외무성의 일관된 주장에서 시작되는 것이다. 외무성은 말한다. 조선 병합은 합법적이었다. 식민지 지배는 지나친 점이 있었다고 해도 기본적으로는 좋았다. 그러므로 일본이 보상할 필요는 없다. 정상화 때에 한국측에 지불한 5억 달러는 보상이 아니라 경제원조다. 한일기본조약 제2조에 식민지 지배에 관한 조약 · 협정은 "이미 무효다"로 되어 있지만 '이미'는 대한민국이 성립된 1948년 이후를 의미하고 그 이전에는 유효했다.

이처럼 식민지 지배를 합법 타당하다고 하는 일본 외무성의 주장은 일찍부터 한국 각층의 강한 반발을 사고 있다. 따라서 나는 차제에 한일 조약에 부속문서를 붙여서 그러한 기본 자세를 고쳐야 한다고 주장하였다(예를 들면 『세카이』 1월호).

그 내용은 (1) 과거의 잘못을 시정하고 바른 화해와 협력을 구한다. (2) 제2조의 '이미'란 1910년에 소급하는 것이다 — 이 두 가지 점이다. 그리고 이것을 일본측이 제안하는 것이 중요하다. 이것으로 한일 관계는 크게 개선될 것이다. 나는 그 점을 확신한다.(2. 24)

매스 미디어 국가

미국의 종합잡지 『애틀랜틱 먼스리』(*Atlantic Monthly*)의 편집자 제임스 파로우즈 씨의 근간 저서 『뉴스 보도—어떻게 미국 미디어가 민주주의에 상처를 주는가』가 파란을 일으켜 미국에서 정치 보도를 둘러싸고 논의가 한창이다. 본지가 전해 준 이 보도(2월 18일)를 나는 절실한 생각으로 읽었다.

파로우즈 씨는 미디어가 단지 스캔들만 쫓고, 정치 보도는 정책을 논하기보다는 정치가의 대립 관계에 중점을 두기 때문에 국민은 판단할 근거를 잃어버렸다. 기자들의 관심도 천박해졌고 TV 출연 등으로 돈벌이에 열중하고 있다….

유럽에서는 이러한 미디어의 자세를 비판하면서 그 영향이 모두에게 미치는 현상을 개탄하는 목소리가 이전부터 강하다. "가까운 장래에 미국의 미디어와 아시아의 경제가 세계의 2대 세력이 될 것이다"(자크 아타리, 미테랑 대통령 전 특별고문)라고 보지만 그런 미국의 미디어는 서커스와 같은 것이어서 미국은 이제 '매스 미디어 국가'라고 해야 한다는 것이다.

매스 미디어 국가에 나타나는 정치가들에 대해서 개탄하는 목소리도 이미 있었다. 일본에서도 잘 알려진 미국의 윌리엄 훌브라이트 상원의원은 "1970년대에 TV 시대의 총아라고 할 정치가들이 배출되었다. 그들에게는 보신(保身)의 본능이 최우선하고 정치가로서의 사명, 정열 같은 것은 뒷전에 밀려나 있다" 라고 지석했다(『권력의 교만에 저항하여』).

일본은 유럽에 비해서 시민 사회가 형성된 역사가 짧고 또한 전후 미국 시스템의 영향을 크게 받았다. 이 일본에서의 미디어의 저속성과 천박성, 열정을 잃어버린 정치가군(群)—이 현상은 미국에 준하는 것이라고 할 수 있을 것이다.

'국제공헌' '위기 관리' '정치 개혁' '시장의 자유화' 등 언어의 남용이 언어의 공동화(空洞化)와 연결되고 "대량 보도가 사건의 핵심이 아니라 사건의 주변에 확산되어 간다. 보도는 사건을 소비해 온 것이 아닌가" 라는 지적도 있다(江藤文夫, "옴 보도").

이러한 올가미에 묶여 있는 것은 매스 미디어의 담당자나 정치가뿐만이 아니다. 지식인의 발언에서도 그런 올가미를 보게 된다. 이런 사태를 어떻게 볼 것인가. 그 포박을 어떻게 푸는가. 이 사회가 당면한 가장 중요한 과제 가운데 하나다. 왜냐하면 혼미 속에서 사회의 일원화는 진행되고 있고 그리고 고도 정보 사회로 들어가기 시작하기 때문이다.(3. 9)

당당한 오키나와

오키나와를 미군용지로 계속 사용하기 위하여 총리가 오키나와현 지사를 상대로 낸 소송은 3월 12일 오타 마사히데(大田昌秀) 지사에 대한 본인 심문이 끝나자 돌연 결심(結審)하고 25일에 판결이 나게 되었다.

행정소송으로서 판단을 서둘러야 하는 사정은 이해할 수 있지만 오키나와현측이 신청한 23인의 증인은 일절 받아들이지 않고 사실 심의를 하지 않은 채 결심을 선언한 후쿠오카(福岡) 고등재판소의 소송 지휘는 너무도 비정상적이었고 이에 대하여 현의 변호인단이나 현민이 격노한 것도 무리가 아니다.

변호인단은 이런 성급한 진행에 대해서 경계하고 재판관을 기피함으로써 이에 대항하려고 했다. 그렇지만 오다 지사는 "행정기관은 운동체나 정치 단체와는 다르다"라고 변호인단의 대책을 물리치고 법정에 출석했다.

오다 지사는 세 시간에 걸쳐 오키나와의 민심에 대해서 이야기했다. 조용한 말씨였다. 그러나 듣는 사람의 마음을 움직이게 하는 '열변'(본지 3월 12일의 제목)이었다. 그것은 진정한 국익과 지방자치의 뜻과 평화에 대한 염원을 설파하는 당당한 변론이었다.

그 밑바닥에는 오키나와의 긴 쓰라림에 넘친 역사가 깔려 있다. 이미 오다 지사가 쓴 명저 『근대 오키나와의 정치 구조』 서설에는 다음과 같은 말이 있다.

"일본에게 오키나와는 단순한 '정치상의 담보물' 이상의 의미를 가질 수 없었다…. 즉 거기에는 '국익'의 이름으로 오키나와를 협상의 도구로 이용해 온 '국가=본토 에고이즘'이 노골적으로 드러난다."

그렇다. 사쓰마(薩摩)에 의한 류큐(琉球) 지배. 오키나와의 주권을 짓밟아 온 메이지 신정부에 의한 '류큐 처분'의 과정. 본토를 지키려고 싸워 현민의 4분의 1이 죽은 치열한 오키나와전. 그에 이은 미군 지배. 오키나와를 미국에 양도해도 좋다고 비밀리에 전달한 천황 메시지(進藤榮一, 「분할된 영토」, 『세카이』 1979년 4월호). 1952년 4월 28일 오키나와를 버리고 얻은 일본의 독립(샌프란시스코 평화조약 제3조). 그리고 광대한 미군 기지와 수없는 인권 침해.

이 오키나와의 현실을 본토 사회에 사는 사람들은 얼마나 알고 있을까. 오키나와현 지사를 피고로 한 이번 소송이 사실은 누구에게 무엇을 묻고 있는가는 분명하다. 소송의 결과가 어떻든 간에 참다운 승자는 누구인가, 이것도 분명하다.

오다 지사는 법정에서 "다른 사람을 희생해서 자기 생명의 안전을 도모하는 것은 인간 사회에서는 있어서는 안 될 일이다"(본지 3월 12일)라고 말했다고 한다.(3. 16)

다행스럽게도 면한 것

안타깝게도 부끄러운 상태가 계속되고 있다. 이른바 일본군 군대위안부 문제에 대한 일본 정부의 대응이다.

이 문제가 국내외에 알려져서 일본 정부에 의한 조사 · 사죄 · 보상을 요구하는 운동이 시작되고 나서 벌써 몇 해가 지났다. 지난 4월 19일에는 유엔 인권위원회가 「여성에 대한 폭력의 철폐」 결의를 채택하는 데 즈음하여 일본군 군대위안부에 대한 국가 보상 등을 권고한 구마라스와미 보고에 대하여 "이것을 유의한다"라고 했다.

일본 외무성은 제네바에서의 이 결과에 대하여 만족의 뜻을 표했다. 라디카 구마라스와미 여사(스리랑카 법률가) 등의 2년에 걸친 조사보고가 '유의'에 머물고 '권고'로서 채택되지 않은 것은 일본 외무성이 여러 나라에 열심히 협조 요청을 한 것이 성공한 탓이고 정부에 의한 보상이 아니라 민간에 맡긴 '아시아 여성기금'이 평가를 받았다고 외무성은 말한다.

그러나 '유의'는 위안부 문제의 사실을 부정한 것이 아니라 그것과는 반대가 되는 결정이다. 또한 '아시아 여성기금'에 대해서 지지를 표명한 나라는 하나도 없었다. 무엇보다도 과거의 역사를 정면으로 받아들여서 그것을 극복하려고 하는 것이 아니라 어떻게 해서든지 국가의 책임을 애매하게 하려고 노력한 외무성의 자세는 그 노력이 성공하면 할수록 도리어 아시아 사람들의 대 일본 불신을 더할 수밖에 없다. 외무성이 내거는 국익이란 도대체 무엇인가.

4월 20일에 사카모토 요시카즈 · 스미야 미키오 · 미키 무쓰코 씨 등 140여 명이 "국가로서의 법적 책임을 인정하고 피해자 개인에게 대한 사죄와 보상을 하루 빨리 실행에 옮기라"는 요청서를 정부에 제출했다. 작년 6월에 이어서 다시 거듭 요청한 것으로 나도 발기인의 한 사람이다.

사카모토 교수 등은 이 요청서를 하시모토(橋本) 총리에게 직접 제출하고 50분이나 이야기했지만 총리는 "정부가 할 일은 없다"라고 되풀이하고 "이미 50년이나 지난 일이고 국민 전체의 운동으로 번져 나가기를 바란다", 즉 '아시아 여성기금'으로 청산하고 싶다고 말했다.

그렇지만 문제의 핵심은 일본국, 구체적으로는 정부가 어떠한 태도를 취하는가에 있는 것이고 이 핵심을 떠나서는 해결이 있을 수 없다.

나는 『논어』의 "사람이 사는 것은 옳아야 한다. 속이는 자가 사는 것은 다행스럽게도 면한 것"이라는 말을 생각한다. 인생은 바른 것이다. 바르지 않은 인간이 살고 있다고 해도 그것은 요행으로 벌을 면한 것에 지나지 않는다는 뜻이다.(5. 11)

직업으로서의 정치

금년도 예산이 간신히 국회에서 가결되었다. 그동안 국회는 무엇을 얻고 국민은 무엇을 넘겨 주었다고 말할 수 있을까. 각 당의 의원 개개인에게 묻고 싶다.

지금 국회는 주전(主專) 문제로 떠들썩하다. 물론 그만큼 중대한 문제다.

그렇지만 주전 문제에 집중하여 도리어 국민의 눈에는 주전 문제가 흐려진 것같이 느껴져서 안타깝다. 결국 신진당(新進党)이 원내에서 농성을 했다는 어리석은 행동만이 인상에 남는다. 정치저널리즘 또한 이러한 국회에 따라다닐 뿐 거기서 근본적인 비판을 찾아볼 도리가 없다. 국민의 정치 불신은 한층 깊어졌다.

정치란 무엇인가. 의회의 존재 이유는 어디에 있는가. 나는 막스 베버(Max Weber)의 강연 「직업으로서의 정치」를 생각하지 않을 수 없다. 정치에 관계하는 사람이라면 태반이 읽었을 것이다. 웨버는 "정치란 무엇인가"라고 스스로 묻고 논의를 전개하고는 정치가의 중요한 자질은 '정열 · 책임감 · 판단력'이라고 했다. 그리고 "정치란 정열과 판단력이라는 두 가지를 구사하면서 딱딱한 판자에 힘을 넣어 조금씩 구멍을 뚫어가는 작업이다. … 어떤 사태에 직면해도 "그럼에도 불구하고!"라고 단연코 말할 수 있는 자신이 있는 인간. 그런 인간만이 정치에 대한 '소명'(召命)을 가진다"라고 말을 맺었다. 너무나 유명한 말이다.

내가 더욱 주목하는 것은 이 강연이 어떠한 상황 하에서 행해졌는가 하는 것이다. 1919년 제1차 세계대전에 패배한 독일은 한편으로 참담한 좌절감, 또 한편으로는 떠들썩한 혁명적 분위기 속에 있었다. 그런 상황에서 뮌헨의 학생들을 위해서 행한 강연이었다. 학생들은 웨버 선생에게 구체적인 방침을 구하고 있었을 것이다. 그렇지만 웨버는 "여러분의 요청으로 이 강연을 하게 되었지만 내 얘기는 여러 가지 의미에서 틀림없이 여러분을 실망시킬 것이다"라고 하면서 강연을 시작했다.

즉 지금 어떤 정체(政體)를 만들 것인가, 어떤 정책, 어떤 이합집산을 구할 것인가가 아니라 정치의 본질과 책임을 새롭게 파악하는 것이야말로 참다운 대답을 우리가 준비하는 것이라고 웨버는 말하고 싶었던 것이다. 바로 이 점 때문에 그 강연은 불후의 고전이 된 것이다.

오늘의 일본 정치는 떠들썩한 혁명적 분위기와는 반대의 극에 놓여 있다. 정치는 무용하다고까지 사람들은 생각한다. 그렇기 때문에 한층 더 정치의 본질과 책임을 물어야만 할 때다. 정치가는 어떻게 생각할까. 정치 저널리스트나 정치학자의 경우는 어떠한가.(5. 18)

월드컵 보도에 대한 의문

축구열기가 대단하다. 축구의 위력. 열띤 보도. 월드컵의 한일 공동 주최를 전하는 보도를 보고 나는 반은 그러려니 하면서도 반은 놀랐다. 놀란다는 것은 의문이 생기기 때문이다.

축구는 세계에서 가장 광범위하게 인기가 높은 스포츠이고 월드컵을 TV로 방영하면 400억 명의 시청자를 기대할 수 있다. 2002년의 월드컵은 아시아에서 처음 있는 월드컵이고 21세기의 서두를 장식하는 커다란 이벤트다. 게다가 한일 양국의 치열한 유치전. 매스 미디어가 국제 축구연맹을 뒤쫓아다닌 것은 당연하였다.

그렇다고는 해도 이번에 나타난 매스 미디어의 대응은 보도라고 하기보다는 소동이라고 해야 할 것이다. 문제를 분별해서 생각하지 못하고 무턱대고 대소동을 벌인다는 느낌을 주었다. 그것은 일본 사회의 반영이라고 하겠다. 유럽 여러 나라 관계자들 사이에는 한일의 격심한 유치전에 눈살을 찌푸리는 사람들이 많았다고 한다. 일본이라는 나라는 모두가 한덩어리가 되어서 싸우는 정말 과격한 나라라는 일본관이 다시 나타나기도 했다.

문제의 초점에는 세 가지가 있다. 첫째로는 축구 그 자체의 즐거움이다. 나도 대단한 스포츠팬이라 축구에는 럭비 다음으로 공감을 느낀다. 축구 관계자가 월드컵에 거는 열정에도 박수를 보내고 싶다. 둘째로는 월드컵의 분위기를 타고 불황을 넘어서고, 지역 경제를 일으키는 계기로 삼겠다는 것이다. 이것도 이해가 간다. 또 하나는 한일 양국의 치열한 경쟁이다. 이 문제를 어떻게 생각할 것인가 하는 것은 쉽지 않다. 원래는 첫째, 둘째 문제가 중심이고 여기에 따른 한일간의 문제는 서로가 피했어야 했다. 그렇지만 실제로는 이 제3의 문제가 크게 나타난 이상, 역시 이것을 가장 중요시해야 했다.

나라면 한국에 양보했을 것이다. 축구의 융성도 일본의 존재도 2002년 만의 일이 아닐 것이다. "먼저 하시지요" 하고 한국에 양보하는 데도 의미가 있었을 것이다. 경쟁이란 매우 의의있는 것이다. 그러나 양보도 또한 커다란 의미를 가진다.

일본측 관계자들은 '한일 공동주최'라는 결정을 보고 '좌절' '패배' '분개'의 감정을 나타냈지만 그것은 일본의 천박함을 보여 주는 것에 불과하다. 다행한 느낌을 주는 것은 오카노 슌이치로(岡野俊一郎) 일본 축구협회 부회장이 "새로운 시대에 걸맞은 뜻있는 과제라고 생각해서 대처하겠다"라고 적극적인 대응을 보여 준 것이다.

21세기를 향하여 우리들은 조금 더 여유 있는 국민이 되었으면 하고 나는 생각한다.(5. 8)

TV 뉴스의 결함

이 달 초 생각지도 못하게 열흘 가까이 입원을 하게 되었다. 폐렴이었다. 이것 때문에 기대했던 회합도 중요한 약속도 모두 취소하는 수밖에 없었다. 병실에서는 정치사상사에 관한 책 두 권만을 남겨두고 전적으로 병원 생활의 원칙에 따랐다. 신문도 읽지 않았고 아침, 낮, 저녁 TV 뉴스만 보았다.

이 때문에 뜻하지 않게도 TV 보도의 기본적인 결함을 체험적으로 재확인할 수 있었다. 즉 TV 뉴스에서 취급하는 사항이 매우 제한되어 있어서 최대한 열 항목에 불과했다. 모두가 아주 짧다. 아침, 낮, 저녁으로 시간이 경과되는 데도 한 번 사용한 영상이 되풀이될 때가 많다. 그리하여 어느 방송국 뉴스도 동공이곡(同工異曲), 뉴스의 알맹이는 천박하거나 평면적이고 일면적이다.

신문은 정치, 경제, 문화, 스포츠, 가정, 예능, 사회 각 면을 쭉 읽어야겠다고 생각하는 자기 나름의 순서로 뉴스와 그 이면 이야기를 읽을 수 있다. 그러한 독자의 선택성과 자주성, 지면의 총람성(總覽性), 기사의 농담(濃淡)에 의해서 신문이 제공하는 뉴스는 본래는 다이내믹하다. TV 뉴스에는 그런 것이 없다. 이것은 치명적인 결함이다.

따라서 예를 든다면 정치에 대하여 고노 요헤이(河野洋平) 씨도 "TV로 정치 그 자체를 반영한다는 것은 매우 어렵다. TV에 반영되는 것은 정치인지, 정계의 움직임인지 애매하나는 네 문제가 있다"라고 탄식할 수밖에 없었다(『中央公論』 1993년 11월호).

그런데도 사람들은 TV에 반영된 것만이 사실이라고 착각하고 TV에 끌려가고 있다. 독일의 바이츠제커 전 대통령은 미국 대통령이 TV 콘테스트로 선택되는 현실에 대해서 "미국의 경험이 보여 주는 것은 대통령이기 위한 특질과 대통령이 되기 위한 특질과는 전혀 다른 것이라는 사실입니다"라고 준엄하게 지적하고 있다(『역사의 마지막인가 시작인가』, 이와나미서점).

TV 보도 관계자들은 하나의 사건이 영상물로서 보이는 것만으로 사건의 의미를 전부 설명할 수 있다고 생각한다. 그렇지만 이러한 오만함은 천박함에서 비롯되고 오만천박의 근처에 있는 함정이 무엇인가는 주전(主專) 문제나 TBS사건(옴교에 관계한 비디오를 방송 전에 옴교측에 보여 준 것—역자주)이 단적으로 보여 준다.

TV 미디어에 관계하는 사람들은 이러한 자신의 본질에 대하여 어디까지 인식하고 있는 것일까—의문이다. 또는 때로는 입원해 보는 것이 어떤가라고 권하고 싶다.(6. 22)

"정치를 불신하게" 만드는 사람들

얼마 전 주전 문제 때문에 국회에서 정부 · 여당 및 야당 신진당이 보여 준 대응에 대하여 이를 불만으로 생각하는 사람들이 각각 70퍼센트에 이른다는 여론조사가 있었다. 금주 초 사이타마(埼玉)현 지사 선거전에서는 5개 정당이 연합 공천을 한 현직 쓰치야(土屋) 지사가 예상한 대로 당선되었지만 투표율은 32.5퍼센트로 사상 최저를 기록했다.

70퍼센트의 불만과 30퍼센트의 투표율—직접 연결되는 숫자가 아니라는 것은 알지만 그럼에도 불구하고 압도적으로 다수의 국민이 정치와 정당에 불신을 품고 그런 '정치 불신' 이 '정치 무용' 으로 기울기 시작하는 현실을 상징하는 숫자인 것처럼 보인다.

그런데도 정부도 정당도 이 현실에 대해서 매우 둔감하다.

예를 든다면 신당의 움직임, '손자의 물장난'(정치가의 손자들이 전개하는 정치)이라는 하토야마(鳩山) · 후나다(船田) 씨 등의 움직임, 요코미치(横路) 전 홋카이도(北海道) 지사 등의 움직임, 사민당 · 사키가케의 움직임, 이런 것들을 신문은 연일 전해 준다. 각자가 모두 열심이다. 이것은 의심할 여지가 없다.

그러나 그들이 정치의 현 상황을 어떻게 파악하고 있는가는 전혀 보이지 않는다. 왜, 어떠한 정당을 만드는가, 그 근본 이념과 구상에 대해서 그들은 아무것도 말하지 않는다. 매스컴도 이런 핵심은 묻지 않는다. 다만 첫 소선거구제가 실시되는 다음 선거에 대한 이야기가 전부다.

또는 소비세 문제. 주전 국회가 국민에게 많은 불만을 남기고 폐회되자마자 정부의 세제(稅制) 조사회는 소비세 5퍼센트 실시를 정부에게 요청하고 장래는 10퍼센트를 넘어설 것이라는 생각을 분명하게 했다(6월 21일). 같은 날 연립여당은 이에 합의하고 25일 각의에서 정식 결정을 보았다. 마치 주전의 뒤를 거액의 세금으로 닦아주고 그것 때문에 증세(增稅)를 서둘러야 하는 것 같은 모습이다.

정부의 세제 조사회 가토 히로시(加藤寬) 회장은 세율 5퍼센트는 "국민이 용인할 정도일 것이다"라고 말했다(『요미우리신문』 6월 26일). 그렇지만 세금은 정치의 근본이다. 그 정치의 현실을 보면서 국민이 용인한다고 생각한다면 이것은 상당히 잘못된 인식이라고 해야 한다.

도이 다카코 중의원 의장은 소비세 인상 방식에 대하여 "국민의 이해를 얻는 순서를 밟아야 하고 정치에는 다해야 할 책임이 있다"라고 했다(6월 25일 일본 기자 클럽). 의장으로서 자제하고 무엇에든 침묵을 지켜온 도이 의장으로서는 견딜 수 없어서 한 말일 것이다.

그렇지만 정부 · 여당에는 선거와 소비세를 연결시키고 싶지 않다는 생각만이 있었다. "인간 세상의 소문도 75일"(시간이 지나면 잊어버린다—역자주)이라는 전법(戰法)이다.(6. 29)

야스에 료스케를 기리는 글

존경하는 친구로서

김대중
(대한민국 전 대통령)

나의 존경하는 친구이고 자랑으로 생각하던 야스에 료스케 선생 1주기에 즈음하여 새삼 선생을 잃어버린 슬픔을 통감하고 있습니다. 선생의 타계는 일본뿐만 아니라 아시아에도 커다란 손실이라고 하겠습니다.

내가 선생과 알게 된 것은 1971년 한국 대통령 선거 직후였습니다. 선거에는 패배하였어도 선거 운동이 크게 일어나 세계의 주목을 받았기 때문에 나는 한국 잡지에 민주주의와 인권에 대한 내 생각, 남북간의 평화적인 공존과 교류 방식, 통일에 대한 신념을 바탕으로 한 견해를 발표했습니다. 그 기사를 선생이 『세카이』(世界)에 전재했습니다. 선생은 당시의 정권에 대한 비판을 담고 있던 그 기사를 전재함으로써 내게 위험이 미치는 것이 아닌가 염려하여 "이 논문은 본인의 승낙 없이 본지가 독자적으로 입수하여 번역했다"라고 명기했습니다. 세심한 배려에 나는 지금도 감사하고 있습니다.

내가 선생을 직접 뵙게 된 것은 그 후 일본을 방문했을 때였습니다. 선생은 특별히 하네다 공항까지 나와서 새삼 내 승낙 없이 발표한 것을 사과한다고 했습니다. 이때에 보여 준 성실한 배려에 친근함을 느끼고 무엇이든지 솔직하게 이야기할 수 있는 일생의 벗으로서 사귐이 시작되었습니다. 정말 서로 통한다는 것은 이런 것을 말하는 것이겠지요.

내가 병 치료를 위하여 일본에 체재하던 1972년 10월, 박정희 대통령의 쿠데타가 일어났습니다. 나는 망명을 결의하고 유신 반대와 한국의 민주화를 위한 싸움을 시작했습니다. 선생에게도 지원해 주십사 하고 요청했더니 흔쾌히 응낙해 주셨습니다.

선생의 소개로 일본 정계의 양식파 인사들을 만나 한국의 유신 체제의 부당성과 민주화의 필요성을 역설하고 한일 관계가 나아갈 길과 한반도의 평화를 위해서는 일본이 유신 체제를 지지해서는 안 된다고 강하게 주장했던 것입니다. 일본의 지식인들에 대한 영향력이 큰 『세카이』도 나에게 커다란 활동 공간이었습니다.

『세카이』가 재일조총련의 대표가 특별한 조건으로 대담하고 싶다고 요청해 온 것도 거절하고 나와의 대담을 결정해 준 것은 1973년 8월이었습니다. 단호한 결단이었다고 지금도 인상 깊게 남아 있습니다. 8월은 한국이 일본의 식민지에서 해방된 달이기도 해서 뜻깊은 시기이므로 선생의 후의에 깊이 감격했던 것입니다. 그런데 잡지가 발행되는 당일인 8일 나는 도쿄도 호텔에서 한국 CIA의 손에 의해서 납치되었습니다. 이 사건을 계기로 일본 국내에서는 『세카이』를 통해 내가 어떤 인물이며 어떠한 생각을 가진 사람인가가 잘 알려지게 되었습니다.

그리고 오랫동안 '한국으로부터의 통신' 이라는 기사를 연재하여 유신 체제 하에서의 한국 국민의 민주화 투쟁과 유신에 의한 독재 체제의 진상을 자세히 보도해 주었습니다. 이리하여 일본인들이 큰 관심을 보여 줌으로써 한국의 민중에게 큰 힘이 되었습니다. 한국의 민주화는 정의감에 넘친 일본의 양식 있는 분들의 도움을 크게 받았던 것입니다.

1982년 말 군부의 신정부에 의해서 미국에 망명할 수밖에 없게 되었을 때 나는 워싱턴에서 선생을 뵙고 3~4일간 정치, 경제, 사회에서 세계관 인생관에 이르기까지 솔직히 이야기하였습니다. 그 내용은 『세카이』 9월호에 「한국 현대사가 묻는 것」이라는 제목의 30쪽이 넘는 기사가 되어 게재되었습니다. 이 기사는 1983년에 『요미우리신문』의 '잡지 논문 베스트 3' 에 선택되고 『아사히신문』의 '논단 베스트 5' 에도 선정되었습니다. 모두 다 선생의 노력에 의한 것이었습니다.

선생은 늘 귀를 기울이고 듣는 분으로서 상대의 본심을 끌어내는 데 천재적이었습니다. 핵심을 찌르는 질문으로 내가 아직 정리하지 못한 생각까지 실토하도록 했습니다.

도쿄에서의 납치 사건 후나 1980년에 군부 신정부에 의해 사형 판결을 받았을 때 전력을 다하여 내 구명에 힘쓰신 야스에 선생은 1985년 초 미국에서의 망명 생활을 끝내고 귀국하는 도중 하네다 공항 가까이 호텔에 묵었을 때도 내 곁에서 성심을 다해 주셨습니다.

그 후 다시 만난 것은 1995년이었는데 내가 일본을 방문했을 때였습니다. 선생의 진력으로 무라야마 총리, 도이 다카코 중의원 의장, 고노 요헤이 자민당 총재 등 많은 여야 지도자와 회담할 수 있어서 나의 방일은 성공했습니다.

당시 나는 한일 양국간의 우호 관계를 이룩하기 위해서는 민간 차원의 협력을 강화하고 불행한 과거에 대한 일본의 진지한 반성과 시정이 필요하다고 주장하여 공감대를 넓힐 수 있었습니다.

선생은 훌륭한 균형 감각을 가지신 분이었습니다. 일본의 정치에 대해 비판과 질책을 주저하지 않았을 뿐만 아니라 북한의 유리한 제안에도 과거의 한국 정부의 회유에도 굴하지 않았습니다. 한일 관계에서도 남북 관계에서도 자신이 가진 좌표축은 흔들리는 법이 없었습니다. 한국 정부에 대해서는 "만나고 싶은 사람을 자유로이 만날 수 있고 말하고 싶은 것을 자유로이 말할 수 있으면 한국을 방문해도 좋다"라고 주장하고 있었습니다. 선생이야말로 진정한 저널리스트였습니다.

나는 그러한 선생과 친구였다는 것을 자랑스럽게 생각합니다. 선생과 나눌 수 있었던 우정이 깊었던 만큼 선생을 생각하는 마음도 간절합니다. 선생을 사모하는 일본과 한국의 모든 친구가 선생의 유지를 계승해서 한일의 우호 관계 구축은 물론 한반도의 평화와 통일 그리고 아시아 전체의 평화와 협력을 깊이 하는 데 앞장섰으면 합니다. 이것만이 선생을 그리워하는 우리들이 다해야 할 책무가 아닐까 합니다.

40년 동지

사카모토 요시카즈
(坂本義和, 도쿄대학 명예교수)

야스에 씨, 오늘 나는 말을 입밖에 내기가 견딜 수 없도록 괴롭습니다. 정말이지 아무말도 않고 조용히 있고 싶습니다.

그러나 야스에 씨가 가 버리고 난 지금 이렇게 전과 다름없이 야스에 씨와 마주서 있으면 아무리 해도 한없이 여러 가지가 머리에 떠오릅니다.

야스에 씨가 입사하여 『세카이』 편집부원이 된 것이 1958년, 야스에 씨가 나를 담당하게 되어 내가 『세카이』에 처음 기고한 것이 59년이었습니다. 당시는 지금과는 달라서 팩스는 물론 전화도 없었기 때문에 야스에 씨는 데모 현장에서 진흙투성이가 된 철떡거리는 구두로 먼 우리집까지 몇 번이고 찾아와서 내게 집필의 필요성을 열심히 설득했던 것입니다. 편집자도 몸으로 부딪쳐야 했던 시대를 야스에 씨는 몸소 걸어갔던 것입니다.

그로부터 40년, 야스에 씨는 내게 단순한 편집자가 아니라 동지였고 약간 지나친 말을 감히 쓴다면 둘도 없는 '진우' 였습니다. 나보다 여덟 살이나 젊은 야스에 씨는 나를 '선생' 이라고 불렀지만 실은 언제나 야스에 씨가 먼저 생생한 현실의 문제를 내게 던져주고 그것을 내가 받아들여서 다시 던진, 그런 토론 속에서 내 집필 구상이 굳어져 갔습니다. 그리고 평화와 민주주의라는 원칙 위에 확고하게 서서 일본의 현실 비판에 열중하는 야스에 씨의 굵직한 진정이 나에게 "그렇다, 지금 이 주제로 쓰지 않으면 안 되는 것이다"라고 마지막 결단을 내리게 했습니다. 40년 가까운 세월 동안 『세카이』에 실은 나의 기고는 모두 야스에 씨와의 그러한 2인 3각의 소산이었던 것입니다.

야스에 씨라는 편집자에 대한 무조건적인 공감과 신뢰 위에 서서 40년간 집필을 계속할 수 있었던 나는 정말 행복한 인간이었습니다. 야스에 씨, 감사해요.

그러나 그랬었기 때문에 야스에 씨가 가 버린 지금 나는 나의 몸 반쪽이 떨어져 나가는 것 같은 느낌입니다.

야스에 씨, 안보반대 운동(미일 안보조약 갱신에 반대한 운동—역자주)이 한 고비를 넘긴 1960년대 초, 나는 야스에 씨가 기획한 한국에서 일본으로 온 난민(難民)을 문제삼는 연구회를 함께 시작했습니다. 당시 야스에 씨가 오무라(大村) 수용소에 취재를 갔다가 돌아왔을 때 "같은 인간이 국적이나 민족이 다르다는 것만으로 어째서 이처럼 다른 취급을 받아야 하는 것일까요"라고 진지한 표정으로 한 말을 나는 분명하게 기억하고 있습니다. 야스에 씨의 한일 문제, 한반도 문제에 대한 강한 커미트먼트

(commitment)의 출발점, 또한 훗날 앰네스티 인터내셔널에 대하여 특별한 지원을 하게 된 출발점이 여기에 있었다고 나는 생각하고 있습니다.

67년에서 3년간 도지사 특별비서로서 한 체험은 야스에 씨를 그때까지의 '정치청년'에서 '시민적 정치가'로 변모시켰다고 생각합니다. 권력에 저항할 뿐만 아니라 정권을 담당하고 권력을 행사함으로써 시민의 권리나 인권을 실현해 간다는 책임과 가능성을 지녔다는 것은 야스에 씨의 스케일을 배나 크게 했습니다. 그로부터 야스에 씨는 자신을 정치에 발을 들여놓은 '고르지 못한' 인간, '세련되지 못한' 인간, '품위가 없는' 인간이라는 등 수줍은 표정으로 자칭하고 있었습니다. 그러나 특별비서를 사임하고 나서 야스에 씨가 "도청 시대의 최대의 성과는 조선대학교의 인가입니다"(도쿄도가 일본 정부의 반대에도 불구하고 조선대학교를 인가한 것. 야스에 씨는 이데올로기를 떠나서 조선인의 교육권을 인정해 줘야 한다고 생각—역자주)라고 내게 말했을 때 오무라 수용소 이래의 초심이 훌륭하게 관철되고 있다는 것을 나는 매우 기쁘게 생각했습니다.

이와나미에 돌아온 야스에 씨는 편집자로서 한층 더 박력을 더함과 동시에 '정치적 시민'으로서 씩씩한 결단력과 행동력을 발휘해서 그 투쟁해 가는 모습에 놀라지 않을 수 없었습니다.

『세카이』에 연재된 '한국으로부터의 통신'은 KCIA의 필사적인 추적에도 불구하고 15년 가까이 한 번도 중단되는 일 없이 지속된 일본 저널리즘의 역사에 남는 장거(壯擧)였습니다. 또한 한국 민주화를 향하여 고난의 길을 걷는 김대중 씨를 비롯한 친구들에게 언론과 행동으로 강력한 지원을 보내고 한일 사이에 시민적 연대의 굳은 연결을 낳았던 것입니다. 나아가서 김일성 주석과의 인터뷰를 비롯해서 북한 사람들과의 대화에 마음을 써 북일간의 창구로서 귀중한 역할을 다했습니다. 오키나와에 대해서도 강한 책임을 느끼고 본토 사람들의 의식에 깃들어 있는 맹점을 『세카이』에서 엄중하게 추구하기를 멈추지 않았습니다. 1980년대에는 '핵군축을 요청하는 22인 위원회' 결성을 위한 기초를 다지고 히로시마 · 나가사키의 반핵 행동과 오키나와의 반기지 행동에 힘을 더해 주고 또한 나카소네 총리가 군사비는 국민총생산 1퍼센트라는 제한을 돌파한 데 대하여 강한 항의를 해서 미디어와 여론에도 강한 영향을 주었던 것입니다. 최근 지난날 일본군 군대위안부였던 분들에 대한 국가 보상을 무라야마 · 하시모토 2대 총리에 면담하고 신청하는 미키 무쓰코 씨, 스미야 미키오 씨, 그리고 저의 행동을 지원해 준 것도 야스에 씨였습니다. 야스에 씨가 계획하고 준비를 해 주어서 오에 겐자부로 씨 등과 함께 나는 몇 번이고 총리 관저에 갈 수 있었습니다.

언론이 조금이라도 실행에 옮기도록 하기 위하여 언론인과 편집인에게는 적은 힘이라도 시민으로서 행동할 책임이 있다고 생각한 점에서 야스에 씨와 나는 언제나 완전히 일치하고 있었습니다. 게다가 권력을 지녔던 경험을 자신이 가지고서 일본만이 아니라 슈미트 전 서독 총리 등 훌륭한 양식을 가진 정치가와 널리 친교를 가지고 신뢰를 얻고 있던 야스에 씨의 존재가 우리들의 시민으로서의 행동에 얼마나 도움이 되었는지 모릅니다. 그러므로 야스에 씨의 타계에 의한 공백을 어떻게 메울 것인가 나는 방향을 잃어버리고 있습니다.

1995년 2월, 야스에 씨, 오에 겐자부로 씨 그리고 나는 서울에 가서 지명관 씨 등이 주최한 심포지엄에 참가했습니다. 민주화된 한국에서 처음으로 야스에 씨에게 입국 비자가 나왔던 것입니다. '패전 50년과 해방 50년'이라는 주제가 보여 주는 것처럼 전혀 다른 역사 체험을 가진 한일 지식인의 심포지엄은 긴장에 넘친 토론의 연속이었습니다. 그중에서도 "당신들 같은 일본인이 있다는 것은 잘 알았지만 일본 정부의 태도는 조금도 변하지 않은 것이 아닌가"라는 발언이 내 마음을 찔렀습니다. 마지막 저녁 식사를 끝내고 호텔에 돌아왔을 때 내가 야스에 씨에게 "미해결된 문제가 너무 많아서 한층 더 무력감만 느꼈습니다"라고 하니까 야스에 씨는 "선생님과 오에 씨가 서울의 이 심포지엄에 함께 와 주신 것으로 나는 마음속에서 일단락짓게 되었습니다"라고 하면서 눈물이 넘칠 것 같은 얼굴을 돌리는 것이었습니다. 한일 양국과 한반도에 관계해 온 30년 이상에 걸친 야스에 씨의 오랜 투쟁의 무게를, 안간힘을 다해서 버티고 있던 그의 어깨에서 짐을 내려놓은 것 같은 그러나 피곤이 갑자기 터져나오는 것 같은 모습에 나는 일말의 불안을 느꼈던 것입니다.

40대부터 베체트병에 걸려 "50대가 되면 낫는 사람도 있다"라는 의사의 위로도 소용없이 고열에 시달리고 심한 구내염(口內炎)과 통증으로 말하기조차 어려울 때도 밖으로는 나타내지 않고 야스에 씨는 사장의 직무, 편집자의 책임을 사자분신(獅子奮迅)의 모습으로 수행하고 있었습니다. "될 수 있는 대로 많은 사람에게 이와나미에 친근감을 가지게 하기 위해서는 사람이 직접 나가서 말하는 것이 좋다"라는 사명감도 있어서 각지에서의 강연도 마다하지 않고 받아들였습니다. 과로가 너무 쌓였던 것입니다.

야스에 씨, 앞으로도 10년은 일선에서 활약할 수 있었을 텐데 재작년 7월에 돌연 쓰러지더니 지난 6일 아침에 돌연 타계하고 말았습니다. 원래는 내가 "야스에 씨, 뒤를 부탁해요"라고 말해야 하는 것인데 이것은 순서가 잘못된 것 아닙니까. 마음 아프기 그지없습니다.

그러나 다행하게도 야스에 씨는 문제의식이 확실한 다음 세대의 편집자를 많이 남겨 주셨습니다. 『세카이』가 또한 이와나미서점이 그리고 야스에 씨와 만나서 야스에 씨와 뜻을 함께했던 일본의 저널리스트가 야스에 씨가 떠난 후에도 계속 건투해 줄 것에 나는 희망을 걸고 있습니다.

마지막으로 그간 1년 반 동안의 입원 기간 동안 도모코 부인은 물론 부인을 도와서 겐스케(憲介) 군과 지카(千香) 씨가 야스에 씨에게 애정을 다하여 간병해 온 것을 보아온 나로서 야스에 씨가 고요하게 영면하기를 그리고 가족이 마음의 충격으로부터 회복되기를 간절히 기원합니다.

미소 지으면서, 또는 시선을 돌리고 진지한 얼굴로

오에 겐자부로

(大江健三郎, 작가)

우리들의 인생에는 복잡한 사건으로 꽉 찬 시간과 한가한 시간이 번갈아 일어나는데 그 시간의 흐름은 점점 빨라지는 것 같습니다. 귀한 사람들을 거듭 잃어버리고 지난 대설(大雪)이 내린 날 나는 망연히 시간을 보내고 있었습니다. 다케미쓰 도루(武満徹: 작곡가) 씨가 세상을 떠난 날에도 심하게 내리는 눈을 바라보던 일. 오래 전 옛날 이야기지만 도쿄에서 가나자와(金沢)로 가는 열차가 눈에 갇혔을 때 아직 젊은 사람 하나가 열차 내의 불만을 진정시키고 의견을 모아서 국철(國鐵)측과 유효 적절하게 교섭하여 기분 좋은 분위기를 만들어 냈다. 그것이 야스에 료스케 씨였다고 내가 그의 친구라는 것을 알지 못하는 사람에게서 유쾌한 추억이라고 해서 전해 들었던 일들….

그러한 생각에 잠긴 채 심하게 내리는 눈을 바라보는 나에게 오랫동안 조용히 옆에 앉아 있던 아이가, 아이라지만 이미 어른인, 야스에 씨가 그의 음악을 사랑해 주신 히카리(光)가, 아버지를 격려해 줄 필요가 있다고 느꼈는지, 조용한 목소리로 이렇게 말했습니다. 파파는 많은 책을 가지고 있으니까!

그렇습니다, 나는 이처럼 괴로운 때를 견디어 내려고 할 때는 자신의 문학과도 인생과도 또한 사회적 과제와도 당장은 관계가 없는 긴 책을 읽으면서 며칠이고 몇 주간이고 지냅니다. 젊었을 때 읽고 다정한 등불이 켜지는 것처럼 기억하고 있던 구절을 다시 만나서 새롭게 잘 이해하는 경우도 있습니다.

예를 들어 프루스트를 번역한다면 이러한 구절입니다. "우리들의 삶은 연대순으로 있는 것이 아니라 나날의 연결 속에 수많은 시대착오(anachronism)에 빠져 있기 때문에."

여기서 시대착오라는 말은 우리들이 인생에서 과거의 여러 시기를 현재에도 섞어서 미래에까지 걸쳐서 자유롭게 왕래할 수 있다는 그것이 바로 인간이 산다는 것이라고 받아들일 수 있을 것입니다.

벌써 40년 가까이 된 사귐에서 야스에 씨의 발랄하고 매력있는 얼굴이 내 앞에 나타나서 미소지으면서 또는 시선을 돌리고 진지한 얼굴로 무엇인가 말하는 그 순간이 몇 번이고 몇 번이고 현재의 일로서 되살아나 다가옵니다.

그리고 그런 때 그가 먼저 하는 것은—자기는 문학은 모르지만이라는 말이었습니다. 그래도 그가 내가 하는 일과 내가 사는 방식을 아무런 조건 없이 모두 지지해 주고 있다는 것도 믿을 수 있었습니다. 이러한 편집자가 젊은 시절부터 일생의 친구이기도

했다는 것만큼 행복한 일은 그리 많지 않으리라고 생각합니다.

야스에 씨가 자기는 문학은 모르지만이라고 한 것은, 그렇지만 문학 이외의 네 인생의 귀찮은 것은 모두 함께 내가 맡아줄 테니까라는 것입니다. 내가 쓰는 에세이나 르포르타주에 대하여 편집부 내외에서 또한 강경파 저널리스트와 운동가, 학자, 때로는 혁신 보수를 불문하고 정치가에 대해서도 야스에 씨는 많은 말을 하지 않았지만 나를 옹호해서 싸워 주었다고 생각합니다.

또한 야스에 씨는 분명히 문학 아닌 다른 것에 대해서 전면적으로 나를 교육시켜 주었습니다. 사회에 대하여, 국제 관계에 대하여, 히로시마, 오키나와, 한반도와 중국이라는 과제에 대하여, 헌법, 미일 관계 그리고 나의 문학보다 넓이와 깊이에 있어서 넘어서는 우리들의 살아가는 상황에 관하여 내가 배워야 할 사람들 앞에 나를 데려다 주었습니다. 시게토 후미오(重藤文夫) 전 원폭병원장 같은 내가 깊이 영향을 받게 된 사람들과 만나게 해 주었고 나아가서 수줍어하는 나에게 사회과학의 여러 분야에서 그가 경애하는 학자들의 이름을 가르쳐 주었습니다. 개인적으로 사귄 적이 별로 없어도 나는 야스에 씨에게서 배운 학자들의 저작은 특히 전문적인 것을 제외한다면 모두 읽기도 했습니다. 그렇게 해서 나는 조금이라도 나 자신의 문학 세계를 넓히고 아들이 말하는 대로 많은 책을 가지게 되었습니다.

야스에 씨는 나 한 사람에 대해서만 그러한 철저한 친구, 편집자, 교육가였던 것이 아니라 이와나미서점의 책임자로서도 사회적 브레인, 국제적인 매개자로서도, 그를 필요로 하면서 몰려오는 파도를 모두 도맡아 가지고 일을 했습니다. 그가 그 뜻을 못다 이루고 중도에 그러나 전력을 다해서 분투함으로써 거의 필연적 귀결처럼 병으로 쓰러졌을 때 나는 슬프게 생각했고 그의 회복을 기원해 마지 않았습니다.

그가 계속 잠들어 있던 1년 반 동안이나 결코 희망을 잃지 않고 힘을 다하신 도모코 부인과 아이들의 노고는 대단한 것임에 틀림이 없습니다. 그러나 사후 영혼의 고요한 수면을 믿지 못하는 나는 야스에 씨가 병상에서 오랫동안 잠잘 수 있었던 시간을 가진 것에 그래도 위로를 받습니다. 그와 같이 아름답게 만족스럽고 리얼한 꿈을 꾸면서 잠자는 자질과 자격을 갖춘 인간이 우리들 동시대에 흔히 발견된다고는 생각할 수 없습니다.

사람은 모두 뜻을 다하지 못하고 도중에 쓰러지지만 그 생애의 전체를 바라본다면 많은 것을 충분히 달성했다고 나는 그를 애도하면서 썼습니다. 야스에 료스케 씨는 바로 그런 전형적인 한 사람이었다고. 그리고 나는 나 자신도 뜻을 다하지 못하고 쓰러질 것이라고 생각하고 그 후에 나의 생애 전체를 바라보아 줄 사람들에 관해서 상상해 봅니다.

그때 이것이야말로 인생의 착오적인 행운입니다만 야스에 씨가 내가 신뢰하고 희망을 거는 그 사람들 한 가운데서 미소 지으면서 또는 시선을 돌리고 진지한 얼굴로 발랄하게 일하는 모습이 떠올라옵니다.

야스에 형의 신념

지명관
(전 한림대학교 일본학연구소장)

야스에 형!

이처럼 먼저 유명을 달리한 야스에 형에게 작별의 인사를 드리다니 꿈에도 생각하지 못한 일이었습니다. 1월 5일 저녁 바로 운명하시기 열 다섯 시간 정도 전의 일입니다. 병상에 찾아갔을 때도 상당히 약해지시기는 했어도 그처럼 상태가 나쁘게는 보이지 않았기 때문에 내일 다시 뵙겠습니다 하고는 떠나온 것이 아닙니까.

전과 다름없이 나는 약간 목소리를 높여서 한국의 상황에 대해서 말씀드렸습니다. 그것이 바로 야스에 형이 가장 염려하고 계시는 것이라고 생각했기 때문이었습니다. 더욱이 작년 12월 18일 대통령선거에서 드디어 승리하신 김대중 씨에 대해서 말씀드릴 수 있었던 것을 기뻐하면서도 나는 야스에 형이 병상에 누워 있는 것을 얼마나 괴로워했는지 모릅니다. 정말 마음속에서 하염없이 울고 있었습니다.

야스에 형과 김대중 씨의 일 그리고 한국의 길고도 긴 민주화를 위한 싸움이 주마등처럼 눈앞에 떠오르는 것이었습니다. 야스에 형은 1970년대에 김대중 씨를 비롯해서 한국에서 많은 민주화 운동의 사람들 특히 젊은 사람들이 투옥되었을 때 몇 번이고 눈물을 글썽거려서 저도 울먹였던 것을 기억하고 계시겠지요. 야스에 형은 정말 정(情)이 많은 사람이었습니다.

야스에 형은 물론 뛰어난 저널리스트였고 훌륭한 편집자였습니다. 오늘의 문제가 어디에 있으며 그 문제에 대해서 어떠한 논지를 펴야 하는가를 판단하는 데 참으로 천재적인 형안을 가졌습니다. 무엇보다도 적절한 필자를 발견하고 키우는 데 커다란 의미를 느끼고 그것을 자신의 사명으로 생각하셨습니다. 1968년 겨울 처음으로 뵙게 되고 나서 30년, 야스에 형은 제게도 언제나 귀한 자료나 정보를 주시고 그것에 주석을 달아 주시는 정말로 좋은 스승이었습니다. 그래서 저는 은근히 야스에 형은 일본의 한 시대의 훌륭한 편집자 또는 저널리스트를 대표하는 최후의 한 분이 아닌가 생각했던 것입니다.

야스에 형은 이와나미서점을 위해서 노력을 다하면서도 이와나미는 일본과 세계의 양식에 봉사해야 한다는 신념을 가지고 계셨습니다. 그것이 또한 이와나미서점의 전통이라고 굳게 믿고 계셨습니다. 그리하여 야스에 형은 일찍부터 한국 문제에 깊은 관심을 가지고 그것을 실천적으로 구체화하는 것은 휴머니스트로서의 자신의 삶의 방식이면서 동시에 이와나미의 사람으로서 걸어가야 할 당연한 길이라고 생각하고 계셨습니다.

야스에 형은 분단된 남북한에 대해서 일생 아픔을 함께하셨고 한국의 군부 독재 정권에 대하여 안타까운 생각을 언제나 품고 있었습니다. 야스에 형은 한국에 관한 한 한 번도 비난하거나 결점을 지적하는 일이 없었습니다. 한국인의 한 사람으로서 저는 제 민족에게도 비난받아야 할 것이 수없이 있다는 것을 잘 알고 있었기 때문에 지금도 그것이 이상하게 느껴집니다.

그러나 저는 야스에 형의 마음을 잘 이해할 수 있을 것 같습니다. 일본 사회 속에 한국 또는 한국인에 대한 차별적인 눈이 있는 한 뜻하지 않게도 그것을 돕는 일이 있어서는 안 된다고 생각하신 것이 아닐런지요. 야스에 형은 그처럼 뛰어난 균형 감각을 가지고 균형을 이룬다는 것은 강한 자에게도 약한 자에게도 같은 비중을 두는 것이 아니라 약한 자를 강화하는 것이라는 사상으로 사신 것이었습니다.

1995년 종전 50년에야 간신히 한국땅, 서울에서의 심포지엄에서 발제를 하시게 되었습니다. 그것은 민주화가 되었다고는 해도 아직 한국의 안기부가 야스에 형에 대한 입국 비자를 잘 내주려고 하지 않는 상황에서의 한국 여행이었습니다. 그래서 그해 가을 두 번째 입국하셨을 때는 공항에서 세 시간이나 입국 제지를 받아야만 했습니다.

그때도 야스에 형은 불만스러운 표정을 지으시는가 했더니 도리어 아주 만족하신 것 같았습니다. 그것을 야스에 형은 한국의 민주화를 크게 지원해 왔기 때문에 주어지는 상이라도 되는 듯이 생각하시는 것 같았습니다. 그리고 입국이 허가될 것임에 틀림이 없다고 믿고 의심하지 않고 관리들 앞에서 원고를 쓸 정도의 태연한 자세였습니다.

이러한 것은 그때까지의 한국의 민주화가 얼마나 빈약한 것이었는가를 보여 주는 것이었습니다. 그로부터 2년여, 한국 국민은 지난날 군부 정권에 의하여 사형이 선고되고 6년 간이나 투옥되었던 김대중 씨를 대통령의 자리에 앉게 하였습니다. 그 김대중 씨야말로 일본에서는 거의 무명에 가까웠을 때, 1972년 유신 체제라는 1인 독재 정권에 의해서 그의 망명이 불가피해졌을 때 야스에 형에 의해서 비로소 일본의 저널리즘, 일본의 사회에 소개된 정치가가 아니었습니까.

1973년 8월 8일 그가 대낮에 그랜드 팰리스 호텔에서 납치되자 일본의 저널리즘은 그가 어떤 인물인지 알지 못한 채 우왕좌왕하던 것이 생각납니다. 바로 그 전날에 야스에 형과 김대중 씨의 대담이 실린 『세카이』가 서점에 진열되어 많은 주목을 받게 된 것을 잊어버릴 수가 없습니다. 그것으로 많은 일본인이 김대중 씨의 인물됨과 그때까지의 그의 투쟁에 대해서 이해하고 한국의 민주화 운동에 주목하고 공감을 품게 되었습니다.

야스에 형!

여기에서 야스에 형이 항상 말씀하시던 잡지 『세카이』의 이념, 그 역할에 대해서 회상하지 않을 수 없습니다. 그것은 "잡지가 신문의 뒤를 따라가서는 안 된다. 잡지가 보여 주는 비전, 이념이 신문에 방향을 주도록 되어야 한다"라는 것이었습니다. 저는 야스에 형에게 염치없게도 한국의 민주화가 눈에 보이기 시작하기까지 『세카이』의 편집 책임을 떠나 다른 중역의 자리에 앉지 않기를 간청했고 그것을 야스에 형은 받아들여 주신 것을 지금도 눈물겹게 생각하고 있습니다.

정말 오랫동안 야스에 형에게는 많은 무리한 부탁을 드렸고 공사에 걸쳐 수많은 신세를 졌습니다. 지금에 와서는 제 자신의 일 그리고 한국 문제나 남북한의 일도 야스에 형이 과로로 쓰러지신 원인의 하나가 되지 않았나 하는 느낌을 씻을 수가 없습니다.

야스에 형!

아직도 한국 민주화의 길, 남북한 통일의 길 그리고 한일 또는 북일간의 진정한 화해를 향한 길은 먼 것같이 생각되는 것을 어찌할 도리가 없습니다. 그러나 어느 날인가 꼭 올 그날에 손을 마주잡고 기뻐하는 것은 야스에 형에게도 저에게도 이 세상에서는 허락되지 않는 것인지도 모르겠습니다. 그러나 비록 유명을 달리해도 그 꿈에 사는 것은 단념하지 말기로 합시다.

야스에 형!

오랫동안 많은 수고하셨습니다. 이제야말로 한일, 북일을 왕복하면서 활동하셔야 할 때에 당신은 가 버리고 마셨습니다. 슬프기 이를 데 없습니다.

야스에 형!

우리는 남은 자의 부끄럼을 되씹으면서 야스에 형의 뜻을 언제나 경건하게 되새기고 얼마 남지 않게 된 인생의 길을 걸어가려고 생각합니다. 다할 수 없는 말씀 여기서 줄이고 충심으로 명복을 기원하는 바입니다.

저자/야스에 료스케(安江良介)

1935년 이시카와(石川) 현 가나자와(金沢) 시 출생
가나자와대학 졸업
이와나미(岩波)서점에 입사하여 종합월간지 『세카이』(世界) 편집장, 이와나미서점 사장 등 역임
1967년부터 4년 간 도쿄도 도지사 특별직 비서
1996년 이와나미서점 사장 재직중 격무로 인해 뇌졸중으로 쓰러짐
1998년 1월 6일에 서거
유저 : 『동시대를 보는 눈』(1998년)
추도문집 : 『安江良介 — 그 인간과 사상』(1999년)

역자/지명관

1924년 평북 정주 출생
서울대학교 종교학과 졸업, 동 대학원에서 종교철학 전공
덕성여대 교수, 『사상계』 주간 역임
1974년~1993년 일본 도쿄여자대학 교수 재직
한림대학교 한림과학원 교수 · 일본학연구소장, 한국방송공사 이사장 역임
저서 : 『아시아 종교와 복음의 논리』, 『한국 현대사와 교회사』, 『한국 문화사』, 『저고리와 요로이』, 『한국을 움직인 현대사 61장면』, 『한국과 한국인—일본과의 만남을 통하여』, 『한일 관계사』 다수

한림신서 일본학총서 발간에 즈음하여

1995년은 제2차 세계대전이 끝나고 우리나라가 일본 식민지에서 해방된 지 50년이 되는 해이며, 한 · 일간에 국교정상화가 이루어진 지 30년을 헤아리는 해이다. 한일 양국은 이러한 역사를 되돌아보면서 앞으로 크게 변화될 세계사 속에서 동북아시아의 평화와 번영을 추구해야 하리라고 생각한다.

한림대학교 일본학연구소는 이러한 역사의 앞날을 전망하면서 1994년 3월에 출범하였다. 무엇보다도 일본을 바르게 알고 한국과 일본을 비교하면서 학문적, 문화적인 교류를 모색할 생각이다.

본 연구소는 일본학에 관한 자료를 수집하고 제반 과제를 한 · 일간에 공동으로 조사 연구하며 그 결과가 실제로 한 · 일관계 발전에 이바지할 수 있도록 노력하고자 한다. 그러한 사업의 일환으로 여기에 일본에 관한 기본적인 도서를 엄선하여 번역 출판하기로 했다. 아직 우리나라에는 일본에 관한 양서가 충분히 소개되지 못했다고 느껴지기 때문이다.

본 연구소는 조사와 연구, 기타 사업이 한국 전체를 위해야 한다고 생각하며 한 · 일 양국만이 아니라 다른 여러 나라의 연구자나 연구기관과 유대를 가지고 세계적인 시야에서 일을 추진해 나갈 것이다. 그러므로 누구나 열린 마음으로 본 연구소가 뜻하는 일에 참여해 주기를 바란다.

한림신서 일본학총서가 우리 문화에 기여하고 21세기를 향한 동북아시아의 상호 이해를 더하며 평화와 번영을 증진시키는 데 보탬이 되기를 바란다. 많은 분들의 성원을 기대해 마지않는다.

1995년 5월

한림대학교 일본학연구소